y Geiriadur
CEL

Mark White
Dafydd Jones

Safon UG/U
Celf a Dylunio

Cyhoeddwyd dan nawdd
Cynllun Adnoddau Addysgu a Dysgu CBAC

DALEN

dalenllyfrau.com

Cyhoeddwyd yn gyntaf yn 2011 gan Dalen (Llyfrau) Cyf, Tresaith, Ceredigion SA43 2JH
Cyhoeddwyd yn wreiddiol yn Saesneg fel *AS/A-Level Art & Design Essential Word Dictionary*
Hawlfraint © Philip Allan Updates 2003
Hawlfraint © yr addasiad Cymraeg gan Dalen (Llyfrau) 2011

Mae Mark White yn arddel yr hawl i'w gydnabod fel awdur y gwaith hwn
Golygwyd y fersiwn Gymraeg gan Dafydd Jones
Noddwyd gan Lywodraeth Cymru
Cyhoeddwyd dan nawdd Cynllun Adnoddau Addysgu a Dysgu CBAC
Rhif Llyfr Safonol Rhyngwladol 978-1-906587-10-9

Argraffwyd ym Mhrydain gan Good News Digital Books

Cyflwyniad

Mae'r geiriadur hwn wedi cael ei baratoi ar gyfer myfyrwyr celf a dylunio sy'n dilyn eu cwrs Safon UG/U. Yn ystod unrhyw ran o'ch cwrs, ac mewn unrhyw uned, bydd y geiriadur yn eich helpu i ddod o hyd i ystyr geiriau arbenigol ac i ddarganfod mwy am fudiadau celf a geirfa arbenigol yn eich llyfrau gwaith. Mae pob cofnod yn cynnwys un neu fwy o enghreifftiau o waith y gallwch ymchwilio ymhellach iddo, ynghyd â chyfeiriadau at gofnodion eraill. Gallwch ddefnyddio'r geiriadur hwn i'ch arwain at ddeunyddiau a sut y maen nhw'n gweithio, neu i'ch arwain drwy thema arbennig. Ond yn bwysicach na dim, gallwch ddefnyddio'r geiriadur er mwyn eich arwain at yr elfennau ffurfiol sy'n bwysig ar gyfer creu gwaith celf, sef llinell, tôn, lliw, ffurf, patrwm a gwead.

Mae'r geiriadur wedi'i rannu'n dair rhan — Termau, Cofnodion a Geirfa. Mae rhestr Termau Saesneg > Cymraeg wedi'i chynnwys ym mlaen y geiriadur sy'n nodi rhif y dudalen lle cewch ddod o hyd i'r cofnod sy'n trafod y term. Mae pob cofnod yn cynnwys sawl rhan. Y term Saesneg sy'n dod gyntaf, gyda'r term Cymraeg yn ei ddilyn. Mae diffiniad cyffredinol ar ddechrau pob cofnod. Mae'r geiriau Cymraeg mewn teip *italig bras* yn eich arwain at gofnodion eraill y gallwch ddod o hyd iddynt o dan y term Saesneg. Geiriau mewn ieithoedd tramor yw'r geiriau mewn PRIFLYTHRENNAU BACH. Mae rhestr Geirfa Cymraeg > Saesneg yng nghefn y geiriadur.

Pryd sef nodyn am gyfnod, amser a chyd-destun allweddol y cofnod.

Pwy sef yr artistiaid allweddol perthnasol.

Cyswllt sy'n eich arwain at fudiadau, artistiaid a gweithiau perthnasol eraill. Lle mae'n briodol ac yn bosibl, bydd y cyswllt yn rhoi mwy o fanylion i chi. Gallai'r manylion hyn fod o gymorth i'ch arwain i greu eich gwaith eich hun yn seiliedig ar gynnwys y cofnod.

Elfennau ffurfiol sef nodyn am y prif elfennau celf sy'n perthyn i'r cofnod, ac y gallwch eu harchwilio yn eich gwaith eich hun.

Defnyddio'r geiriadur

Rydych yn dechrau uned newydd, ac mae'r athro wedi rhoi pwnc nad yw efallai yn ymddangos yn ddiddorol iawn, a does gennych ddim syniad sut i ddechrau. Mae'r geiriadur hwn yn cynnwys geiriau thematig tebyg i'r rhai y byddwch yn dod ar eu traws; mae'n rhoi diffiniadau ymarferol ac — yn bwysicach fyth —

yn rhoi cyfarwyddiadau, astudiaethau cyd-destunol, dulliau a deunyddiau er mwyn i chi ddechrau ar eich gwaith celf eich hun.

Canllaw ar gyfer astudiaeth bersonol ac astudiaethau cyd-destunol

Mae edrych ar waith gan artistiaid a dylunwyr eraill yn dod yn fwyfwy pwysig ar gyfer Safon UG ac U. Un o'r anawsterau y byddwch yn dod ar ei draws yw mai haneswyr celf, sy'n defnyddio eu hiaith arbenigol eu hunain, yw awduron y rhan fwyaf o'r gweithiau perthnasol. Dylai'r geiriadur hwn helpu i egluro'r iaith anodd honno. Ar ôl cael profiad o ddefnyddio'r geiriadur, byddwch yn gallu trafod rôl yr *impasto* o fewn cyd-destun *rhithiolaeth Argraffiadol Impressionist illusionism* yn rhwydd! Dychmygwch eich bod wedi gweld darn o waith diddorol sy'n perthyn i fudiad nad ydych erioed wedi clywed amdano, e.e. *rhaniadaeth divisionism*. Wrth chwilio am y gair, fe welwch fod *rhaniadaeth divisionism* yn arddull sy'n perthyn i *Neoargraffiadaeth Neo-Impressionism* yn Ffrainc, yn seiliedig ar theori lliw — roedd lliw cyffredinol yn cael ei rannu'n lliwiau cyferbyniol, a'r lliwiau hynny yn cael eu gosod ochr yn ochr â'i gilydd fel smotiau bychain er mwyn i'w heffaith fod yn gryfach. Ar ddiwedd y cofnod mae cysylltau i *lliw colour* (ymhlith pethau eraill), sef un o'r *elfennau ffurfiol formal elements* sydd yn rhaid eu trafod yn eich gwaith cwrs a'ch arholiad. Bydd y cysylltau hefyd yn eich arwain at weithiau celf y gallwch fynd i'w gweld, neu ddod o hyd iddynt ar y we (mae rhestr o wahanol wefannau yng nghefn y geiriadur). Wrth i chi ddilyn cysylltau'r geiriadur, efallai y byddwch yn dechrau ymddiddori mewn *Minimaliaeth Minimalism*, mudiad celf o America sydd o bosibl yn bell iawn o'r cofnod cyntaf i chi edrych amdano. Ac wrth i chi gael eich ysbrydoli gan yr artist Minimalaidd Donald Judd, efallai y byddwch yn mynd ati i greu cyfres o flychau perffaith tebyg i'w waith ef.

Canllaw i ddulliau a deunyddiau

Pa fath o baent ddylech chi ei ddefnyddio? Rydych wedi cael ychydig bach o baent acrylig, ond ddim yn siŵr sut i'w ddefnyddio. Mae cofnod helaeth yn dweud wrthych am y gwahanol ffyrdd y gallwch ddefnyddio acrylig, ac yn eich cyfeirio at yr astudiaethau celf posibl a'r cymariaethau a thechnegau y gallai'r cyfrwng hwn arwain atynt.

Canllaw i syniadau

Pwrpas sylfaenol pob darn o waith celf yw archwilio syniadau. Mae'r rhan fwyaf o gofnodion y geiriadur hwn yn trafod syniadau a sut mae artistiaid wedi'u defnyddio yn y gorffennol, ac yn parhau i'w defnyddio heddiw. Trwy ddilyn y cysylltau a'u perthynas â'r elfennau ffurfiol byddwch yn cael mwy o wybodaeth ac, yn bwysicach fyth, bydd mwy o ddyfnder i'ch gwaith celf eich hun, a bydd hefyd yn fwy diddorol i chi i'w greu — ac yn fwy diddorol i bobl eraill edrych arno.

Cofiwch pa mor bwysig yw cadw cofnodion yn yr arholiad UG/U; mae gofyn i chi ddangos sut wnaethoch gyrraedd eich canlyniad neu ddarn terfynol. Pam, er enghraifft, fod yr arholwr yn edrych ar dri blwch gwyn os mai thema'r uned oedd lliw, ac mai rhaniadaeth oedd pwnc eich astudiaeth celf? Trwy ddefnyddio'r geiriadur hwn, byddwch yn gallu esbonio eich penderfyniadau wrth iddynt ddatblygu, gan ddefnyddio geirfa arbenigol er mwyn sicrhau bod pobl eraill yn deall yr hyn rydych yn ceisio ei wneud.

Canllaw i leoliadau

Mae'r geiriadur hwn yn cyfeirio at gannoedd o weithiau celf a ble y gellir dod o hyd iddynt. Lle mae'n bosibl, mae'r gweithiau hyn yn dod o amgueddfeydd ac orielau yng Nghymru a Phrydain er mwyn i chi allu mynd i'w gweld. Mae ffactorau fel graddfa, gwead a lliw i gyd yn bwysig iawn, a dim ond wrth edrych ar y gwaith gwreiddiol y gallwch eu deall yn iawn. Er hynny, mae arddangos-feydd yn cael eu newid yn gyson, felly cofiwch sicrhau fod darn penodol o waith ar gael i'w weld cyn i chi deithio'n bell. Mae gwefannau amgueddfeydd yn aml yn nodi pa weithiau sy'n cael eu harddangos ar adegau gwahanol; mae rhestr o wefannau yng nghefn y geiriadur hwn.

Termau

Saesneg – Cymraeg

a

abstract haniaethol: disgrifiad o waith nad yw'n ceisio edrych fel adlewyrchiad o rywbeth arall. Yn aml iawn mae'r math hwn o gelfyddyd yn cael ei alw'n gelfyddyd annibynnol neu'n gelfyddyd sy'n rheoli ei hunan, am nad yw'n ceisio cyfeirio at ddim byd arall y tu hwnt i'w derfynau ei hun. Gall fod yn ddiriaethol, yng nghyd-destun darlun haniaethol, neu'n ddamcaniaethol yng nghyd-destun cerflunwaith.

■ *Pryd:* fel arfer mae hyn yn cyfeirio at gelf o'r 20fed ganrif ymlaen, er y gallai gwaith celf anghynrychiadol (*non-representational*) gwledydd Mwslimaidd gael ei galw'n haniaethol hefyd. Mae'n anodd bod yn bendant, ond yn ôl pob sôn y darn cyntaf o gelfyddyd haniaethol yn y traddodiad Gorllewinol yw'r 'Sgwâr Du' (Tcherniy Kvadrat / Black Square), 1914–15, Tretyakov, Moscow (Moskva), gan yr artist *Swpremataidd Suprematist* o Rwsia, Kasimir Malevich. Roedd artistiaid eraill hefyd yn symud tuag at greu celfyddyd haniaethol ar yr un adeg, er enghraifft Wassily Kandinsky, a gynhyrchodd baentiad bychan o'r enw 'Dideitl (Dyfrlliw Haniaethol Cyntaf)' (Untitled (First Abstract Watercolour)), Musée National d'Art Moderne, Paris, a ddyddiwyd 1910 gan yr artist, ond a baentiwyd mae'n siŵr yn hwyrach na hynny. Mae'r ddau ddarn yn edrych yn wahanol iawn i'w gilydd, ond maen nhw'n rhannu nodweddion tebyg, sef eu bod yn edrych fel petaent yn annibynnol ac yn cyfeirio at ddim byd ond nhw eu hunain. Nid yw'r siapiau y tu mewn i'r paentiadau wedi eu lluniadu o ffurfiau natur neu *organig organic* ac, yn sicr yn achos Swprematiaeth a'r mudiad celf diweddarach *De Stijl*, roedd y cyfeiriadau yn gwyro tuag at siapiau geometrig safonol.

Ar y dechrau, roedd celfyddyd haniaethol, mudiadau fel De Stijl, yn rhan o'r awydd am iwtopia sy'n nodweddiadol o'r rhan fwyaf o gelf newydd blynyddoedd cynnar yr 20fed ganrif. Ar ôl yr Ail Ryfel Byd, roedd yna ddadlau bod celfyddyd haniaethol yn fwriadol wrthwynebus i gelf *Realaeth Sosialaidd Socialist Realism* yr Undeb Sofietaidd a chelf *Natsïaidd Nazi* a ffasgaidd yr Almaen a'r Eidal o'r 1930au. Dangosai Realaeth Sosialaidd ddelweddau afreal o'r frwydr arwrol gan weithwyr y wladwriaeth Gomiwnyddol. Gan mai celfyddyd y Gorllewin rhydd oedd celfyddyd haniaethol, y ddadl o ganlyniad oedd bod

a

celfyddyd haniaethol yn well na chelfyddyd unrhyw ideoleg arall. Cymhlethir hyn, wrth gwrs, gan y ffaith bod artistiaid a oedd o blaid safbwyntiau asgell dde wedi cynhyrchu celfyddyd haniaethol yn ogystal. Er bod gwaith celf yn aml iawn yn cael ei greu gan unigolyn mewn stiwdio, mae'n cael ei weld a'i farnu gan gymdeithas a fydd yn dehongli gweithiau celf yn ôl rheolau gwleidyddol yn hytrach na rheolau artistig neu *esthetig aesthetic*.

■ *Pwy:* mae peintio haniaethol yn dueddol o gael ei rannu i'r geometrig caeth a'r *mynegiadol expressionist* rhydd. Cynrychiolwyd peintio geometrig yn gyntaf gan Swprematiaeth ac yna gan 'iaith ryngwladol' newydd celfyddyd haniaethol *De Stijl*, e.e. 'Cyfansoddiad' (Composition) Piet Mondrian, 1929, Amgueddfa Solomon R. Guggenheim, Efrog Newydd. Arweiniodd hyn yn y pen draw at *Opgelfyddyd Op art* a *Minimaliaeth Minimalism*, e.e. 'Darlun mewn pymtheg rhan yn defnyddio pedwar lliw a phob amrywiad' (Fifteen part drawing using four colours and all variations) gan Sol LeWitt, 1970, Tate Modern, Llundain. Gwnaeth arddull mwy personol gan artistiaid *Ôl-argraffiadol Post-Impressionist* fel Vincent van Gogh, a ddefnyddiai *nod awduraeth autographic mark*, arwain at ryddhau *lliw colour* o'i rôl ddisgrifiadol gyfyng a ddaeth mor bwysig i'r mudiad *Mynegiadol Expressionist* (rhwng 1905 a thua 1930). Daeth hyn i ben yng nghelfyddyd haniaethol lwyr y *Mynegiadwyr Haniaethol Abstract Expressionists*, a fyddai'n cyfleu adwaith emosiynol cryf trwy eu defnydd o baent.

Mewn cerflunwaith, roedd gwaith yr *Adeileddwr Constructivist* o Rwsia, Vladimir Tatlin, rhwng 1913 ac 1916, yn cynrychioli rhai o'r gweithiau haniaethol tri-dimensiwn cyntaf, e.e. 'Project Cofadail ar gyfer Trydedd Gynhadledd Gydwladol y Gweithwyr' (Pamyatnik III Internatsionaly / Project for a Monument for the Third International) 1919 — cynllun ar gyfer tŵr fel troellen ddwbl anferth yn codi dros Afon Neva yn Leningrad a fyddai'n symbol enfawr o'r chwyldro. Mae Anthony Caro, cerflunydd o Brydain a ddylanwadwyd yn gryf gan Fynegiadaeth Haniaethol, yn cael ei ystyried fel y cerflunydd cyntaf i fod yn llwyr haniaethol, e.e. 'Yn Gynnar Un Bore' (Early One Morning), 1962, Tate Britain, Llundain.

■ *Cyswllt: Mynegiadaeth Haniaethol Abstract Expressionism, gwrthrych celf art object, nod awduraeth autographic mark, lliw colour, Adeileddiaeth Constructivism, De Stijl, Minimaliaeth Minimalism, Opgelfyddyd Op art, Ôl-argraffiadaeth Post-Impressionism, Swprematiaeth Suprematism.*

■ *Elfennau ffurfiol:* mewn celfyddyd haniaethol mae pob un o'r *elfennau ffurfiol formal elements* yn arbennig o arwyddocaol gan mai nhw yw'r prif reswm dros darddiad ac felly bodolaeth y gwaith. Mewn rhai cyfnodau, amlygir gwahanol elfennau ar draul eraill, e.e. patrwm yn De Stijl o'i gymharu â gwead mewn Mynegiadaeth Haniaethol.

Abstract Expressionism Mynegiadaeth Haniaethol: dyma'r enw ar y nifer helaeth o *baentiadau ystumiol gestural paintings* mawr — sy'n dod yn bennaf o'r Unol Daleithiau — lle nad oedd artistiaid mwyach yn creu naratif a oedd yn cyfeirio at y byd y tu allan i'r darlun, nac yn defnyddio dulliau traddodiadol. Er enghraifft, roedd un o'r Mynegiadwyr Haniaethol allwedddol o America, Jackson Pollock, yn arllwys neu'n diferu paent ar gynfas a oedd wedi'i ymestyn dros y llawr, a heb ei breimio. Yn 'Un (rhif 31,1950)' (One (number 31, 1950)), 1950, Amgueddfa Celfyddyd Fodern, Efrog Newydd, sy'n baentiad anferth, 270 cm wrth 531 cm, mae llwybrau du, gwyn a gwyrdd o baent enamel cyffredin yn cofnodi symudiadau rhythmig braich yr artist. Yn 1952, meddai'r sylwebydd Harold Rosenberg, 'Dechreuodd y cynfas ymddangos i un peintiwr Americanaidd ar ôl y llall fel arena ar gyfer perfformio'. Ers *Argraffiadaeth Impressionism* ddiweddar a **Chiwbiaeth** *Cubism*, roedd artistiaid yn cyfeirio fwyfwy at y broses o gynhyrchu eu celfyddyd fel testun i'w gwaith, ac mae yna debygrwydd gweledol cryf rhwng gwaith Pollock a phaentiadau olaf Monet o lili'r dŵr a wisteria yng ngerddi Giverny tua 1918–23.

Nid oedd un arddull cyson yn gysylltiedig â Mynegiadaeth Haniaethol; roedd paentiadau Willem de Kooning, er enghraifft, bron iawn yn bortreadol. Roedd ei gyfres 'Gwragedd' (Women) o'r 1950au, e.e. 'Yr Ymweliad' (The Visit), 1966–67, Tate Modern, Llundain, yn wyrdroadau hawdd eu hadnabod, er yn ysgytiol, o ffurf y fenyw. Defnyddiai Pollock dechneg yn deillio o broses **awtomatedd** *automatism*, ond nid oedd hon yn dechneg a fabwysiadwyd gan un arall o'r Mynegiadwyr Haniaethol amlycaf, Mark Rothko. Mae gan y pyllau eang a llonydd o liw dwys a thrwm yng ngweithiau Rothko, e.e. 'Du ar Farŵn' (Black on Maroon), 1958–59, Tate Modern, Llundain (gweler **Peintio Maes Lliw** *Colour Field Painting*), fwy yn gyffredin ag ymgyrraedd ysbrydol nag ag awtomatedd. Rhannai'r tri artist pwysig hyn, yn gyffredin ag artistiaid Mynegiadaeth Haniaethol eraill, yr un dwyster yn eu cred mewn hunan-fynegiadaeth, sef yr angen iddynt greu celfyddyd er mwyn treiddio i'w seicoleg eu hunain ac anymwybod cyffredinol y bobl. Fel yn achos artistiaid *haniaethol abstract* cynharach, dadleuwyd fod gwaith Ysgol Efrog Newydd yn dileu cysyll-tiadau â'r byd y tu allan i gelfyddyd gan ei wneud yn berthnasol i fodolaeth dynoliaeth fyd-eang.

Roedd gan gelfyddyd haniaethol rôl benodol i'w chwarae ar ôl yr Ail Ryfel Byd (gweler **haniaethol** *abstract*). Er mai o Ewrop yr oedd nifer o'r prif beintwyr yn dod, Mynegiadaeth Haniaethol oedd y datblygiad cyntaf mewn celfyddyd Americanaidd i ennill clod yn rhyngwladol. O ganlyniad i ddylanwad a phwysigrwydd y ganolfan ddinesig, daeth Efrog Newydd i gymryd lle Paris fel canolbwynt y byd celfyddydol erbyn canol yr 20fed ganrif. Sylwch nad oedd paentiadau Pollock wedi cael eu creu gan frwsh ar gynfas wedi'i godi ar *îsl easle*, fel oedd yr arfer yn Ewrop, ond yn hytrach yn ffrwyth gwaith egnïol ac ystwyth ar lawr gwastad.

■ *Pryd:* yn dechrau yn y 1940au, gan gyrraedd ei ffurf nodweddiadol erbyn y 1950au, a gan amlygu ei hun fel celfyddyd ryngwladol yn y 1950au a'r 1960au.

a

■ *Pwy:* Jackson Pollock, Willem de Kooning, Barnett Newman, Mark Rothko; y prif sylwebyddion oedd Clement Greenberg a Harold Rosenberg.

■ *Cyswllt: haniaethol* abstract, *Peintio Gweithredol* Action Painting, *awtomatedd* automatism, *Mynegiadaeth* Expressionism, *peintio ystumiol* gestural painting, *Moderniaeth* Modernism, *Swrealaeth* Surrealism.

■ *Elfennau ffurfiol:* lliw yn Rothko, gwead yn De Kooning a Pollock.

abstraction haniaeth**:** y broses lle mae'r artist yn symud i ffwrdd o gynrychioli'r byd a chreu celfyddyd sy'n gyfan gwbl *haniaethol* abstract, heb unrhyw beth amlwg ynddi sy'n adlewyrchu'r byd naturiol yn uniongyrchol.

■ *Pryd:* mae haniaeth yn ffenomen sy'n perthyn i'r 20fed ganrif. Ni wnaeth proses haniaethu *Ciwbiaeth* Cubism erioed arwain at waith cyfan gwbl haniaethol; roedd paentiadau Ciwbaidd wastad yn cynnwys cyfeiriadau at y byd go iawn y gellid eu 'darllen', er mwyn i'r gwyliwr o leiaf synhwyro bod rhyw destun yn y paentiad. Er hynny, Ciwbiaeth wnaeth sbarduno'r ffordd y gwnai'r rhan fwyaf o artistiaid ymdrin â haniaeth.

■ *Pwy:* mewn rhai ffyrdd, mae pob gwaith celf yn broses o haniaethu o fyd natur, ond enghraifft glasurol y broses yw cyfres Mondrian o goed afalau, y môr a thyrrau eglwysi rhwng 1910 ac 1914, a buwch enwog Theo van Doesburg, a arweiniodd at weithiau cyfan gwbl *Neo-Plastig* Neo-Plastic.

■ *Cyswllt: Ciwbiaeth* Cubism, *De Stijl.*

■ *Elfennau ffurfiol:* pob un.

acrylic acrylig**:** math o baent synthetig neu bolymer sy'n meddu ar amryw o nodweddion pwysig i'r myfyriwr:

● Mae paent acrylig yn gymharol rad, ar gael yn rhwydd, ac yn dod mewn sawl gradd wahanol (o'r rhain y radd 'artist' yw'r drutaf a'r un sy'n para hiraf, ac sy'n cynnwys y pigmentau cryfaf. Y radd rataf yw'r un sy'n cael ei galw'n aml yn radd 'myfyriwr' — er nad yw ansawdd y pigment cystal, yn enwedig gyda melyn, mae'r radd hon fel arfer yn ddigonol ar gyfer gwaith myfyrwyr. Mae'n bosibl swmp-brynu cyfryngau acrylig, a'r pigmentau i'w cymysgu ynddynt ond, heblaw eich bod yn bwriadu defnyddio llwyth o baent acrylig, nid oes angen i chi wario'ch arian ar swmp o baent.

● mae paent acrylig yn hydawdd mewn dŵr ond yn wrthiannol i ddŵr unwaith iddo sychu; golyga hyn ei fod yn gallu cael ei deneuo'n rhwydd i'w ddefnyddio fel *golchiad dyfrlliw* watercolour wash neu i greu *impasto* naill ai'n syth o'r tiwb neu drwy ychwanegu cyfrwng arall, e.e. tywod, er mwyn ychwanegu at y swmp. Bydd ychwanegu diferyn o hylif golchi llestri yn helpu'r paent i lifo'n well.

● Mae lliwiau paent acrylig yn gryf, ac yn dueddol o edrych yn artiffisial os nad ydynt yn cael eu cymysgu'n ofalus. Er hynny, fe allant gynhyrchu gwaith sy'n edrych yn gyffrous a bywiog. Nodwedd arwyneb y paent yw ei fod yn wastad ac yn llyfn. Fodd bynnag, mae'r ychydig bach o sglein sydd gan natur polymer y paent yn adlewyrchu'r golau yn dda; gallwch gynyddu hyn drwy ychwanegu glud fel PVA, neu ei leihau drwy ychwanegu cyfrwng mat.

- Mae paent acrylig yn sychu'n gyflym, ac yn addas felly i'w ddefnyddio mewn gwers lle mae amser yn brin. Os rhowch chi ffilm glynu o gwmpas eich palet er mwyn atal yr awyr rhag mynd ato, yna bydd y paent yn para am ryw ddiwrnod cyn iddo sychu'n llwyr. Gallwch brynu arafwyr er mwyn ymestyn yr amser sychu — defnyddiol os ydych yn ceisio cyfuno meysydd mawr o liw, er enghraifft. Peidiwch â defnyddio gormod, gan fod hyn yn creu ffilm ar yr arwyneb sy'n crychu ac sy'n cymryd dyddiau i sychu'n iawn.

- Mae paent acrylig yn hyblyg ac yn gallu cael ei ddefnyddio ar unrhyw arwyneb — papur, cynfas neu fwrdd. Gallwch breimio'r rhain os ydych chi eisiau, ond mae paent acrylig yn gallu cymryd yn rhwydd at y rhan fwyaf o arwynebau di-breim heb i chi orfod gwneud paratoadau llafurus.

■ *Cyswllt:* **Mynegiadaeth Haniaethol** *Abstract Expressionism,* **cymysgu ychwanegion** *additive mixing,* **celfyddyd Bop** *Pop art,* **cymysgu tynnol** *subtractive mixing.* Gweler David Hockney 'Sblash Mwy' (A Bigger Splash), 1967, Tate Liverpool, paentiad o bwll nofio yn Los Angeles, gyda'r cynfas wedi'i rannu gan arwynebau eang o liw gwastad gydag ymylon pendant (mae ymylon syth wedi'u creu gan dâp masgio yn nodwedd arall o'r cyfrwng hwn). Er ei beintio mewn acrylig, mae 'Sblash' Hockney yn ddychan ar y **peintio ystumiol** *gestural painting* mewn olew a grëwyd gan y symudiad celf blaenorol, **Mynegiadaeth Haniaethol** *Abstract Expressionism.* Efallai y byddai'n werth cymharu canlyniadau'r ddau gyfrwng fel astudiaeth bersonol, gyd-destunol, neu fel astudiaeth celf ar gyfer eich llyfr gwaith neu lyfr braslunio cyn i chi greu eich celf eich hun.

■ *Pryd:* daeth paent acrylig ar gael yn eang o'r 1960au ymlaen.

■ *Pwy:* cafodd ei ddefnyddio'n helaeth gan yr artistiaid Pop. Mae agweddau ar gynfasau mawr fflat David Hockney yn ganlyniadau uniongyrchol i baent acrylig.

■ *Elfennau ffurfiol:* lliw, tôn, gwead.

Action Painting Peintio Gweithredol: dull o beintio â gwaith brwsh anferthol a gweladwy. Heb greu darlun cychwynnol, mae'r paent yn cael ei frwsio, ei ddiferu neu ei daflu ar hap ar y cynfas, lle mae amcan seicolegol yr artist yn allweddol i'r ffordd y mae'n gweithredu. Er mwyn i hyn weithio, mae'n rhaid i'r paentiad symud i ffwrdd o'r **îsl** *easle,* trwy ei ymestyn — ar y llawr, fel arfer. Mae'r gwaith terfynol yn gofnod o symudiadau'r artist a'r broses o greu yn hytrach na chynllunio **cyfansoddiad** *composition.*

■ *Pryd:* y beirniad celf o America, Harold Rosenberg, oedd y cyntaf i ddefnyddio'r term 'peintio gweithredol' yn 1952 — 'nid darlun oedd yn mynd ar y cynfas, ond yn hytrach digwyddiad'. Caiff Peintio Gweithredol ei ddefnyddio yn gyffredinol i ddisgrifio **peintio ystumiol** *gestural painting* nodweddiadol **Mynegiadaeth Haniaethol** *Abstract Expressionism* o ddiwedd y 1940au hyd

a

ddechrau'r 1950au yn yr Unol Daleithiau, er bod cysyniad symudiadau'r artist ar hap yn deillio o gysyniad **awtomatedd** *automatism* cynharach **Swrealaeth** *Surrealism* Ewropeaidd.

■ *Pwy:* Jackson Pollock yn benodol, ond hefyd De Kooning. Cafwyd dilyniant i'r dulliau siawns hyn yn Ewrop ar ôl 1945, yn enwedig yn Ffrainc, e.e. marciau mewn tasiaeth sydd wedi'u peintio ond heb gael eu llunio trwy gynllun ymwybodol.

■ *Cyswllt:* **Mynegiadaeth Haniaethol** *Abstract Expressionism,* **awtomatedd** *automatism,* **Ôl-argraffiadaeth** *Post-Impressionism.*

■ *Elfennau ffurfiol:* patrwm a gwead.

additive mixing cymysgu ychwanegion: dull cymysgu lliwiau, gyda'r enw yn deillio o'r ffaith bod pelydrau golau yn cael eu hychwanegu yn hytrach na'u cymysgu. Dangosodd Isaac Newton bod golau gwyn (golau dydd), wrth fynd trwy brism, yn rhannu ei hun i'r sbectrwm lliw cyfan. Hynny yw, mae golau gwyn yn cynnwys holl liwiau'r enfys: coch, oren, melyn, gwyrdd, indigo, glas, fioled. Yr hyn sy'n bwysig iawn ar gyfer cymysgu ychwanegion yw bod lliw yr holl belydrau, o'u hail-gyfuno, yn troi nôl i wyn. Y dull arferol o gymysgu lliwiau pigment gyda phaent di-draidd cyffredin, neu liw di-draidd llawn, yw'r un sydd fwyaf cyfarwydd i'r mwyafrif ohonom: melyn a glas yn gwneud gwyrdd, ac ati. Nid yw cymysgu ychwanegion gyda golau yr un fath â chymysgu pigment; yn y system ychwanegion, y tri lliw sylfaenol (cynradd) yw magenta, glas cyan a melyn canolig. Caiff cymysgu ychwanegion ei ddefnyddio gan mwyaf wrth argraffu, ffotograffiaeth lliw a goleuo. Er hynny, mewn golau, a chan gofio bod y lliwiau sylfaenol gyda'i gilydd yn creu gwyn, mae gan y dull hwn ddau ddefnydd sylfaenol mewn peintio.

● Gallwch efelychu'r broses o gymysgu ychwanegion trwy ddefnyddio haenau gwydrog tryloyw ar bapur gwyn. Cymysgwch a pheintiwch haenau tenau iawn o baent **acrylig** *acrylic,* gan aros i bob haenen sychu cyn peintio'r nesaf, a gwneud yn siŵr eich bod bob tro yn gallu gweld y papur drwyddo. Mae defnyddio gwydredd tryloyw fel hyn yn gallu ymddwyn rywfaint fel lliwiau ychwanegol, gan fod pob haenen o'r gwydredd yn weladwy ar yr un pryd, a'u bod yn adlewyrchu llai o olau gwyn na phaent di-draidd. Os gallwch weld y lliwiau i gyd ar yr unwaith, yna rydych yn dechrau ail-gyfuno lliwiau'r sbectrwm a bydd y canlyniad yn llawer mwy llachar nag y byddai wedi bod pe byddech ond wedi defnyddio'r system **cymysgu tynnol** *subtractive mixing* arferol. Y dull arall, sydd orau wrth gael ei ddefnyddio ar raddfa fawr, yw cymysgu inciau (o liwiau cryf sydd â dŵr yn sylfaen iddynt) gyda glud fel PVA, ac yna gosod haenau tenau ar y papur. Unwaith yn rhagor bydd yn rhaid i bob haenen fod yn sych cyn i chi ychwanegu'r un nesaf. O'u cyfuno, dylai'r lliwiau fod yn oleuach ac yn fwy ysgogol i'r llygad na phe bai'r gymysgedd wedi'i wneud ar balet.

- Roedd y **Rhaniadwyr** *Divisionists* yn defnyddio'r broses ychwanegion drwy beintio pwyntiau bychain o liwiau sylfaenol pur a fyddai'n creu effaith cymysgedd ychwanegion o'u gweld o bellter. Gallwch hefyd gyfeirio at y dechneg hon trwy gymysgu'ch lliwiau ar y cynfas, bapur neu fwrdd, ond cofiwch beidio â gwneud hynny'n rhy dda fel mai canlyniad cymysgu'r ychwanegion fydd blendio gwael.

■ *Cyswllt:* **persbectif awyrol** *aerial perspective*, **Peintio Maes Lliw** *Colour Field Painting*, **rhaniadaeth** *divisionism*, **arlliw** *hue*, **dirlawnder** *saturation*, **cymysgu tynnol** *subtractive mixing*.

■ *Elfennau ffurfiol:* lliw.

aerial perspective *persbectif awyrol*: mae hwn yn cyfeirio at dechneg sy'n cael ei ddefnyddio er mwyn creu dyfnder a gofod ar arwyneb dau-ddimensiwn trwy ddefnyddio effeithiau gofodol gwahanol gyda lliwiau oer, h.y. mae glas yn ymddangos fel pe bai'n symud i ffwrdd oddi wrth y llygad, ac mae'n cael ei ddefnyddio ar *gefndir background* paentiad. Cofiwch nad yw'r awyr yn las mewn gwirionedd — dim ond yn edrych felly gan fod golau glas (tonfeddi byr) yn cael eu gwasgaru'n fwy na golau coch (tonfeddi hirach) gan lwch neu niwl yn yr atmosffer. Mae bryniau yn y pellter yn ymddangos yn las gan fod golau glas yn gallu treiddio'n haws drwy'r niwl.

■ *Pwy:* techneg a ddefnyddiwyd gan y Rhufeiniaid, e.e. Tŷ y Vettii, Pompeii, y ganrif gyntaf OC, ac a atgyfodwyd gan Leonardo da Vinci, e.e. y tirlun cefndir yn 'Yr Wyryf a'r Plentyn gyda'r Santes Ann' (La Vierge à l'Enfant avec sainte Anne / Virgin and Child with St Anne), 1508–10, Musée du Louvre, Paris. Defnyddiwyd y dechneg yn llwyddiannus iawn gan nifer o artistiaid ers hynny, e.e. 'Priodas Isaac a Rebeca' (Mariage d'Isaac et Rebecca / Marriage of Isaac and Rebekah) gan Claude (Claude Gellée dit Le Lorrain), 1648, Yr Oriel Genedlaethol, Llundain; J. M. W. Turner, e.e. yng nghefndir 'Temeraire Heriol' (Fighting Temeraire), 1838, Yr Oriel Genedlaethol, Llundain, lle mae glas glannau'r afon yn y pellter yn gwrthgyferbynnu â choch ac aur rhyfeddol yr haul wrth iddo godi.

■ *Cyswllt:* **rhithiolaeth** *illusionism*. Mae technegau eraill, a ddefnyddiwyd yn gyntaf gan Leonardo da Vinci, yn cynnwys SFUMATO, neu awyr fyglyd, er mwyn creu effaith niwl a cholli cyferbynnedd pendant ar y gorwel draw. Cafodd y dechneg hon ei defnyddio trwy gydol hanes peintio tirluniau, o Leonardo hyd at **Argraffiadaeth** *Impressionism*, ond cafodd ei gwrthod yn bendant gan y **Ffofyddion** *Fauves* yn gynnar yn yr 20fed ganrif. Mae'r rhain i gyd yn ddulliau y gallwch arbrofi â nhw, ac nid oes angen eu cadw ar gyfer testunau tirlun mawr yn unig; gall rhinweddau lliwiau cynnes ac oer gael eu defnyddio ar weithiau llonydd bychain hefyd.

■ *Elfennau ffurfiol:* lliw, tôn.

a

aesthetics estheteg: cangen o athroniaeth sy'n ymwneud ag astudio cysyniadau fel prydferthwch a chwaeth. Mae hwn yn bwysig ym myd celf gan ei fod yn ymdrin â'r teimladau, cysyniadau a barn am brydferthwch ac am hanfodion celfyddyd. Os yw estheteg darn o gelfyddyd yn cael ei alw'n 'gain', yna mae wedi bodloni'r rhan fwyaf o feini prawf sydd ar restr person o bethau y mae yn eu hystyried yn brydferth. Ond beth sydd ar eich rhestr chi o bethau 'prydferth'? Sut gyrhaeddodd y gwaith y rhestr? Beth yw darn o gelfyddyd beth bynnag?

African art celfyddyd Affricanaidd: categori nad yw'n bodoli mewn gwirionedd, oherwydd nid yw'r gwahaniaeth rhwng gwrthrychau a'u defnydd —sy'n nodweddiadol o gelfyddyd y Gorllewin—yn bodoli. Ni fu erioed unffurf-iaeth celfyddydol ar draws gyfandir eang Affrica. Ers y *Dadeni* Renaissance, mae cysyniad celfyddydol Ewrop wedi creu rhaniad rhwng (1) sut mae gwrthrych yn cael ei ddefnyddio a (2) ei bryd a'i wedd — y gwahaniaeth rhwng *crefft* craft a *celfyddyd gain* fine art. Roedd y gwrthrychau sydd bellach yn cael eu gosod dan label celfyddyd Affricanaidd yn wrthrychau ymarferol yn ogystal â phrydferth o fewn cyd-destun brodorol gwreiddiol. Er enghraifft, mae pâr o ddrysau mynedfa a wnaed gan Olowe o Ise yn Ikere (Nigeria) yn 1916, drysau sydd bellach yn yr Amgueddfa Brydeinig, yn cynnwys cyfres o gerfweddau uchel, gydag un yn dangos ymweliad gan lywodraethwr gwyn lleol. Roedd y rhain yn bodoli'n wreiddiol — ac ar yr un pryd — fel drysau ymarferol, gwrthrychau celfyddydol, ac fel sylw cymdeithasol gan yr artist.

Mae 'na ddau faes i'w hystyried o dan y pennawd hwn: (1) celfyddyd o Affrica ei hun, a (2) y defnydd a wnaed gan artistiaid o Ewrop ar gelfyddyd Affricanaidd, sy'n cyfeirio fel arfer at y gwrthrychau y daeth artistiaid o hyd iddynt mewn amgueddfeydd yn Ewrop ar ddechrau'r 20fed ganrif.

Yn amlwg, mae celfyddyd o Affrica yn amrywio rhwng diwylliannau ar draws y cyfandir anferth hwn (arwynebedd o tua 12 miliwn milltir sgwâr), ac yn ôl y cyfnod pan gafodd y gwaith celf ei greu. Cofiwch fod pobl wedi bod yn byw ar gyfandir Affrica, ac yn creu gweithiau gweledol, ers dyddiau cynnar dynoliaeth; mae'r gwrthrychau cynharaf o Affrica yn dyddio nôl tua 1.6 miliwn o flynyddoedd. Yn ystod yr holl amser hwnnw, diweddar iawn fu dylanwad Ewrop, dylanwad a ddaeth â chyfnod trist i lawer iawn o bobl Affrica. Crëwyd y rhan fwyaf o'r cerfluniau mwyaf adnabyddus o Affrica gan y bobloedd a oedd wedi ymsefydlogi a dechrau ffermio'r tir. Mae creu celfyddyd ar unrhyw raddfa yn gofyn am ryw fath o sefydlogrwydd fel bod y gwaith yn gallu cael ei gadw, fel bod modd datblygu technegau a syniadau ac, wrth gwrs, fel bod amser ar gael i'w greu. Pren oedd y prif gyfrwng ac, yn rhesymol ddigon, y prif ardaloedd lle cynhyrchwyd cerflunwaith pren yn Affrica yw'r rhai sydd â'r cyflenwad gorau o goed — er bod efydd, a haearn yn benodol, hefyd yn bwysig. Yn yr un modd, cafwyd enghreifftiau o decstilau, crochenwaith a chraigbeintio.

a

I'r de o'r Sahara, prin iawn y cyfunwyd gwaith celf pren a gwaith saer. Yn amlach na pheidio, gwaith cerfio a wnaed, fel arfer allan o un darn o bren. Mae hyn yn dylanwadu ar siâp a maint y cerflunwaith, ac yn tueddu i fod yn ffactor amlwg sy'n uno'r ffurf hon o gelfyddyd Affricanaidd. Mae cyfyngiad o'r fath hefyd yn caniatáu i'r cerfiwr ddangos siâp y goeden wreiddiol yn y gwaith terfynol, trwy ddefnyddio patrwm y graen i ddisgrifio ffurf ddynol, neu greadur, er enghraifft. Y cyfyngiad hwn yw'r prif gyswllt gweledol rhwng y rhan fwyaf o'r cerfluniau pren sy'n deillio o Affrica. Mae olion yr offer cerfio hefyd yn nodwedd i'w sylwi; techneg o hicio neu o roi toriadau llym yn y pren, yn batrymau rheolaidd yn aml iawn, sef techneg sydd hefyd wedi'i defnyddio mewn enghreifftiau helaeth o grochenwaith.

Yn Ewrop, gwelwyd celfyddyd Affricanaidd ym Mharis o'r 1890au ymlaen, mewn amgueddfeydd ac mewn siopau hefyd, wrth i bobl ddychwelyd ar ôl teithio i diriogaethau Ffrainc yn Affrica. Mae'r gweithiau celf sydd fwyaf cyfarwydd i ni, ynghyd â gwaith yr artistiaid hynny o Baris yn ystod blynyddoedd cynnar yr 20fed ganrif, yn dod o ganoldir Affrica — ffetisiau, er enghraifft, sef gwrthrychau sy'n rheoli neu'n rhoi mynegiant i rymoedd neu fodau naturiol neu oruwchnaturiol, a masgiau a ddefnyddiwyd mewn defodau neu wyliau. Yn aml iawn roedd y rhain yn rhan o wisg anferth fyddai'n gorchuddio'r perfformiwr o'i gorun i'w sawdl, e.e. 'Masg Seremonïol' o Wobe, Y Traeth Ifori, ddiwedd y 1800au, Musée de l'Homme, Paris.

Gwelwyd y cyfeiriad mwyaf nodedig at gelfyddyd Affricanaidd yn Ewrop yn 'Lodesi d'Avignon' (Les Demoiselles d'Avignon), 1907, Amgueddfa Celfyddyd Fodern, Efrog Newydd, a beintiwyd gan Pablo Picasso ym Mharis — ei baentiad cyn-*Giwbaidd* pre-*Cubist* allweddol. Cyn hynny, yng ngwaith Paul Gauguin y deilliodd y syniad o beintio menywod noethlymun mewn ystumiau a oedd yn fwriadol wahanol i osgo ac ystum y fenyw yn draddodiadol yng nghelfyddyd Ewrop. Yng ngwaith Gauguin mae cyfeiriadau penodol at gelfyddyd o'r tu hwnt i Ewrop, e.e. 'Yr Ysbryd yn ei Gwylio' (Manao Tupapau / Spirit of the Dead Watching), 1892, Oriel Gelf Albright Knox, Buffalo, Efrog Newydd, sy'n dangos merch noeth o Tahiti yn gorwedd ar wely, gyda thecstilau oddi tani a siapiau a ffigurau rhyfedd yn y cefndir. Fel arfer, cymerir mai'r cyntaf i ddefnyddio ffurfiau Affricanaidd mewn cerflunwaith, h.y. coesau byrion, cluniau bras, corff hir, a phen naill ai mawr iawn neu fach iawn, oedd y peintiwr *Ffofyddol Fauvist*, André Derain, e.e. y 'Dyn yn ei Gwrcwd' (Homme accroupi / Crouching Figure), 1907, Réunion des Musées Nationaux, Paris — ffigur bach, cadarn o garreg, gyda thraed mawr solid a dwylo syml, sy'n bwysig oherwydd ei ddefnydd uniongyrchol ac amlwg o gerfio carreg. Dylanwadodd nodweddion cerflunwaith pren o Affrica ar y cerflunydd Constantin Brancusi, a oedd yn weithgar yn gynnar yn yr 20fed ganrif. Wrth iddo leihau ffurf tri-dimensiwn i'w siapiau sylfaenol, cafodd ei ddylanwadu'n gryf gan weithiau o

Affrica, e.e. 'Y Cam Cyntaf' (Premier Pas / The First Step), 1913, Musée National d'Art Moderne, Centre Georges Pompidou, Paris.

Os edrychwch ar y ffigurau yn 'Lodesi d'Avignon' (Les Demoiselles d'Avignon) gan Picasso a'r arddull a ddefnyddiwyd i'w peintio, fe welwch fod pob un wedi dod o ffynhonnell eithaf gwahanol. Mae wyneb y ffigur ar y chwith yn edrych fel cyfuniad o broffil Eifftaidd gydag amlinell drom yn arddull Gauguin. Mae wynebau'r menywod yn y canol yn seiliedig ar gerflunwaith o Iberia sydd yn y Louvre, a'r ddwy ar y dde yn seiliedig ar gerfiadau o Affrica a gasglwyd gan Picasso yn ei stiwdio. Mae'n debyg mai Matisse oedd y cyntaf i sylwi ar y math hwn o waith, gyda'i symlrwydd a'i amlinell bwerus, wrth edrych ar gerfluniau o'r Congo; dyma'r enghreifftiau a ddangosodd Matisse i Picasso yn ddiweddarach.

Ysbrydolwyd Ernst Ludwig Kirchner, y **Mynegiadwr** *Expressionist* o'r Almaen, gan gerfluniau a cherfiadau brodorion Ynysoedd Palawan (Palau) — daeth o hyd i'r rhain yn yr Ethnographisches Museum yn Dresden, gan sôn wrth ei gyfeillion amdanynt yn yr un modd ag y gwnaeth Matisse gyfeirio Picasso at gelfyddyd y Congo. Roedd celfyddyd Fynegiadol ddiweddar yn ddyledus iawn i'r darganfyddiadau cynharach hyn, yn enwedig defnydd yr amlinell bwerus, ymosodol, herciog yn y **torluniau pren** *woodcuts*, e.e. prif dorlun pren y *Chronik der Kunstlergruppe Brücke*, 1913, Wallraf-Richartz Museum, Cwlen (Köln).

Pam oedd y gelfyddyd hon o'r tu hwnt i Ewrop mor berthnasol i'r artistiaid **Modernaidd** *Modernist* hyn? Yn ystod blynyddoedd diweddar y 19eg ganrif, bu gwladwriaethau grymus Ewrop yn ymelwa ar draul Affrica, gan rannu'r tir ymysg ei gilydd fel trefedigaethau — yn enwedig yn y Congo; roedd rhaid aros nes 1863 cyn bod caethwasiaeth yn cael ei wneud yn anghyfreithlon. Gydag Affrica yn cynrychioli'r pegwn eithaf o'r hyn yr oedd Ewrop yn ei gynrychioli, denwyd artistiaid yr **avant-garde** i chwilio am rywbeth gwahanol i'r triciau academaidd naturiolaidd, neu pastiche gwag yr **Argraffiadwyr** *Impressionists* yn y **Salon**. Ond yn ystod y cyfnod wedi i Darwin gyhoeddi ei *Origin of Species*, 1859, a *Descent of Man*, 1871, roedd Affrica, neu'r 'cyfandir tywyll', hefyd yn cael ei ystyried fel llygad ffynnon Ewrop. Dyma fan heb iddi resymoliaeth wyddonol nac ychwaith resymeg ymarferol, lle dychmygwyd bod rhywioldeb di-reol yn rhemp. Defnyddiodd Sigmund Freud, a gyhoeddodd ei weithiau *Interpretation of Dreams* yn 1896 a *Psychopathology of Everyday Life* yn 1904, y wedd hon ar Affrica fel cydweddiad pan gyfeiriodd at fenywod fel 'cyfandir tywyll'. Yn ei bôn, pwysigrwydd Freud fel tad dadansoddi seicolegol oedd ei amlygu ar ddylanwad yr anymwybod dros ymddygiad yr ymwybod, a tharddiad rhywiol niwrosis a ddaeth yn ddiweddarach yn allweddol ar gyfer **Swrealaeth** *Surrealism*. Mewn geiriau eraill, ar gyfer artistiaid ar ddiwedd y 19eg ganrif a dechrau'r 20fed, roedd celfyddyd Affricanaidd yn bwysig nid yn unig oherwydd cynnwrf y siapiau newydd a'r ffyrdd gwahanol o gynrychioli ffurf, ond hefyd oherwydd ei fod yn cynrychioli rhywbeth arall, anghynefin, anghyfarwydd a chwbl wahanol i ymddygiad pobl Ewrop: roedd yn cynrychioli'r hyn a ddisgrifiwyd fel yr 'Arall'.

Rhaid i ni felly gydnabod y defnydd amhriodol o'r gair 'cyntefig'. Tan yn ddiweddar iawn, rhoddyd y label 'cyntefig' ar gelfyddyd Affricanaidd a gafodd ei ddwyn gan y gwladwriaethau trefedigaethol a'i harddangos mewn amgueddfeydd yn Ewrop. Roedd y term yn dibynnu ar nifer o ragdybiaethau camarweiniol, a'r mwyafrif ohonynt yn seiliedig ar y syniad hiliol bod y cymunedau a'r bobl 'gyntefig' yn bodoli ar lefel esblygiadol is na phobl 'gwaraidd' y Gorllewin (ystyriwch Darwin) ac, o ganlyniad, yn llai soffistigedig. O ran yr artistiaid a ymddiddorai mewn celfyddyd Affricanaidd, roedd hyn yn golygu fod pobl Affrica yn nes at enaid gwreiddiol dynoliaeth, yn nes felly at burdeb cyflwr a hanfod dynoliaeth — ond i eraill golygai hyn fod pobl Affrica ymhellach i ffwrdd o 'wareiddiad' Gorllewinol.

Arweiniodd y diddordeb mewn celfyddyd Affricanaidd gan y Ciwbwyr, y Mynegiadwyr a'r *Ôl-argraffiadwyr* Post-Expressionists, ymhlith eraill, at ddulliau newydd o ymdrin â'r ffurf ddynol — er enghraifft, ffurfiau onglog sydd bron yn ddatgysylltiol yng ngweithiau'r Ciwbyddion a'r Mynegiadwyr. Yn ei dro, arweiniodd hyn at ddefnydd newydd o ofod mewn celfyddyd wrth i artistiaid gefnu ar gonfensiwn persbectif a fu'n nodwedd o gelfyddyd y Gorllewin er y Dadeni.

Yn fwy diweddar, mae artistiaid wedi defnyddio celfyddyd Affricanaidd fel dull i archwilio'u hunaniaeth eu hunain. Gwnaeth dadleuon Affrica-America Marcus Garvey yn y 1960au sbarduno cryn ddiddordeb ymhlith pobl Affro-Garibïaidd, gan esgor ar gerddoriaeth Rastaffaraidd a dulliau celfyddydol oedd yn defnyddio tecstilau Affricanaidd fel symbol o ddyhead pobl i ddychwelyd at eu gwreiddiau. Mae dull aml-haenog, cyfeiriadol *Ôl-foderniaeth* Post-Modernism wedi caniatáu i lawer o artistiaid, yn bennaf artistiaid o America, i archwilio themâu tebyg, e.e. Jean Michel Basquiat. Fel artist graffiti yn Efrog Newydd yn wreiddiol, a gafodd ei 'fabwysiadu' gan Andy Warhol, mae ei waith yn gyfuniad o ffurfiau celfyddyd gain blaenorol, celfyddyd stryd a themâu Affricanaidd, e.e. 'Ci a Bachgen mewn Hydrant Tân' (Boy and Dog in a Johnnypump), 1982, Galerie Bruno Bishofberger, Zürich, sy'n dangos dyn â gwallt rasta wedi'i beintio mewn dull braslun byw, gan ddefnyddio du a choch yn erbyn strociau brwsh sblashlyd o felyn, gwyrdd a phinc — cyfuniad o gelfyddyd arlunyddol a stori stribed. Cafodd yr arddull hwn ei alw'n 'ddisgleirdeb Affro-Iwerydd' gan yr hanesydd celf Robert Farris. Artist sy'n gweithio ym Mhrydain yw Yinka Shonibare, a gallwn roi ystyriaeth debyg i'w waith ef, e.e. 'Sut mae merch fel ti yn dod yn ferch fel ti? (How does a girl like you, get to be a girl like you?), 1995, Casgliad Saatchi, Llundain. Mae'r gwaith hwn yn dangos modelau mannequin wedi'u gwisgo mewn ffrogiau

Fictoraidd sydd wedi cael eu gwneud allan o ddefnyddiau cyfoes o Affrica, gan gyfeirio at goloneiddio oes Fictoria a'r rôl y mae siopa yn ei chwarae yn ein diwylliant Gorllewinol cyfoes. Artist arall sy'n archwilio themâu tebyg yw Chris Ofili, yn defnyddio patrymau sy'n chwyrlïo, resin a thail eliffantod yn ei baentiadau, ac sy'n dangos ffigurau sydd â motiffau Affricanaidd ac Americanaidd Du amlwg, e.e. 'Afrodizzia', 1996, Casgliad Saatchi, Llundain.

■ *Cyswllt:* **Ciwbiaeth** *Cubism,* **Mynegiadaeth** *Expressionism,* **torluniau pren** *woodcuts.* Meddyliwch am rôl yr amgylchedd mewn celf: gwaith celf wedi'i greu yn yr anialwch, e.e. bydd gwelyau cludadwy Twareg y Sahara yn wahanol iawn i gerfluniau pren Zwlws Deheudir Affrica. Bydd rhinweddau'r defnyddiau gwahanol sydd ar gael yn cynhyrchu darnau gwahanol iawn o waith. Ystyriwch sut mae tecstilau yn amrywio o un rhan o'r wlad i'r llall. Pwy sy'n gyfrifol am y gwehyddu mewn gwahanol gymunedau? Mewn rhai o'r cymunedau i'r de o'r Sahara, efallai y byddai dynion a menywod yn gwehyddu, ond yn defnyddio gwahanol offer wrth wneud; tybed a fyddai'r gwahaniaethau hynny yn effeithio ar y cynnyrch terfynol? Mae llawer iawn o waith celf o gyfandir Affrica yn defnyddio'r ffurf ddynol — beth yw cyfrannedd y ffurf o Affrica? Sut mae'r trefniant hwnnw yn cymharu â'r ddelwedd Ewropeaidd o beth yw ffurf, ac a fedrwch chi gyfuno'r ddau yn eich gwaith eich hun? Mae steil gwallt yn nodwedd bwysig mewn sawl diwylliant; mae sawl steil gwahanol wedi cael eu cadw mewn masgiau a cherfluniau ffigurau. Gallai'r rhain fod yn feysydd ymchwil cynhyrchiol — wedi'r cyfan, mae gwallt yn nodwedd bwysig hyd heddiw. Mewn gweithiau mwy diweddar mae ymwybyddiaeth bersonol neu ddiwylliannol yn thema angenrheidiol sy'n cael ei chynrychioli gan wrthrychau sydd ag arwyddocâd cymdeithasol neu ddefodol, ac yn aml iawn cyflwynir hyn fel rhyw ddarn o waith sy'n cyfuno technegau crefft traddodiadol — e.e. gwehyddu, gyda dulliau cyfoes fel ail-ddefnyddio tuniau er mwyn gwneud bagiau a blychau. Mae'r rhain i gyd yn brosesau a syniadau a allai fod yn gynhyrchiol iawn yn yr ystafell gelf.

■ *Elfennau ffurfiol:* pob un, ond roedd y ffurf yn fwyaf arwyddocaol ar gyfer artistiaid blynyddoedd cynnar yr 20fed ganrif.

afterimage ôl-ddelwedd: pan edrychwch ar ddau liw cyferbyniol ochr yn ochr, neu syllu ar liw unigol am gyfnod, mae eich llygaid fel petaent yn creu lliw arall, **lliw cyflenwol** *complementary colour* yr **arlliw** *hue* gwreiddiol.

■ *Cyswllt:* **lliw** *colour,* **rhaniadaeth** *divisionism,* **Opgelfyddyd** *Op art.*

alla prima: term Eidaleg, a ddefnyddiwyd yn gyntaf yn ystod y *Dadeni Renaissance,* er mwyn disgrifio dull o beintio lle mae'r darlun yn cael ei beintio heb fod braslun (neu danbaent) yn amlinellu'r cyfansoddiad, ac sy'n cael ei greu gan ddefnyddio un haenen o baent yn unig.

■ *Pwy:* Mae'n debyg mai mewn **Argraffiadaeth** *Impressionism* y cafwyd uchafbwynt peintio **ffigurol** *figurative alla prima*, yn fwy disgybledig na **Mynegiadaeth Haniaethol** *Abstract Expressionism* a oedd, mae'n debyg, yn uchafbwynt an-ffigurol.

■ *Cyswllt:* **Mynegiadaeth Haniaethol** *Abstract Expressionism*, **Argraffiadaeth** *Impressionism*, **Dadeni** *Renaissance*.

allegory alegori**:** ystyr llythrennol 'alegori' yw 'dweud rhywbeth arall'. Mae alegori yn cyfeirio at gelf sy'n defnyddio un pwnc er mwyn cynrychioli un arall, fel arfer cysyniadau o'r drwg a'r da. Mae'r defnydd o alegori yn ymestyn yn ôl i'r oes **Glasurol** *Classical*, e.e. 'Buddugoliaeth Adeiniog Samothraké' (La Victoire de Samothrace / The Winged Victory of Samothrace), 190 cc, Musée du Louvre, Paris, sef cerflun marmor yn dangos Niké, y dduwies adeiniog dros fuddugoliaethau, yn cofnodi brwydr ar y môr — yma mae cysyniad buddugoliaeth wedi'i ymgnawdoli mewn ffigur dwyfol neu feidrol.

■ *Pryd:* alegori oedd y cyfrwng arferol i gelfyddyd y Gorllewin gyfleu neges, nes i **Foderniaeth** *Modernism* ddechrau cael gwared ar unrhyw gynnwys llenyddol mewn gwaith celf.

■ *Cyswllt:* **ffigurol** *figurative*, **Cyn-Raffaeliaid** *Pre-Raphaelites*, **Rhamantiaeth** *Romanticism*, **Symboliaeth** *Symbolism*. Defnyddiodd artistiaid o'r Almaen, yn ystod y cyfnod ar ôl yr Ail Ryfel Byd, alegori fel cyfrwng i sylwi ar effaith Natsïaeth yn eu gwlad, e.e. 'Parsifal III' gan Anselm Keifer, 1973, Tate Modern, Llundain, sydd, fel y rhan fwyaf o weithiau Keifer, yn tynnu ar hen chwedlau o orffennol yr Almaen. Roedd Parsifal yn gymeriad chwedlonol o'r Oesoedd Canol, a gwnaeth Wagner (cyfansoddwr a fawrygwyd gan y Natsïaid) ysgrifennu opera amdano (fe'i perfformwyd am y tro cyntaf yn 1882), gyda'r alegori ddramatig yn y gwrthdaro rhwng Cristnogaeth a phaganiaeth, y da a'r drwg, goleuni a thywyllwch.

Gyda lledaeniad **Ôl-foderniaeth** *Post-Modernism* amlygwyd celfyddyd aml-haenol ffigurol, ac mae alegori unwaith eto wedi dod yn rhan safonol o gyfryngau'r artist. Er enghraifft, mae cyfres gan Cindy Sherman o waith sy'n dangos hi ei hun fel stereoteip o sêr benywaidd y sinema, e.e. 'Dideitl: Ffrâm Lonydd Ffilm Rhif 17 (Untitled: Film Still No. 17), 1977, Tate Modern, Llundain. Yn hwn mae'r artist yn ystumio fel rhan o naratif creadigol dychmygol, a thrwy hynny'n codi cwestiynau am rôl y cyfryngau wrth greu a sefydlogi delweddau cymdeithasol.

all-over painting peintio cyfan**:** dull o beintio lle mae'r cynfas yn cael ei orchuddio â strwythur o baent a ffurf sydd heb ganolbwynt, ac sydd heb **gyfansoddiad** *composition* amlwg.

■ *Pwy:* mae'r term fel arfer yn cyfeirio at **Beintio Gweithredol** *Action Painting* artistiaid tebyg i Jackson Pollock, neu enghreifftiau o waith artist tebyg i Glyn Jones o'r Rhondda, er y gallai hefyd fod yn berthnasol i weithiau olaf Monet ynghyd â **pheintio ystumiol** *gestural painting*, neu **Fynegiadaeth Haniaethol** *Abstract Expressionism*.

■ *Cyswllt:* **Mynegiadaeth Haniaethol** Abstract Expressionism, **Peintio Gweithredol** Action Painting, **cyfansoddiad** composition, **Argraffiadaeth** Impressionism.

■ *Elfennau ffurfiol:* patrwm, gwead.

Analytical Cubism Ciwbiaeth Ddadansoddol: gweler *Ciwbiaeth* Cubism.

anamorphosis anamorffosis: persbectif eithafol, dull o ystumio delwedd dau-ddimensiwn fel y gall rhywun sy'n edrych arno ond gweld y darlun yn gywir drwy sefyll mewn man penodol, neu wrth edrych arno drwy declyn arsylwi arbennig.

■ *Pwy:* Hans Holbein, 'Y Llysgenhadon' (Die Botschafter / The Ambassadors), 1533, Yr Oriel Genedlaethol, Llundain. *Portread* portrait o ddau ddyn gyda llawer o'u heiddo yn y golwg, ond ar waelod y darlun mae yna ffurf rhyfedd. Os sefwch ychydig gamau i'r dde o'r darlun fe welwch lun penglog — MEMENTO MORI, neu symbol angau — sydd yno er mwyn atgoffa'r dynion ifanc yn y darlun y bydd angau yn ei dro yn dod i bawb er gwaethaf unrhyw gyfoeth daearol, a bod bywyd yr enaid felly yr un mor bwysig â bywyd meidrol.

■ *Cyswllt:* **persbectif** perspective, VANITAS.

■ *Elfennau ffurfiol:* ffurf, siâp.

annotation anodiadu: dull o wneud nodiadau ar, ac o gwmpas, atgynhyrchiad o ddarn o gelf sy'n cael ei astudio; mae hwn yn sgìl allweddol ar gyfer celf Safon UG/U. Yn eich *llyfr gwaith* work journal neu lyfr braslunio gallwch atgynhyrchu delwedd gan ddefnyddio un o'r dulliau canlynol: gwneud braslun clir o'r gwaith, gwneud llungopi, gludio cerdyn post, neu lwytho'r ddelwedd i lawr o'r we. Rhowch wybodaeth berthnasol o gwmpas y ddelwedd, gan gyfeirio at yr elfennau allweddol â saethau. Mae llyfr Dorling Kindersley *Annotated Guide to Art* (gweler y llyfryddiaeth yng nghefn y geiriadur hwn) yn ganllaw defnyddiol.

Os ydych yn dewis gwneud braslun, nid oes angen iddo gynnwys y darlun i gyd, cyhyd ag y bydd yr *elfennau ffurfiol* formal elements sylfaenol yn cael sylw, a dylech gwblhau hyn o fewn dwy neu dair gwers fer. Nid creu copi perffaith o'r gwreiddiol yw pwrpas braslun; nid oes pwynt creu fersiwn arall o'r darlun. Pwrpas anodiadau yw dangos yr hyn rydych wedi'i ddysgu, sut mae'r darn hwn o gelf yn perthyn i gelf o'r un cyfnod (*cyfoes* contemporary) ac i gelf cyfnodau diweddarach — ac, yn bwysicaf oll, sut mae'r hyn rydych wedi'i ddysgu yn berthnasol i'r *thema* theme rydych yn ei hastudio. Dim ond dangos eich bod yn dda wrth gopïo fydd ailadrodd darnau o fywgraffiadau a safbwyntiau pobl eraill ar gelf. Wrth wneud gwaith ymchwil, rhaid i chi allu dangos i'r arholwr eich bod yn chwilio am bwrpas i'r gwaith. Cofiwch ofyn un cwestiwn sylfaenol yn gyson i chi eich hun: pam mae'r gwaith hwn yn berthnasol i fy ngwaith celf i?

antique, the hen fyd, yr: term ar gyfer hynafiaethau Groeg a Rhufain.

■ *Pryd:* yn dechrau *c.*2000 CC, ac yn gorffen *c.*500 OC. Roedd yr hen fyd yn bwysig yn benodol fel ffynhonnell ysbrydoliaeth ar gyfer artistiaid y *Dadeni* Renaissance a *Neoglasuriaeth* Neo-Classicism.

■ *Cyswllt: Clasurol/clasuriaeth* Classical/classicism, *Dadeni* Renaissance.

aquatint acwatint: print a dynnir oddi ar blât copr gan ddefnyddio'r un dechneg ag *ysgythru* etching. Mae gan acwatint gorffenedig yr un ansawdd o ran graen a thôn ag sydd gan baentiad *dyfrlliw* watercolour, gan fod yr arwyneb rhwng y llinellau sydd wedi'u hysgythru yn cael ei orchuddio gan bowdr resin sy'n ei warchod rhag proses dyllu'r baddon asid.

Gwnaeth yr artist a'r gwneuthurwr printiadau o Sbaen, Fransisco Goya — sef artist mwyaf dylanwadol Ewrop yn ei ddydd — ddatblygu'r broses acwatint yn ei gyfres ryfeddol 'Y Mympwyon' (Los Caprichos / Caprices), 1793–98. Dyma 82 o blatiau sy'n cyfuno ysgythru ac acwatint yn yr un broses, yn hytrach nag ysgythru yn gyntaf ac yna rhoi'r acwatint ar ei ben er mwyn gosod tôn y grwnd, fel yr arferid ei wneud. Os edrychwch, er enghraifft, ar 'Y Chwythwyr' (Los Solpones / Blowers), sef rhif 48 o 'Y Mympwyon' Goya a gyhoeddwyd fel cyfanwaith yn 1799, Amgueddfa Victoria ac Albert, Llundain, fe welwch fod hon yn ddelwedd gref iawn yn llawn creaduriaid dychrynllyd sy'n brawychu dyn trwy chwythu i mewn i'w glust. Mae dyfnder amrywiol y llinell ysgythrog wedi'i gosod nesaf at ardaloedd mwy meddal o acwatint y grwnd — technoleg newydd a ddefnyddiwyd i greu delwedd afaelgar.

armature armatwr: y fframwaith, ysgerbwd, neu'r strwythur mewnol sy'n cael ei ddefnyddio mewn cerflunwaith er mwyn cynnal y deunydd modelu, e.e. weiren cwt ieir a phlaster, papier mâché neu glai.

■ *Cyswllt: cerflunwaith* sculpture.

art celf: gweithgaredd creadigol sy'n cynhyrchu gwaith deniadol neu waith ag arwyddocâd arbennig arall. Mae'r cyfnod modern yn llawn artistiaid a damcaniaethwyr sydd wedi ail-ddehongli ystyr y term ac, o ganlyniad, mae'r gair 'celf' yn anoddach i'w ddiffinio heddiw nag erioed o'r blaen. Diffiniad syml, ymarferol fyddai i ddisgrifio gwrthrych sy'n gofyn i'r gynulleidfa ddefnyddio'u meddwl yn benodol, ac i ymateb hefyd â gweddill eu synhwyrau. Cofiwch fod pob darn o gelf yn ddull o gyfathrebu a mynegi sydd wedi cael ei greu er mwyn ei arddangos o flaen cynulleidfa mewn rhyw ffordd neu'i gilydd.

Mae Safon UG/U mewn celf yn cynnig naill ai cwrs eang, diarnodedig (celf a dylunio), neu raglen fwy arbenigol *arnodedig* endorsed, sy'n cynnwys y canlynol: celf a dylunio, celfyddyd gain, dylunio tri-dimensiwn, tecstilau, cyfryngau lens a golau seiliedig, dylunio graffig ac astudiaethau beirniadol a chyd-destunol mewn celf.

a

Art Brut: term a ddefnyddiwyd gan yr artist o Ffrainc, Jean Dubuffet, ar gyfer celf a gynhyrchwyd gan gleifion yn dioddef salwch meddwl, carcharorion ac ati — pobl o'r tu allan i'r byd celf confensiynol, nad ydynt wedi'u hyfforddi mewn celf. Yr hyn a fyddai'n cyfateb i Art Brut yn Gymraeg efallai fyddai celfyddyd 'pobl y cyrion' neu yn Saesneg, 'outsider art'. Dylanwadwyd Dubuffet yn gryf gan y graffiti a welodd ym Mharis yn ystod yr Ail Ryfel Byd, pan oedd yr Almaenwyr yn meddiannu Ffrainc. Nodweddir ei ddarluniau gan haenau trwchus fel past gyda phridd neu dywod wedi'i gymysgu yn y paent; byddai'r paent wedyn yn cael ei grafu â brigau. Roedd Dubuffet hefyd yn creu cerfluniau allan o sbwriel. Byddai'r dull o greu Art Brut yn ddull byrfyfyr, heb brosesu'r deunyddiau, ac yn fwriadol wahanol i stereoteip traddodiadol y Gorllewin o'r hyn a ddylai gyfrannu at greu gwaith celf — a chofiwch fod Art Brut yn ffrwyth diwylliant a oedd newydd esgor ar yr Holocost a'r bom atomig.

■ *Pryd:* o ddiwedd y 1940au.

■ *Pwy:* yr artist allweddol oedd Jean Dubuffet a ddatblygodd ddulliau Art Brut yn ei waith ei hunan, e.e. 'Monsieur Plume â chrychau yn ei drowsus (portread o Henri Michaux) (Monsieur Plume plis au pantalon (portrait d'Henri Michaux) / Monsieur Plume with creases in his trousers (portrait of Henri Michaux)', 1947, Tate Modern, Llundain.

■ *Cyswllt:* **Mynegiadaeth Haniaethol** *Abstract Expressionism,* **celfyddyd Bop** *Pop art.* Defnyddiodd David Hockney, fel nifer mawr o artistiaid ar ddiwedd y 1950au, dechnegau crafu a brasnaddu'r arwyneb a ddatblygwyd gan Dubuffet, gan gyfeirio hefyd at graffiti a chelf plant er mwyn datgan ei 'arwahanrwydd', e.e. 'Ni Ddau Fachgen yn Cydio'n Dynn' (We Two Boys Together Clinging), 1961, Cyngor Celfyddydau Prydain.

■ *Elfennau ffurfiol:* gwead, patrwm.

Arte Povera: mudiad celfyddydol o'r Eidal a nodweddir gan y defnydd o ddeunyddiau naturiol fel pridd, brigau, dŵr a phapurau. Roedd eu gweithiau'n dibynnu ar ymwybyddiaeth o rinweddau gwahanol y deunyddiau rhad yr oeddent yn eu defnyddio. Mae llawer o weithiau ARTE POVERA yn cynnwys sylweddau neu wrthrychau gwrthgyferbyniol, e.e. 'Ofarïau' (Ovaie / Ovaries) gan Luciano Fabro, 1988, Tate Modern, Llundain, sy'n dangos ceblau dur yn cynnwys siapiau wy sgleiniog; lliw tywyll a chryfder y metel yn gwrthgyferbynnu â'r marmor gwyn, sy'n hawdd ei dorri. Nod artistiaid ARTE POVERA oedd creu gweithiau cerfluniol oedd yn cwestiynu statws celfyddyd ei hun trwy ddefnyddio gwrthrychau oedd eisoes yn bodoli, e.e. 'Ydyn ni'n troi o gwmpas mewn tai, neu ai'r tai sy'n troi o'n cwmpas ni?' (Do we turn round inside houses, or is it houses which turn around us?) gan Mario Merz, 1977, Tate Modern, Llundain. Mae'r strwythur crwn hwn sy'n debyg i dŷ wedi'i wneud o fetel, carreg a gwydr, gan ddefnyddio golau trydan yn ogystal. Mae'n cyfuno cyfeiriadau at hen grefftau fel gwehyddu basgedi gyda chwestiynau sylfaenol am natur lloches ac ymosodiad gwleidyddol ar fasnacheiddio cymdeithas fodern a system yr orielau celf. Roedd gan Richard Long, yr **Artist Tir** *Land Artist*, gysylltiadau cryf ag ARTE POVERA, ac roedd gan gelf y Tir ac ARTE POVERA gysylltiad â **chelf Gysyniadol** *Conceptual art*. Gyda'i statws fel mudiad dylanwadol o'r Eidal, roedd ARTE POVERA yn gallu asesu etifeddiaeth celfyddyd a chymdeithas yr Eidal ar gyfer mudiadau celf **cyfoes** *contemporary*. Wrth edrych ar gerflun 'Ofarïau' Fabro, cofiwch mai gwlad Babyddol yw'r Eidal, a bod yr Eglwys Gatholig yn gwrthwynebu dulliau atal-cenhedlu.

■ **Pwy:** Luciano Fabro, Jannis Kounellis, Michelangelo Pistoletto, Mario Merz.

■ **Pryd:** 1962–72.

■ **Cyswllt:** **gwrthrych celf** *art object*, **celf Gysyniadol** *Conceptual art*, **gwrthrych hapgael** *found object*, **celf y Tir** *Land art*.

■ **Elfennau ffurfiol:** gwead, ffurf.

Art Nouveau: arddull addurniadol mewn celf, crefft a dylunio yn deillio o Ffrainc a Gwlad Belg cyn ymledu'n gyflym ar draws Ewrop a'r Unol Daleithiau. Roedd hefyd yn ddylanwadol iawn mewn pensaernïaeth. Seiliwyd arddull Art Nouveau ar ffurfiau planhigion, a nodwedd ohono oedd yr hyn sy'n cael ei alw'n 'llinell chwip' — llinell grom anghymesur sy'n amrywio yn ei lled wrth iddi droi nôl ar ei hun yn barhaus gan greu'r teimlad o symudedd a bywiogrwydd.

Gyda'r twf ym mhoblogrwydd Art Nouveau, gwelwyd closio cynyddol rhwng uchel-gelfyddyd (*high art*) neu **gelfyddyd gain** *fine art* (peintio a cherflunio) a chelf a chrefft (celfyddyd gymhwysol). Enghraifft dda o hyn mewn pensaernïaeth yw adeilad Ysgol Gelf Glasgow gan Charles Rennie Mackintosh, 1908, lle mae'r gwaith haearn ar y ffenestri yn addurniadol — stribedi cul o haearn wedi'u plethu mewn clymau — a hefyd yn ymarferol iawn, yn ffurfio ysgwyddau ar gyfer ysgolion y rhai oedd yn glanhau'r ffenestri. Mae'r gwaith haearn hefyd yn cynnal y ffenestri mawr, plaen ar ffurf grid. Cyflwyniad cyntaf nifcr o bobl i Art Nouveau yw mynedfeydd y gorsafoedd Metro ym Mharis. Er enghraifft, mae mynedfa gorsaf Bastille, a gynlluniwyd gan Hector Guimard yn 1900, yn dyfiant **organig** *organic* o haearn gyr a gwydr lliw a adeiladwyd o gwmpas llinell grom nodweddiadol Art Nouveau. Gwnaeth y pwyslais ar y math hwn o greu patrymau mewn arddull penodol gyfrannu at ddatblygu celfyddyd haniaethol. Edrychwch ar waith cynnar Mondrian, e.e. 'Y Goeden Lwyd' (De grijze boom / The Grey Tree), 1912, Gemeente-museum, Yr Hâg (Den Haag), lle gwelwch y llinell chwip nodweddiadol. Mae'r llinell grom ystwyth yn amlwg mewn enghreifftiau niferus o waith Edvard Munch a gafodd ddylanwad trwm ar **Fynegiadaeth** *Expressionism*. Sylwch yn benodol ar 'Y Gri' (Skrik / The Scream), 1893, Yr Oriel Genedlaethol, Oslo.

■ **Pryd:** 1880au–1914.

■ **Pwy:** Aubrey Beardsley, Antoni Gaudi, Hector Guimard, Gustav Klimt, Charles Rennie Mackintosh, Louis Comfort Tiffany.

■ *Cyswllt:* **De Stijl**, **organig** *organic*, **Ôl-argraffiadaeth** *Post-Impressionism*.
■ *Elfennau ffurfiol:* lliw, llinell.

art object gwrthrych celf: hyd yn oed erbyn diwedd y cyfnod *Argraffiadol Impressionist*, roedd yn amlwg bod artistiaid yn dechrau ystyried bod y darlun ei hun yn wrthrych, yn hytrach nag yn ffenestr ar fyd rhithiol (gweler **persbectif** *perspective*). Mae proses resymegol **haniaeth** *abstract* yn golygu bod y gwaith celf yn cael ei ystyried fel cyfanwaith ynddo'i hun; arweiniodd hyn, ynghyd ag ymwybyddiaeth gynyddol bod gweithiau celf yn wrthrychau ag iddynt werth masnachol yn ogystal â gwerth **esthetig** *aesthetic*, at y term 'gwrthrych celf' fel disgrifiad eang o'r hyn mae artistiaid yn eu creu. Roedd artistiaid **cysyniadol** *conceptual* yn y 1960au yn ymwneud yn bennaf â syniadau ac yn ystyried bod eu gwaith yn arwain at ddadfateroli neu ddiflaniad y gwrthrych celf. Gan fod artistiaid y Gorllewin, er enghraifft, wedi'u hymrwymo i gyfalafiaeth y Gorllewin ac yn ennill eu harian drwy werthu'r hyn maen nhw'n ei greu oddi mewn i system gyfalafol (gweler **celf** *art*), bydd gwrthrychau celf wastad yn bodoli mewn rhyw ffurf neu'i gilydd.

Arts and Crafts movement y mudiad Celf a Chrefft: mudiad o Loegr a wnaeth gyfuno **celfyddyd gain** *fine art* gyda **chrefft** *craft* a phensaernïaeth er mwyn gwarchod pwysigrwydd crefft wrth i brosesau cynhyrchu diwydiannol drawsnewid y byd. Ysbrydolwyd y mudiad gan Arddangosfa Fawr 1851 yn y Palas Crisial yn Llundain, fel adwaith i'r cynlluniau a welwyd yno o wneuthuriad peirianyddol. Roedd adfywio pensaernïaeth ddomestig (sef arddull lleol yn perthyn i'r fro lle mae'r gwaith adeiladu'n digwydd) yn brif ysgogiad i'r mudiad. Teimlai dilynwyr y mudiad Celf a Chrefft mai'r unig waith o sylwedd ac arwyddocad oedd gwaith llaw a oedd yn rhoi boddhad i'r sawl a wnaeth ei greu. Disgrifiodd William Morris (gweler isod) gelfyddyd yn 'fynegiant gan ddyn o fwynhad yn ei lafur'.
■ *Pryd:* diwedd y 19eg ganrif.
■ *Pwy:* mae'n debyg mai William Morris yw'r enwocaf o ddamcaniaethwyr a chynllunwyr y mudiad Celf a Chrefft, a hynny'n bennaf oherwydd ei gynlluniau ar gyfer y tu mewn i gartrefi. Mae ei batrymau ar gyfer papur wal a thecstilau, a ysbrydolwyd gan yr Oesoedd Canol ac sy'n seiliedig ar batrymau natur, yn dal i fod yn boblogaidd heddiw ac yn cael eu defnyddio'n aml mewn projectau ysgolion er mwyn dangos patrymau sy'n ailadrodd. Llwyddodd unigolion fel Morris i wneud y cysylltiad allweddol rhwng (a) yr amodau lle roedd celf yn cael ei chreu, a (b) ansawdd y gelf honno. Augustus Pugin oedd y pensaer a'r cynllunydd o'r Adfywiad **Gothig** *Gothic* a oedd yn gyfrifol am gynlluniau Palas San Steffan, 1836–65. John Ruskin oedd y damcaniaethwr a'r beirniad amlycaf ym maes pensaernïaeth a chelf, ac ef a ganai glodydd i'r peintiwr tirluniau o Loegr, J. M. W. Turner.

a

■ *Cyswllt: Art Nouveau*, a ddatblygodd nodweddion fel y llinellau chwip, crwm ac afreolaidd yn seiliedig ar natur sydd yng ngwaith y mudiad Celf a Chrefft.

Roedd y mudiad Celf a Chrefft yn gyfrifol am ddull o adeiladu a arweiniodd at y gred ymhlith penseiri ei bod yn bwysig amlygu strwythur, a bod yr hyn a ddigwyddai ar y tu mewn i unrhyw wrthrych yn cael ei adlewyrchu yn y strwythur allanol — gweler, er enghraifft, Tŷ Coch Morris, Philip Webb, 1859, Bexley Heath, Swydd Gaint, lle mae'r ffenestri wedi'u gosod yn ôl yr angen yn hytrach na lle'r oedd arddull pensaernïol yn mynnu eu gosod (gweler hefyd Dŷ Coch yr ysgolhaig Syr John Morris-Jones yn Llanfair Pwll, Ynys Môn; roedd Syr John yn edmygydd brwd o egwyddorion y mudiad Celf a Chrefft). Mae cynllun Tŷ Coch Morris yn Bexley Heath, Llundain, yn dynodi man cychwyn mudiad cynllunio a arweiniodd at bensaernïaeth fwyaf radical yr 20fed ganrif, e.e. Centre Georges Pompidou, Paris, Richard Rogers ac eraill, 1977, neu Ffatri Microbrosewyr Inmos, Casnewydd, Richard Rogers, 1982. Mae lleoliad holl adnoddau'r adeiladau hyn (lifftiau, tai bach, ceginau, grisiau tân ac ati) ar wahân i'w strwythur sylfaenol, sy'n golygu bod modd eu tynnu i ffwrdd neu eu newid os yw defnydd yr adeiladau'n newid. Er nad oes cysylltiad amlwg gweledol, mae pwyslais enghreifftiau Rogers ar swyddogaeth yn deillio o'r Mudiad Celf a Chrefft.

Arweiniodd cred y mudiad Celf a Chrefft mewn crefftwaith, a'r awydd i ddileu'r bwlch rhwng celfyddyd gain a chrefft, yn uniongyrchol at syniadau cychwynnol y *Bauhaus*, sef yr ysgol gelf fwyaf dylanwadol yn hanner cyntaf yr 20fed ganrif, a thrwy hynny mae cysylltiad â datblygiad celfyddyd haniaethol yn ail hanner yr 20fed ganrif.

Dylanwadwyd yn drwm ar *Frawdoliaeth y Cyn-Raffaeliaid* Pre-Raphaelite *Brotherhood*, oedd â'u cyfnod cyntaf rhwng 1848 nes tua 1853, gan William Morris a John Ruskin — o dro i dro cydweithiodd Morris gydag aelodau'r grŵp. Cynhyrchodd y Frawdoliaeth baentiadau manwl iawn yn seiliedig ar astudiaeth agos o natur, a thechneg o weithio paent i mewn i grwnd gwyn gwlyb er mwyn dwysáu lliwiau a oedd eisoes yn llachar, e.e. 'Crist yn Nhŷ ei Rieni' (Christ in the House of His Parents) gan John Everett Millais, 1850, Llundain.

■ *Elfennau ffurfiol:* llinell, ffurf, tôn, patrwm.

assemblage cydosod: term sy'n disgrifio'r dechneg o wneud *collage* tri-dimensiwn gan ddefnyddio deunyddiau sy'n gynnyrch dyn, fel cardbord, llenfetel, pren a sbwriel tŷ. Cydosodir y rhain yn gerfluniau trwy eu gludo, eu weldio, eu cyfuno neu eu hadeiladu (drwy ychwanegu un darn at y llall). Pam mae'r dull hwn mor bwysig? Roedd creu trwy gydosod yn ymwrthod â dulliau cerflunio traddodiadol — cerfio, sy'n tynnu deunydd i ffwrdd, neu fodelu, sy'n adeiladu deunydd i mewn i ffurf cyn creu cast ohono (gweler *cerflunio* sculpture).

■ *Pwy:* y gwaith allweddol yw 'Gitâr' (Guitare / Guitar), 1912, Pablo Picasso,

Amgueddfa Celfyddyd Fodern, Efrog Newydd. Mae'r gwaith hwn wedi'i greu o blanau agored, bregus, o ddeunyddiau sy'n gynnyrch dyn, ac yn defnyddio'r un broses â collage *Ciwbaidd Cubist*. Yn yr un modd â collage, mae cydosod yn tanlinellu pa mor sylweddol yw cerflun a'i fod yn cynrychioli rhywbeth yn ogystal â bod yn wrthrych yn ei rinwedd ei hun. Mae'n dal elfen dri-dimensiwn y byd fel sy'n cael ei ddatgelu i'r llygad, ond mae hefyd yn tynnu sylw at ei hun fel ffurf tri-dimensiwn (gweler *gwrthrych celf art object*). Yn debyg i beintiadau Ciwbaidd, mae sylwedd y gofod yng ngherflunwaith Picasso, ac yn ddiweddarach yn ei gydosodwaith, yn solet, gan ddod yn elfen ffurfiol arall ar gyfer cerflunio.

■ *Cyswllt: collage, Ciwbiaeth Cubism, peintio cyfunol combine painting, Dada, celf Sothach Junk art, gweithiau parod ready-made, cerflunio sculpture, Swrealaeth Surrealism.* Ar ôl Picasso (gweler *Ciwbiaeth Cubism*), elfen bwysig arall ynglŷn â chydosod oedd y pwyslais ar ddeunyddiau nad oeddent yn draddodiadol mewn celf, yn benodol sbwriel, e.e. gweithiau collage *Merz* gan Kurt Schwitters, neu beintiadau cyfunol Robert Rauschenberg, e.e. 'Canyon', 1959, casgliad preifat, Efrog Newydd, sy'n dangos eryr wedi'i stwffio, ffotograffau, tiwbiau paent a chlustog (gweler COLLAGE). Edrychwch hefyd ar sut y mae deunyddiau cyffredin wedi cael eu defnyddio yng nghyd-destun celf, e.e. *Dada, gweithiau parod ready-made* Duchamp a chwpan a soser ffwr yr artist *Swrealaidd Surrealist* Meret Oppenheim, 'Cinio mewn Ffwr' (Le déjeuner en fourrure / Luncheon in Fur), 1936, Amgueddfa Celfyddyd Fodern, Efrog Newydd.

■ *Elfennau ffurfiol:* ffurf.

autographic mark nod awduraeth: term sy'n disgrifio arddull personol ac adnabyddadwy artist. Mae gan bob un ohonom lawysgrifen sy'n unigryw i ni o ran ffurf ac arddull, a hyn sy'n galluogi arbenigwyr i ddadansoddi nodweddion personoliaeth trwy astudio llawysgrifen. Yn yr un modd mae gan bob artist nodweddion personol, yn enwedig yn eu lluniadau. Mae'n ddiddorol edrych, er enghraifft, ar ba artistiaid sy'n defnyddio'r llaw chwith neu'r llaw dde drwy sylwi ar gyfeiriad y graddliwio yn eu gwaith. Aeth yr artist *Argraffiadol Expressionist* Édouard Degas â nodwedd y nod awduraeth ymhellach gan ddefnyddio *pastel*. Defnyddiwyd y cyfrwng yn fwy helaeth yng ngweithiau olaf Monet, er ei fod yn dod i'w amlygrwydd pennaf mewn *Mynegiadaeth Haniaethol Abstract Expressionism*.

■ *Cyswllt: Mynegiadaeth Haniaethol Abstract Expressionism, awtomatedd automatism, peintio ystumiol gestural painting, Argraffiadaeth Impressionism.*

■ *Elfennau ffurfiol:* llinell.

automatism/automatic writing awtomatedd/ysgrifennu awtomatig: techneg beintio neu ysgrifennu byrfyfyr heb ymyrraeth ymwybodol o flaen llaw, fel modd i roi rhwydd hynt i'r isymwybod. Cafodd ei defnyddio'n gyntaf mewn cyd-destun celf gan artistiaid **Dada**, ac roedd arbrofi gydag ysgrifennu awtomatig yn bwysig i'r beirdd a'r artistiaid **Swrealaidd** *Surrealist*. Roedd artistiaid **Mynegiadol Haniaethol** *Abstract Expressionist*, fel Jackson Pollock, yn ei defnyddio llawer hefyd. Edrychwch ar waith Cy Twombley, neu ar baentiadau 'ysgrifennu gwyn' Mark Tobey, lle mae'n defnyddio llinellau bychain fel llawysgrifen neu lofnodion, e.e. 'Maes yr Hollfyd' (Universal Field), 1949, Amgueddfa Gelf Americanaidd Whitney, Efrog Newydd.

Mewn egwyddor, mae peintio awtomatig yn ddigon rhwydd: gyda chynfas wag a meddwl heb ragdybiaethau, yr isymwybod fydd yn arwain eich llaw wrth lunio. Wrth gwrs, mae hyd yn oed paratoi'r amodau ar gyfer creu gweithiau awtomatig yn ymyrraeth ymwybodol, a digon cymhleth yw'r dadleuon dros awtomatedd. Cymerwch ddalen fawr o bapur a brwsh ac un lliw, neu bensil mawr meddal, i weld beth sy'n digwydd — mae'n siŵr y bydd angen i chi ddefnyddio sawl dalen cyn bod y gwaith yn llifo'n 'awtomatig'. Gallwch wedyn drin y ffurfiau a gynhyrchir fel sylfaen ar gyfer ymchwil gweledol gofalus i wahanol fathau o haniaethau, neu fel ymchwil i'ch **nod awduraeth** *autographic mark* eich hun.

■ *Cyswllt:* **Dada, peintio ystumiol** *gestural painting,* **Swrealaeth** *Surrealism.*

■ *Elfennau ffurfiol:* llinell, lliw, gwead.

avant-garde: grwpiau artistig neu ddatganiadau artistig blaengar sydd o flaen eu hamser — y flaengad — o ran yr hyn sydd eisoes yn bodoli, gan ragweld tueddiadau'r dyfodol. Gwneir hyn yn aml iawn trwy ddefnyddio **sioc** *shock* er mwyn sbarduno cynulleidfa i feddwl.

■ *Pryd:* cafodd ei nodi a'i enwi'n gyntaf ym Mharis yn y 19eg ganrif.

■ *Cyswllt:* **Argraffiadaeth** *Impressionism,* **Realaeth** *Realism,* **sioc** *shock.*

b

background cefndir: term sy'n disgrifio'r rhan o'r darlun sy'n ymddangos y tu ôl i brif sylw'r llun. O ran *cyfansoddiad* composition traddodiadol, prin yw'r diddordeb yn y rhan yma o'r darlun; ei bwrpas yw tynnu sylw'r llygad at elfennau allweddol. O gyfnod yr *Argraffiadwyr* Impressionists ymlaen, yn enwedig gyda darluniau Monet o lili'r dŵr a ddechreuwyd yn y 1890au, pylwyd y gwahaniaeth rhwng y cefndir, y *canoldir* midground a'r *blaendir* foreground wrth i arwyneb y llun ddod yn un maes cyfan. Roedd *Ciwbiaeth Cubism* yn ymwrthod â gwahaniaethu rhwng prif wrthrych y llun a'r gofod o'i gwmpas, e.e. 'Fy Ngeneth Ddel' (Ma Jolie / My Pretty Girl) gan Picasso, 1911–12, Amgueddfa Celfyddyd Fodern, Efrog Newydd; gellid dadlau i'r broses hon gyrraedd ei hanterth gyda *Mynegiadaeth Haniaethol* Abstract Expressionism, e.e. 'Rhif 1' (Number 1) gan Jackson Pollock, 1948, Amgueddfa Celfyddyd Fodern, Efrog Newydd, neu 'Arwrol ac Aruchel Ŵr' (Vir Heroicus Sublimus / Man, Heroic and Sublime) gan Barnett Newman, 1950–51, Amgueddfa Celfyddyd Fodern, Efrog Newydd, sef cynfas coch llorweddol anferth 2.42 wrth 5.41 metr o faint gyda streipiau neu 'zipiau' fertigol.

■ *Cyswllt:* cymharwch ddefnydd traddodiadol y cefndir, e.e. (1) 'Portread Margaretha de Geer' (Portret van Margaretha de Geer / Portrait of Margaretha de Geer) gan Rembrandt, 1661, Yr Oriel Genedlaethol, Llundain, lle gwelwn y fenyw yng nghanol blaendir y paentiad gyda'r cefndir fel prop yn unig a (2) chyfres 'Menyw' (Woman) Willem de Kooning, e.e. 'Menyw 1' (Woman 1), 1950–52, Amgueddfa Celfyddyd Fodern, Efrog Newydd, lle nad oes gwahaniaethu rhwng blaendir, canoldir na chefndir.

■ *Elfennau ffurfiol: lliw colour* — meddyliwch am wahanol nodweddion lliw wrth greu dyfnder.

Baroque Baróc: mae Baróc yn enw ar arddull yn ogystal â chyfnod mewn hanes. Ei bwrpas i ddechrau, drwy fod mor ysblennydd a chain, oedd mynegi grym yr eglwys Babyddol. Adwaith oedd hyn i dwf rhesymoldeb Protestannaidd (sef gogwydd ar Gristnogaeth a oedd yn dibynnu ar ddehongli gair Duw yn hytrach na chyfleu credoau crefyddol trwy ddelweddau gweledol). Nodwedd celfyddyd Faróc oedd symudedd cryf, delweddiaeth ddramatig, goleuo grymus a lliwiau cyfoethog; hynny yw, cynnwrf mawr gweledol a darlunio grym. Roedd yn pwysleisio'r cydbwysedd yn y rhannau unigol er mwyn creu cyfanwaith cytûn.

■ *Pryd:* Ewrop, tua 1600 hyd ddiwedd y 1700au.

■ *Pwy:* Gianlorenzo Bernini, pensaer, cerflunydd, peintiwr a chynllunydd setiau, prif artist Rhufain yr 17eg ganrif (canolfan wreiddiol celfyddyd Faróc), Michelangelo, Caravaggio, Annibale Carracci, Peter Paul Rubens, e.e. 'Samson a Delila', 1609, Yr Oriel Genedlaethol, Llundain.

■ *Cyswllt:* **Darddulliaeth** *Mannerism,* **Dadeni** *Renaissance.* Cymharwch gerflunwaith a phaentiadau Baróc, e.e. 'Perlesmair Santes Teresa' (Extasis de Santa Teresa / The Ecstasy of St Teresa), 1645, San Maria della Vittoria, Rhufain. Mae'r marmor cerfiedig yn rhoi'r argraff bod lliain yn crychu wrth i'r santes gael ei tharo gan saeth perlesmair crefyddol. Mae 'Merthyrdod Sant Matthew' (Vocazione di san Matteo / Martyrdom of St Matthew) gan Caravaggio, 1600, yng Nghapel Contarelli, San Luigi dei Francesi, Rhufain, yn baentiad medrus dros ben, e.e. yn ei ddefnydd o **rith** *illusion,* **rhagfyrhau** *foreshortening* a CHIAROSCURO; yn darlunio trais, symudedd ac emosiwn dwys. Er ei fod yn fwy theatrig, datblygodd celfyddyd Faróc yn dilyn dirywiad y Dadeni. Fel gwrth-gyferbyniad llwyr, edrychwch ar baentiadau Neoglasurol, e.e. 'Llw'r Horatii' (Le Serment des Horaces / Oath of the Horatii) gan Jacques-Louis David, 1784, Musée du Louvre, Paris. Cymharwch Caravaggio, Bernini a David ar gyfer enghreifftiau da o beth yw ystyr theatrig yn y cyd-destun Baróc.

■ *Elfennau ffurfiol:* tôn — defnyddio golau cryf o un ffynhonnell yn unig, gan ddangos cysgodion dwfn, goleubwyntio dwys a thoriadau clir rhwng goleuni a thywyllwch.

bas relief cerfwedd isel**:** gweler *cerfwedd relief.*

Bauhaus: ysgol gelf a dylunio a sefydlwyd yn yr Almaen yn 1919 gan y pensaer Walter Gropius. Symudodd yr ysgol i adeiladau a gafodd eu cynllunio gan Gropius yn Dessau yn 1925. Prif nodwedd arddull pensaernïol y Bauhaus oedd yr arwynebau gwyn gwastad o goncrit, ffenestri anferth diwydiannol yr olwg, balconïau a thoeon gwastad. Roedd y Bauhaus yn bwysig o ran ansawdd gwaith cynllunio diwydiannol, ac o ran datblygiad y cysyniad bod celf, cynllun a chrefft yr un mor bwysig â'i gilydd ac y dylid eu hastudio ar y cyd. Yn ystod eu blwyddyn gyntaf o astudio, roedd yn rhaid i fyfyrwyr archwilio holl ffurfiau gwneud a chynllunio — dyma'r system sy'n parhau heddiw ar gyrsiau sylfaen ysgolion celf Prydain. Yn ystod blynyddoedd olaf y Bauhaus, roedd y pwyslais ar bensaernïaeth; caewyd yr ysgol gan y Natsïaid yn 1933.

Roedd ysgogiad **Mynegiadol** *Expressionist* i waith cynnar y Bauhaus, e.e. 'Cadeirlan Sosialaeth' (Die Kathedrale des Sozialismus / Cathedral of Socialism), Lyonel Feininger, 1919, sef y torlun pren cyntaf a oedd yn dangos amcanion yr ysgol newydd, ac yn cynnwys eglwys gadeiriol Gothig yr olwg; roedd yr amcanion yn debyg i amcanion *Der Blaue Reiter*. Unwaith i'r ysgol symud i Dessau, gwelwyd cynlluniau nodweddiadol yr oes beirianyddol yn amlygu eu hunain, o dan ddylanwad mawr *De Stijl*. Bu Theo van Doesburg yn athro yno am gyfnod byr, ac ef oedd yn rhannol gyfrifol am y newid cyfeiriad dramatig i ffwrdd o Fynegiadaeth. Cynlluniodd Marcel Breuer ei ddodrefn tiwbaidd yn gyntaf yn 1925, yn seiliedig ar dechnoleg fframwaith beiciau (gweler *beic bicycle*). Datblygodd Breuer ei broses trwy ddefnyddio un tiwb hir i greu'r gadair cantilifer B32 yn 1926. Ail-fodelwyd y syniad hwn gan Mies van der Rohe (sef, i bob pwrpas, arweinydd olaf y Bauhaus) i greu'r gadair Barcelona enwog yn 1928, cadair sydd dal yn cael ei chynhyrchu heddiw ac yn gyfarwydd mewn sesiynau ffotograffig ar draws y byd.

Roedd cynlluniau eraill y Bauhaus yn cynnwys cryn dipyn o waith graffig arloesol, yn enwedig teip bras trwm sydd erbyn hyn ar gael gyda'r rhan fwyaf o becynnau prosesu geiriau, sy'n werth ei ddefnyddio os ydych yn astudio'r cyfnod.

■ *Pryd:* Yr Almaen, 1919–33.

■ *Pwy:* artistiaid a dylunwyr haniaethol Ewrop yn ystod blynyddoedd cynnar yr 20fed ganrif — Josef Albers, Theo van Doesburg, Wassily Kandinsky, Paul Klee, László Moholy-Nagy, Mies van der Rohe.

■ *Cyswllt:* *beic bicycle*, *Adeiledddiaeth* Constructivism, *dylunio design*, *De Stijl*, *Mynegiant Expressionism*. Roedd y gwaith graffig clir a mecanyddol yr olwg a gafwyd yn y Bauhaus yn arbennig o ddylanwadol, yn enwedig y defnydd o ddelweddau a bloc a llinell oddi mewn i'r testun. Gallai dogfennu'r newid o'r Bauhaus mynegiadol cynnar i'r cynlluniau diwydiannol ym mlynyddoedd olaf y 1920au, a gweithredu'r un math o newidiadau yn eich celf eich hun, fod yn weithgaredd cynhyrchiol iawn. Edrychwch hefyd ar waith olaf Josef Albers yn America, a'i gyfres o arbrofion o'r enw 'Teyrnged i'r Sgwâr' (Homage to the Square) gyda sgwariau a *lliw colour* sy'n agos iawn o ran tôn.

■ *Elfennau ffurfiol:* patrwm a siâp.

Beca: grŵp o artistiaid a ffurfiwyd yn y 1970au. Eu bwriad oedd gweithredu ar agenda gelfyddydol i godi ymwybyddiaeth o genedligrwydd a hunaniaeth genedlaethol yn eu gwaith — ymwybyddiaeth o Gymru ac o'r Gymraeg — mewn gwrthgyferbyniad â *Grŵp 56 Cymru 56 Group Wales*, er enghraifft, gan gynhyrchu gweithiau mewn amrywiaeth o gyfryngau a gweithiau aml-gyfryngol, gan gynnwys *celf Berfformiadol Performance art*. Sefydlwyd y grŵp gan Paul Davies (cyflwynodd ei ddarn cyntaf o gelf Berfformiadol yn Eisteddfod Caerfyrddin yn 1974) a'i frawd Peter. Roedd y grŵp hwn yn cyfeirio syniadau a dulliau cyfoes rhyngwladol mewn celfyddyd at drafodaeth ar faterion yn ymwneud yn benodol â Chymru. Efallai mai'r darn enwocaf yw 'Welsh Not', perfformiad gan Paul Davies yn Eisteddfod Wrecsam yn 1977, sydd bellach ar gof a chadw mewn ffotograff du a gwyn. Mae'r ffotograff yn dangos yr artist yn codi ailgread o'r 'arf a geisiodd hyrwyddo hil-laddiad diwylliannol', ac osgo'r artist yn awgrymu rhywun yn cael ei groeshoelio. Yn wynebu'r artist yn y llun mae'r artist perfformiadol o'r Eidal, Mario Merz, yn llafarganu'r anthem genedlaethol, *Hen Wlad fy Nhadau*. Y perfformiad hwn wnaeth ysbrydoli Ivor Davies i ymuno â'r grŵp ac i ganolbwyntio'n fwyfwy yn ei waith ar destunau'n ymwneud ag hunaniaeth ddiwylliannol. Gallwch ystyried yr hyn sy'n bwysig i artistiaid Beca ochr yn ochr ag ystyriaethau'r grŵp Celf ac Iaith, ac yng nghyd-destun ailasesiadau ôl-fodernaidd y cyfnod mwyaf diweddar.

■ *Pryd:* Cymru, 1970au hyd heddiw.

■ *Pwy:* Paul Davies, Peter Davies, Ivor Davies.

■ *Cyswllt:* **Grŵp 56 Cymru** *56 Group Wales,* **celf Berfformiadol** *Performance art,* **Arte Povera**.

Ben Day dots/Ben Day process Dotiau Ben Day/Proses Ben Day**:** proses argraffu diwydiannol rad sy'n cael ei defnyddio mewn cylchgronau a phapurau dyddiol. Cafodd y broses ei henwi ar ôl yr argraffydd o America, Benjamin Day. Mae'r ddelwedd yn cael ei hargraffu trwy ddefnyddio patrwm o ddotiau. Mae gan bob dot ddwysedd gwahanol, gan greu delwedd hanner-tôn sy'n gallu cael ei ddefnyddio ar gyfer delweddau lliw a du-a-gwyn.

■ *Cyswllt:* **lliwiau cyflenwol** *complementary colours,* **rhaniadaeth** *divisionism,* **celfyddyd Bop** *Pop art*. Defnyddiwyd y broses ddiwydiannol beirianyddol hon gan Roy Lichtenstein wrth greu celfyddyd allan o ddelweddau straeon stribed a chomics, e.e. 'Whaam', 1963, Tate Modern, Llundain, sydd wedi'i beintio'n gyfan gwbl o ddotiau. Mae'r darn hwn o waith wedi cymryd delwedd stribed comic bach o awyren ryfel a'i chwyddo i greu paentiad 172 cm wrth 406 cm o faint. Edrychwch hefyd ar sut mae dotiau'n cael eu defnyddio mewn mannau eraill, er enghraifft yng ngwaith Seurat a **rhaniadaeth** *divisionism*. Beth yw amcanion yr artistiaid? Fedrwch chi ddefnyddio'r dulliau hyn yn eich gwaith chi?

■ *Elfennau ffurfiol:* tôn (yn benodol, mae'r dull hwn yn gostwng y tôn i feysydd cyferbyniol penodol), patrwm — wrth edrych drwy chwyddwydr y cyfan yw dotiau Ben Day yw patrymau haniaethol sydd ond yn dod yn amlwg fel darlun drwy edrych ar ddelwedd o bellter.

bicycle beic**:** mae'n syndod faint o gyfeiriadau a geir at y beic yn hanes celfyddyd **Fodernaidd** *Modernist*. Roedd y **Ffofydd** *Fauvist* Maurice de Vlaminck yn bencampwr seiclo proffesiynol; cyfunodd Picasso gyfrwy a chyrn beic er mwyn creu pen tarw (gweler **gwrthrych hapgael** *found object* a **Chiwbiaeth** *Cubism*). Pan symudodd Marcel Breuer, y dylunydd ac athro Bauhaus, i Dessau prynodd feic rasio, a chafodd ei ysbrydoli gan y cyrn i ddyfeisio'i ddodrefn tiwb dur, e.e. cadair Wassily, 1925, sy'n dal i gael ei chynhyrchu heddiw (gweler **Bauhaus**). Un o'r cerfluniau celfyddyd cyn-**Gysyniadol** pre-*Conceptual art* pwysicaf oedd **gwrthrych hapgael** *found object* cyntaf Marcel Duchamp, 1912, lle gosododd olwyn beic ar stôl er mwyn creu cerflun siawns. Mae 'Dynes a Beic' (Woman and a Bicycle) Willem de Kooning, 1952–53, Amgueddfa Gelf

Americanaidd Whitney, Efrog Newydd, yn dangos y ddwy elfen drwy strociau brwsh *Mynegiadol Haniaethol Abstract Expressionist* ac *ystumiol gestural* anferth. Hanesyn nodedig yn ystod yr un cyfnod oedd i Jackson Pollock reidio beic ar draws un o'i gynfasau ac mewn parodi o'r byd celf mae Tony Hancock yn gwneud hyn yn ei ffilm enwog *The Rebel.*

■ *Cyswllt: Bauhaus*, *gwrthrychau hapgael found objects*, *gweithiau parod ready-made.* Byddai'r beic mewn celfyddyd fodern yn ddechreuad diddorol ar gyfer astudiaeth gyd-destunol ar gyfer eich gwaith cwrs. Gallwch astudio delweddau o ddulliau cludiant mewn celf, e.e. y car, y bwrdd sgrialu, neu'r awyren. Gweler 'F1-11' James Rosenquist, 1965, casgliad preifat, Efrog Newydd, sef paentiad 26.2 metr o hyd sy'n dangos awyren ryfel ddiweddaraf y cyfnod.

Er bod y beic ei hun yn anodd iawn i'w luniadu, efallai mai gwell ffordd o gyfleu'r beic fyddai wrth seilio'ch ymchwil gweledol ar y profiad o reidio un. Gwnaeth Peter Lanyon, yr artist tirlun o Brydain, sawl paentiad yn cynrychioli'r cynnwrf o hedfan mewn gleider, e.e. 'Hedfan yn Uchel' (Soaring Flight), 1960, Casgliad Cyngor Celfyddydau Lloegr, sy'n dangos y tirlun o'r awyr ac effaith cyflymder y gwynt, y newid mewn golau, a'r amrywiaeth cyson mewn safbwyntiau. Yn yr un modd, gallech ddogfennu taith ar gefn beic gan ddefnyddio collage, lluniadau manwl, mapiau, a'r teimladau gwahanol a all godi yn ystod y daith.

Blaue Reiter, Der: (Y Marchog Glas) cymdeithas o artistiaid a wnaeth droi eu cefn ar beintio academaidd ac amcanion lled-wyddonol *Argraffiadaeth Impressionism*, gan geisio yn hytrach gynrychioli'r ysbrydol mewn celf. Llyfr pwysig ar gyfer celfyddyd *haniaethol abstract* gynnar oedd yr un a gyhoeddwyd gan Wassily Kandinsky yn 1912, *Ynghylch yr Ysbrydol mewn Celfyddyd* (*Über das Geistige in der Kunst — On the Spiritual in Art* yw'r trosiad mwyaf cyfarwydd i'r Saesneg). Roedd gan aelodau'r grŵp nifer o amcanion llac, sy'n cael eu cloriannu gan *Fynegiadaeth Expressionism*, a thueddu tuag at yr haniaethol a'r ysbrydol. *Der Blaue Reiter* hefyd oedd teitl cylchgrawn a gyhoeddwyd yn gyntaf gan Kandinsky a Franz Marc yn 1912, yn cynnwys traethodau am gelfyddyd Ewropeaidd ac Affricanaidd.

■ *Pryd:* München (Munich), Yr Almaen, 1911–14.

■ *Pwy:* Lyonel Feininger, Wassily Kandinsky, Auguste Macke, Franz Marc, Gabrielle Münter.

■ *Cyswllt: Bauhaus*, *Die Brücke*, *Mynegiadaeth Expressionism.* Roedd Der Blaue Reiter yn fwy o fudiad deallusol, gweledol dyner na *Die Brücke*, ond cafodd ei gysylltu â nhw oherwydd y gred gyffredin na ddylai celfyddyd mwyach fod yn ymgais i gryfhau darlun rhithiol o realaeth. Pwrpas celf oedd edrych o dan yr arwyneb: 'Ni ddylai [celf] atgynhyrchu'r hyn sy'n weledol, ond gwneud yr anweladwy yn weladwy' (Paul Klee). Datblygodd aelodau Der Blaue Reiter wahanol agweddau ar haniaeth. Kandinsky wnaeth beintio rhai o'r paentiadau cyntaf cyfan gwbl haniaethol, e.e. 'Byrfyfyr Rhif 19' (Improvisation no. 19),

1911, Städtische Galerie im Lenbachhaus, München (Munich), gan geisio ailgreu'r realaeth ysbrydol fewnol sydd efallai y tu hwnt i afael peintio traddodiadol. Gwelwyd elfen ysbrydol Der Blaue Reiter o'r newydd ym mlynyddoedd Mynegiadaeth y *Bauhaus*.

Nid dim ond cynrychioli anifeiliaid mewn dull hanner-mynegiadol mae delweddau Franz Marc, yn enwedig ei luniau o geffylau. Yn y 'Merlod Melyn' (Die kleinen gelben Pferde / Little Yellow Horses), 1912, Staatsgallerie, Stuttgart, er enghraifft, symbolau yw'r anifeiliaid hyn o gyflwr pur a naturiol. Ymgorfforir y greadigaeth ei hun ynddynt, gan eu bod yn byw fel un â natur. Mae'r lliw melyn yn cynrychioli'r fenyw yng ngwaith Marc, glas yw'r gwryw, a choch yw'r sylwedd. Rhowch gynnig ar roi nodweddion neu hyd yn oed gymeriadau i'ch defnydd o *liw colour* pur yn eich gwaith. A fydd y nodweddion hyn yn effeithio ar y ffordd y byddwch yn defnyddio paent, neu ei berthynas â'r lliw sydd nesaf ato? Mae gan ddulliau Marc gysylltiadau cryf â defnydd Robert Delaunay o liw yn ei beintiadau *Orffig Orphic* o Dŵr Eiffel neu 'L'équipe de Cardiff' (gweler *Ciwbiaeth Cubism*).

■ *Elfennau ffurfiol:* lliw (Franz Marc), patrwm (Wassily Kandinsky).

Brit art: gweler *YBAs*.

bronze efydd: aloi copr a thun sy'n galetach ac yn gryfach na phres, sydd wedi cael ei ddefnyddio er oes yr hen Roegiaid er mwyn *castio cerflunwaith casting sculpture*. Gydag amser, mae *patina* deniadol yn ffurfio arno.

■ *Cyswllt: castio, patina, cerflunwaith.*

Brücke, Die: (Y Bont) grŵp o artistiaid *Mynegiadol Expressionist* a ffurfiwyd yn Dresden, yr Almaen, er mwyn creu celf a fyddai'n bwrw yn erbyn tresi confensiynau academaidd yr Almaen, ac a fyddai'n dangos y byd mewn ffordd mwy goddrychol na *Ffofyddiaeth Fauvism*. Datblygodd Die Brücke arddull wedi'i seilio ar *gyntefigedd primitivism* ac, yn debyg i'r *Argraffiadwyr Impressionists* a'i ragflaenodd, testun amlycaf Die Brücke oedd natur. Er nad oeddent yn artistiaid PLEIN AIR yn nhraddodiad yr Argraffiadwyr, roeddent yn braslunio yn yr awyr agored cyn dychwelyd i'r stiwdio i orffen eu gwaith, e.e. 'Llyn y Parc' (Parksee / Woodland Pool) gan Erich Heckel, 1914, Staatsgalerie, Stuttgart. Y byd naturiol oedd y man cychwyn ar gyfer cynnwys eu lluniau. Nodwedd o waith artistiaid Die Brücke oedd eu defnydd o liw mewn dull gwastad a dwys gydag amlinellau trwm a oedd dan ddylanwad cryf (1) *torluniau pren woodcuts* yr Oesoedd Canol, (2) *Ôl-argraffiadaeth Post-Impressionism*, a (3) *chelfyddyd Affricanaidd African art*, e.e. 'Hunanbortread gyda Model' (Selfbildnis mit Modell / Self-portrait with Model) gan Ernst Ludwig Kirchner, 1910, Kunsthalle, Hamburg, sydd â bandiau dwys o oren a glas ar gefndir coch, a wynebau'r ffigurau yn ddim mwy na llinellau awgrymiadol.

■ *Pryd:* Dresden, Yr Almaen, 1905–13.

■ *Pwy:* Erich Heckel, Karl Schmitt-Rottluff, Ernst Ludwig Kirchner.

■ **Cyswllt:** *Bauhaus*, *Der Blaue Reiter*, *Mynegiadaeth* Expressionism. Fel gwedd arall ar y mudiad celf Mynegiadol yn yr Almaen, roedd Die Brücke yn fwy ymosodol gyntefig na *Der Blaue Reiter*. Er mwyn dangos amcanion Mynegiadaeth, rhowch gynnig ar gymharu Die Brücke a Der Blaue Reiter ac ymchwilio i waith yr Argraffiadwyr sy'n ymwneud ag optegaeth. Yn wahanol i'r Argraffiadwyr, nid bwriad peintio Die Brücke yw dangos y byd gwrthrychol, ond yn hytrach i bwysleisio *sut* y mae'r artist yn dangos y byd: 'Trawsddodi syniad personol i mewn i waith yn gyfan gwbl' (Kirchner).

Edrychwch ar *Ôl-argraffiadaeth* Post-Impressionism. Yng ngwaith Van Gogh yn arbennig fe amlygir lliw dwys, ac mae diddordeb Die Brücke mewn celfyddyd o'r tu hwnt i Ewrop yn deillio i raddau helaeth o esiampl Paul Gauguin. Mae delweddau nodweddiadol Kirchner o'r ddinas, e.e. 'Pum Dynes ar y Stryd' (Fünf Frauen auf der Straße / Five Women in the Street), 1913, Amgueddfa Wallraf-Richartz, Cwlen (Köln), yn dangos ymwybyddiaeth gynyddol o'r syniad o ymddieithriad yr unigolyn yng nghyd-destun y ddinas; gan gychwyn gyda 'Cerddoriaeth yng Ngerddi'r Tuileries' (Musique dans les jardins des Tuileries / Music in the Tuileries Gardens) gan Manet, 1862, Yr Oriel Genedlaethol, Llundain, mae celfyddyd Ewrop yn llawn delweddau o'r ddinas. Mae hon yn thema sydd wir yn werth ei dilyn.

Artistiaid Die Brücke oedd yn gyfrifol am ail-gyflwyno'r *torluniau pren* woodcuts i draddodiad celfyddyd gain, e.e. 'Dynes yn ei Chwrcwd' (Hockende / Woman Crouching) gan Erich Heckel, 1913. Mae torluniau pren yn gyfrwng llawn mynegiant a sydyn, fel ffurf fwy pwerus, llawn mynegiant, torlun leino. Byddai gweithio gyda thorlun pren o ganlyniad i astudio celf Die Brücke yn gam diddorol i chi.

■ **Elfennau ffurfiol:** lliw a ffurf yw'r elfennau mynegiant allweddol; doedd lliw lleol ddim yn cael ei ddefnyddio.

brush brwsh: teclyn sy'n gwneud defnydd o flew, neu wallt, wedi'i rwymo mewn dolen er mwyn trosglwyddo paent i arwyneb. Mae'n debyg mai pobl Oes y Cerrig wnaeth ddyfeisio'r brwsh ac, er bod y rhan fwyaf o frwshys er y 1960au yn cynnwys ffeibrau synthetig, mae'r cynllun sylfaenol yn dal yn un traddodiadol. Mae mathau unigol o frwshys wedi'u cynllunio ar gyfer pwrpas penodol: er enghraifft, mae gan frwshys dyfrlliw ddolenni byr du a blew hir sy'n mynd i big. Gan mai ychydig yw'r deunydd y maen nhw'n eu trin, fel arfer mae'r arwynebedd sydd angen iddynt ei orchuddio hefyd yn fach, ac mae'r rhan fwyaf o symudiadau'r llaw yn dod o'r bysedd yn hytrach na'r arddwrn neu'r ysgwydd. Brwshys sabl (blew ceffyl) yw'r rhai gorau ar gyfer dyfrlliw, yn cynnwys blew main sy'n tapro ac yn bigfain. Gall brwshys da fod yn ddrud i'w prynu, a'r gorau oll yw brwshys sabl Kolinsky sydd wedi'u gwneud o gynffon minc Kolinsky (minc Siberia) — gall brwshys sabl Kolinsky gostio hyd at £1,500 y pwys.

b

Dolenni hir sydd gan frwshys peintio olew; maen nhw'n cael eu galw'n frwshys sgwâr (*brights*), gwastad (*flats*), crwn (*rounds*) a siâp cneuen (*filberts*); mae'r gorau yn cael eu gwneud o flew moch o ddwyrain Ewrop. Mae'r brwshys sgwâr yn llydan, fflat ac â phen sgwâr, eu blew yn gymharol fyr, ac yn cael eu defnyddio ar gyfer paent mwy trwchus a strociau brwsh byr. Fersiynau â gwallt hirach na'r 'sgwâr' yw'r 'gwastad', ac maen nhw'n fwy hyblyg. Brwsh hir sy'n tapro ac yn mynd yn bigfain yw'r 'crwn', sef fersiwn blew o'r sabl, ond heb fod cystal â'r 'gwastad' wrth osod gorchudd o baent. Mae'r brwsh 'siâp cneuen' yn debyg i'r 'gwastad', ond mae'r pen yn fwy crwn yn hytrach na sgwâr, ac felly mae'n fwy addas ar gyfer peintio arwynebedd mwy cyffredinol yn hytrach na llinellau syth.

Cynlluniwyd y brwshys hyn i gyd yn wreiddiol ar gyfer paent olew neu ddyfrlliw. Nid oes angen blew a gwallt o'r un ansawdd uchel ar baent **acrylig** *acrylic*, sydd â phriodweddau ychydig yn wahanol i olew. Yn ogystal, mae rhoi brwsh i mewn ac allan o ddŵr yn gyson, a thueddiad paent polymer i dagu bonyn y brwsh, yn niweidio'r brwshys o'r ansawdd gorau.

- Gofalu am frwshys: defnyddiwch y brwshys gorau y gallwch eu fforddio, a gofalwch amdanynt yn iawn. Golchwch bob brwsh yn syth ar ôl ei ddefnyddio; peidiwch byth â'u gadael â'u blew i lawr mewn dŵr neu unrhyw **gyfrwng** *medium* arall. Golchwch y brwshys mewn dŵr sy'n rhedeg, gan ddefnyddio sebon neu hylif golchi llestri; yna gadewch iddynt sychu mewn potyn gyda'r blew ar i fyny — os mai chi sy'n berchen ar y brwshys (a dyna sydd orau er mwyn cael y brwshys iawn ar gyfer gwneud y gwaith rydych yn dymuno ei wneud), sychwch nhw a'u cadw mewn waled brwshys yn hytrach na'u gwasgu i mewn i waelod eich ffolder.

■ *Cyswllt:* mae gwahanol frwshys yn creu gwahanol effeithiau, ac mae arddull brwsio unigolyn yr un mor bersonol â'i **nod awduraeth** *autographic mark* — meddyliwch am baent trwchus Van Gogh, gyda phob un strôc o'i frwsh yn dal i'w weld yn glir heddiw. Roedd Matisse, er enghraifft, yn gweithio gyda gwialenni bambŵ hir yn sownd wrth ei frwshys er mwyn creu llinellau crwm gosgeiddig. Mae'n werth arbrofi gyda dulliau a deunyddiau, a chofnodi'r canlyniadau.

Meistr y gwaith brwsh llyfn, lle mae'r paent mor wastad nes gwneud strociau'r brwsh yn anweladwy, yw'r artist **Neoglasurol** *Neo-Classical* Ingres, e.e. 'Madame Moitessier', 1856, Yr Oriel Genedlaethol, Llundain. Cymharwch gwaith brwsh Ingres â gwaith brwsh agored yr Argraffiadwyr (lle mae pob strôc unigol yn amlwg), a hynny ond ychydig flynyddoedd yn ddiweddarach, e.e. 'La Grenouillère' gan Monet, 1869, Yr Oriel Genedlaethol, Llundain, lle mae'r goleuni'n cael ei ddangos trwy gyffyrddiadau unigol y brwsh yn hytrach na chael ei gyfleu yn gywrain, neu **Fynegiadaeth Haniaethol** *Abstract Expressionism*, lle mae'r paent yn cael ei arllwys yn hytrach na'i frwsio.

Mae gwaith rhai artistiaid yn newid wrth iddynt ddefnyddio brwshys gwahanol — er enghraifft, peintiwyd rhai o weithiau cynnar Lucian Freud gan ddefnyddio brwsh sabl, e.e. 'Y Ferch â'r Ci Gwyn' (Girl with a White Dog), 1950, Tate Britain. Bu Freud yn astudio gwaith Ingres ac ansawdd y paent llyfn, ond gyda pheintiadau fel 'Dynes yn Gwenu' (Woman Smiling), 1958–59, casgliad preifat, trodd ei sylw at Frans Hals a Titziano Vecellio (Titian), a defnyddio brwsh blew wrth weithio ar beintiadau'r cyfnod hwn. Yn y gweithiau hyn mae dull arlunyddol y paent yn helpu rhoi ansawdd real i'r cnawd.

Byzantine art celf Fysantaidd: celf Gristnogol o hanner dwyreiniol yr Ymerodraeth Rufeinig. Nid personoliaeth yr artist oedd yr elfen bwysig, ond yn hytrach gallu'r gelfyddyd i addysgu'r gynulleidfa yn ei ffydd. Roedd arddull amlwg iawn i gelf Fysantaidd — gan ailadrodd yr un delweddau sylfaenol yn yr un fformat a chan gynrychioli'r ffurf ddynol dro ar ôl tro. Deilliodd celf Fysantaidd yn wreiddiol o'r Groegiaid trwy gelf Rufeinig, yn ddau-ddimensiwn yn ei ffurf ddwyreiniol a chan amlygu patrwm ar yr arwyneb yn hytrach na defnydd diweddarach y *Dadeni* Renaissance o *dôn* tone er mwyn rhoi dyfnder i'r llun.

Ar y cyfan, y *ffresgo* fresco, *mosaig (brithwaith)* mosaic, y llawysgrif addurnedig, a'r *eicon* icon oedd cyfryngau celf Fysantaidd. O'r rhain, y mosaig (brithwaith) yw'r cyfrwng amlycaf, e.e. y mosaig yng nghromen Hagia Sophia, 885oc, Thessaloniki, Groeg, sy'n dangos yr apostolion yn gwisgo'r toga clasurol, er bod y plygiadau ynddynt bellach yn cael eu dynodi fel llinellau aur sy'n creu patrymau igam-ogam mewn siapiau fflat ar draws eu cyrff. Maen nhw'n sefyll ar ben siapiau crwm gwyrdd a gwyn — bryniau efallai — ac yr un taldra â'r coed sydd o'u cwmpas. Nid naturoliaeth yw hyn, ond dull o adrodd stori gyfarwydd lle mae'r elfennau allweddol wedi cael eu dethol a'u pwysleisio. Yn wyneb y ffurfiau arddulliedig hyn mewn celf Fysantaidd y cymerwyd y camau cyntaf oll i gyfeiriad naturoliaeth, yr hyn a oedd i nodweddu'r *Dadeni* Renaissance, e.e. 'Y Forwyn a'r Baban Iesu gyda Sant Dominic a'r Santes Aurea (La Madonna col Bambino tra san Domenico e sant'Aurea / Virgin and Child with St Dominic and St Aurea) gan Duccio di Buoninsegna, cyn 1308, Yr Oriel Genedlaethol, Llundain, sef panel canol *triptych*. Mae gan y Forwyn drwyn hir nodweddiadol Rufeinig, ac osgo ei phen yn gwyro tua'r dde yn nodweddiadol o'r *eiconau* icons Bysantaidd. Yn ôl y disgwyl, mae'n dal ei dwylo yn y dull ffurfiol, arddulliedig, ond yn wrthgyferbyniad i hyn mae'r baban Iesu yn tynnu ar ei dillad, a'r dyfnder ym mhlygiadau'r defnydd o dan ei dwylo, yn cyfeirio at rywbeth newydd.

■ *Pryd:* 330–1453oc, er bod yr arddull hwn mewn celfyddyd yn sicr yn hŷn na phan sefydlodd yr Ymerawdwr Cystennin y rhan hon o'r Ymerodraeth yn 330oc, gan barhau hyd nes cwymp Caergystennin (Constantinople) — Byzantion cyn hynny, Istanbwl heddiw — yn 1453.

■ *Cyswllt: clasurol* classical, *eicon* icon, *mosaig (brithwaith)* mosaic, *Dadeni* Renaissance.

camera obscura: math o gamera twll pin sy'n taflunio delwedd ar arwyneb arall trwy dwll neu lens bychan fel bod modd dargopïo'r ddelwedd ben i waered. Cafodd ei ddefnyddio o'r 16eg ganrif fel cyfrwng a oedd o gymorth wrth astudio persbectif adeiladau, portreadau a chyfrannedd, ac i sicrhau cywirdeb cyffredinol mewn lluniadu. Mae'n amlwg pa luniadau sydd wedi defnyddio CAMERA OBSCURA gan eu bod yn ddarluniau bach. Oherwydd maint CAMERA OBSCURA, dim ond darnau bach o bapur oedd modd eu defnyddio, ond roedd hi'n bosibl gwneud dargopïau manwl â'r camera. Mae'r lluniadau hyn hefyd yn gweddu'n dda ar gyfer cyfansoddiadau panoramig. Fe wyddom fod Canaletto a Vermeer ill dau wedi defnyddio rhywbeth tebyg i'r CAMERA OBSCURA.

■ *Cyswllt:* ysgrifennodd David Hockney y llyfr *Secret Knowledge* (2000), Thames and Hudson, i drafod rôl ddadleuol y ddyfais hon, gan ddangos sut y gwnaeth **persbectif** *perspective* newid ar ôl tua 1400. Efallai y byddai'n werth i chi greu peiriant tebyg i'r CAMERA OBSCURA a'i ddefnyddio, er enghraifft, er mwyn cymharu gwahanol ddulliau o gynrychioli ystafell neu dirlun.

■ *Elfennau ffurfiol:* llinell, tôn (mae rôl golau yn allweddol).

canvas cynfas: mae dau ystyr i hwn. Y cyntaf yw'r defnydd o gotwm neu liain wedi'i wehyddu, wedi'i ymestyn dros ffrâm armatwr pren (neu estynnwr) lle mae'r artist yn peintio. Mae defnydd sydd wedi'i ymestyn yn y modd hwn wedi'i ddefnyddio fel gwely ar gyfer paent er y 15fed ganrif, er bod ei baratoi a chreu'r estynnwr yn cymryd yn hirach na rhai dulliau eraill. Erbyn hyn, mae cynfas ar gael mewn dau ddefnydd sylfaenol — sef lliain, sydd yn naturiol yn frown golau o ran ei liw; a chotwm, sydd yn wyn fel arfer, yn rhatach na lliain ac yn haws cael gafael arno, ond nad yw'n para mor hir â lliain. Mae'r defnyddiau hyn ar gael mewn graddau a phwysau gwahanol — os yw'r gwead yn fain, bydd yr arwyneb yn fwy llyfn i beintio arno ac, o ganlyniad, bydd modd i'r gwaith brwsh fod yn fanylach. Mae'r cynfas cotwm cyffredin yn lliain cotwm 410 gram, ac ar werth mewn gradd fain neu radd eithriadol o fain. Caiff cynfas ei baratoi trwy ei beintio â *seis size* glud dŵr oer (yn nyddiau stiwdios artistiaid masnachol defnyddiwyd seis oedd wedi'i wneud o grwyn

C

cwningod) er mwyn sicrhau nad yw lliw'r cynfas yn cael ei effeithio, neu drwy breimio'r arwyneb â *grwnd* *ground* gwyn neu liw canolig pwrpasol. Mae ail ystyr y gair yn cyfeirio at gyfanwaith darn o gelfyddyd fel 'cynfas'.

■ *Cyswllt:* **Mynegiadaeth Haniaethol** *Abstract Expressionism*, **peintio ystumiol** *gestural painting*. Mae gan artistiaid eu ffyrdd eu hunain o ddefnyddio'u cynfas. Roedd Francis Bacon wastad yn peintio ar ochr gefn cynfas lliain oedd eisoes wedi cael ei breimio. Byddai'n gwneud hyn gan ei fod am ddefnyddio'r grwnd brown, ond bod angen y preimio ar yr ochr arall arno hefyd er mwyn rhwystro gormod o'r paent rhag cael ei amsugno. Ni fyddai Jackson Pollock yn ymestyn ei gynfas dros estynnwr o gwbl; yn hytrach, byddai'n diferu ei baent ar ben cynfas a oedd wedi'i hoelio ar y llawr, a'i waith felly yn dangos pa mor eang yr oedd yn gallu ysgubo'i fraich.

cartoon **cartŵn:** mae dau brif ystyr i 'cartŵn'. Yn wreiddiol, golygai'r term y broses o luniadu prif ffurfiau cyfansoddiad ar bapur er mwyn defnyddio'r darlun mewn gwaith mawr — weithiau ar gyfer tapestri neu baentiad, ac yn gyffredinol ar gyfer *ffresgo* *fresco*, er bod cartwnau yn bwysig yn ddiweddarach hefyd ar gyfer creu gwydr lliw, ac mae modd eu defnyddio wrth wneud *mosaig (brithwaith)* *mosaic*.

■ *Pryd:* hyd at y 15fed ganrif roedd cynlluniau ffresgo yn cael eu braslunio'n llawrydd ar blaster gwlyb. Ar ôl y cyfnod hwn, paratowyd y lluniad sylfaenol yn ei lawn faint ar bapur cryf, a fyddai'n cael ei rannu'n ddarnau llai (o'r enw GIORNATE) i'w gosod yn erbyn y wal. Byddai llinellau'r lluniad yn cael eu trosglwyddo i'r plaster gwlyb, naill ai trwy dorri drwy'r papur neu drwy banlychu (sef pigo mân dyllau yn y papur ar hyd y llinellau oedd wedi'u tynnu, ac yna rhwbio neu chwythu powdr mân drwy'r tyllau er mwyn dangos y llinellau ar y plaster. Gellid defnyddio cartwnau ar gyfer peintio ar îsl; cafodd 'Y Forwyn a'r Baban Iesu gyda'r Santes Anna a'r bachgennyn Ioan Sant' (Sant' Anna, la Madonna, il Bambino e san Giovannino / Virgin and Child with St Anne and the Infant St John) gan Leonardo da Vinci, *c.* 1500, Yr Oriel Genedlaethol, Llundain, ei wneud fel cartŵn ar gyfer paentiad panel mawr, ond chafodd byth mo'i ddefnyddio. Fe wyddom hyn oherwydd nid oes tyllau wedi cael eu pigo drwy'r papur. Rhwng 1979 a 2006 roedd pedwar cartŵn o weithdy Rubens (1577–1640) yn adrodd stori Romulus a Remus i'w gweld yn Amgueddfa Genedlaethol Cymru (mae'r gweithiau'n parhau yng nghasgliad yr Amgueddfa).

Erbyn heddiw, ail ystyr y gair 'cartŵn' yw delweddau doniol neu ddychanol o ddigwyddiadau cyfoes, sy'n ymddangos fel arfer mewn cylchgronau neu bapurau dyddiol. Mae'n debyg mai yn 1843 y defnyddiwyd y ffurf cartŵn am y tro cyntaf ar gyfer dychanu, pan gyflwynodd y cylchgrawn *Punch* ddarluniau mewn cystadleuaeth i ddod o hyd i addurniadau ar gyfer adeiladau newydd San Steffan yn Llundain. Mae ystyr y term wedi esblygu, yn enwedig er dyfeisio darluniau wedi'u hanimeiddio, e.e. ffilmiau Disney, *Futurama*, ac yn y blaen. Fersiwn arall o'r cartŵn yw'r stori stribed, sef cyfres o ddarluniau mewn fformat ffrâm llorweddol sy'n ailadrodd ei hun. Mae'r term hefyd yn cael ei ddefnyddio ar gyfer gwawdluniau (*caricatures*) a darluniau llinell o gymeriadau dychmygol, ac mae galw ar sgiliau penodol i gynhyrchu delweddau o'r fath. Mae'n bwysig bod myfyrwyr yn gallu dangos datblygiad eu hieithwedd weledol eu hunain, a hynny fel arfer drwy arsylwi. Nid yw hyn wastad yn bosibl yn achos cartwnau, sy'n dueddol o ddibynnu ar efelychu neu gopïo arddull arlunwyr cartŵn eraill. Roedd *celfyddyd Bop* Pop art, fodd bynnag, a gwaith Roy Lichtenstein yn benodol, yn defnyddio ieithwedd cylchgronau comic er mwyn creu delweddau cyfoes trawiadol — edrychwch ar 'Wrth i mi danio…' (As I opened Fire…), 1964, Amgueddfa Stedelik, Amsterdam. Roedd Lichtenstein yn artist yn y traddodiad *celfyddyd gain* fine art, a oedd yn defnyddio celf i ddadansoddi a sylwebu ar fywyd cyffredin bob dydd. Mae cryfder gweledol y lliwiau fflat, a'r defnydd o amlinellau pendant wrth greu delweddau y gallwn eu hadnabod ar unwaith, yn adwaith i ddull arlunyddol digymell *Mynegiadwyr Haniaethol* Abstract Expressionists y degawd blaenorol, a thôn cymysg cywrain y peintio ffigurol nodweddiadol a ddaeth cyn *Moderniaeth* Modernism.

■ *Cyswllt:* lluniadu drawing, **ffresgo** fresco, **celfyddyd Bop** Pop art, **Dadeni** Renaissance.

■ *Elfennau ffurfiol:* llinell.

carving cerfio: y dull lleihaol lle caiff blocyn di-ffurf o ddeunydd fel carreg, pren neu blaster (gall plaster gael ei gerfio unwaith iddo gael ei fwrw yn floc addas) ei siapio drwy naddu'r deunydd i ffwrdd gan ddefnyddio cyfarpar fel cŷn a gordd. Gall olion y cyfarpar gael eu gadael er mwyn adlewyrchu presenoldeb yr artist, neu eu llyfnhau, er enghraifft, er mwyn creu arwyneb llyfn mewn efelychiad o gnawd dynol.

■ *Cyswllt:* cydosod assemblage, **castio** casting, **modelu** modelling, **cerflunio** sculpture. Cyferbynnwch arwynebedd amrywiol 'Y Gusan' (Le Baiser / The Kiss) gan Rodin, 1898 (castin efydd Rodin o'i waith marmor gwreiddiol, 1901–04, Yr Amgueddfa Genedlaethol, Caerdydd), lle mae'r coesau, breichiau a'r gwallt wedi'u llathru'n llyfn, a'r plinth yn dangos olion cynion y cerfiwr.

■ *Elfennau ffurfiol:* ffurf, gwead.

casting castio: y broses gerflunio lle mae mowld yn cael ei wneud allan o ffurf solet, a chast yn cael ei wneud drwy arllwys *cyfrwng* medium — e.e. efydd, plaster, cŵyr — i mewn i'r mowld gwag. Mae'n bosibl gwneud mwy nag un cast os oes modd rhannu'r mowld yn ddau hanner plaster. Fel arall, bydd y castin yn un unigryw, h.y. dim ond unwaith y mae modd defnyddio mowld o ddwrn ar gyfer castin plaster. Pan mae castiau wedi'u gwneud yn lluosog, yn aml iawn fe welwch olion castio.

■ *Cyswllt:* efydd bronze, **cerflunio** sculpture. 'Tŷ' (House) gan Rachel Whiteread yw'r darn celf mwyaf erioed i'w gastio (gweler **YBAs**).

■ *Elfennau ffurfiol:* ffurf, gwead.

ceramics *cerameg:* deunydd caled ond bregus sy'n cael ei wneud trwy danio clai. Mae hwn yn derm sy'n cael ei ddefnyddio ar gyfer holl ystod crochenwaith. Mae gan Brydain, fel Japan, draddodiad hir o gynhyrchu cerameg o safon uchel, yn enwedig mewn mannau fel Abertawe a Phorthia (St Ives).

■ *Cyswllt:* Billy Adams neu Lucy Rie ac, yng Nghymru heddiw, mae unigolion fel Lowri Davies a Jan Beeny yn cynhyrchu gwaith cerameg trawiadol.

■ *Elfennau ffurfiol:* pob un.

charcoal *siarcol (golosg):* brigau helyg wedi'u golosgi, ac yna eu gwresogi heb aer. Daw siarcol mewn gwahanol raddau o drwch, ond maen nhw i gyd yr un mor ddu â'i gilydd — o bwyso'n drwm â siarcol, mae'n gadael ei ôl. Mae ffyn siarcol tenau yn hynod o ddefnyddiol ar gyfer tynnu llinellau'n sydyn, ac mae ffyn mwy (sy'n cael eu galw'n ffyn peintwyr golygfeydd) yn gallu cael eu defnyddio i greu ardaloedd mawr o *dôn* *tone* amrywiol, gan ddefnyddio lliw gwyn y papur neu sialc gwyn er mwyn goleubwyntio. Rhinwedd siarcol yw ei fod yn rhad a'i fod yn gallu cael ei ddefnyddio'n sydyn; ei anfantais o ran dibenion gwaith cwrs yw nad yw'n cadw'n dda iawn. Mewn llyfr braslunio gall y siarcol adael ei ôl ar y dudalen gyferbyn a llenwi'r llyfr ag ôl llwyd mewn dim o dro. Mae darluniau rhydd, mwy o faint, yr un mor anodd eu cadw'n lân gan y bydd graddiant gofalus yn raddol bylu a baeddu. Mae cynhyrchion ar gael sy'n gallu sefydlu'r siarcol, ond maen nhw'n ddrud ac, ar y cyfan, yn aneffeithiol.

■ *Elfennau ffurfiol:* llinell — mae siarcol yn rhagorol ar gyfer cyfleu ffurf trwy ddefnyddio tôn (gweler CHIAROSCURO).

chiaroscuro: techneg sydd wedi'i defnyddio gan beintwyr er yr 16eg ganrif, lle mae gwrthgyferbyniad cryf a dramatig rhwng golau a thywyllwch yn cael ei ddefnyddio er mwyn cyfleu ffurf.

■ *Pwy:* pencampwr y dechneg hon oedd yr Eidalwr Caravaggio, yr artist *Baróc Baroque* o ddiwedd yr 16eg ganrif. Yn ôl yr hanes, roedd Caravaggio yn gyfrifol am ladd dyn mewn dadl yn Rhufain; ymosododd ar farnwr yn Napoli (Naples); cafodd ei drywanu mewn puteindy; a bu farw wrth redeg ar ôl cwch oedd wedi dwyn ei holl eiddo. Mae ei baentiadau yr un mor ddramatig ag hanes ei fywyd — edrychwch ar 'Y Swper yn Emaus' (Cena in Emmaus / The Supper at Emmaus), 1601, Yr Oriel Genedlaethol, Llundain, lle mae'r golau cryf o'r ochr chwith yn creu cysgodion dwfn a goleubwyntiau cryf; ymdeimlad cryf o ddrama a phwysigrwydd, gyda ffigurau solet a defnydd a allai fod wedi'i naddu o garreg.

■ *Cyswllt:* *Baróc Baroque*, *Argraffiadaeth Impressionism* fel gwrthgyferbyniad.

■ *Elfennau ffurfiol:* tôn.

cinquecento: yr 16eg ganrif, yn enwedig mewn perthynas â chelfyddyd, pensaernïaeth a llenyddiaeth o'r Eidal.

■ *Cyswllt:* *quattrocento*.

C

Classical Clasurol/**classicism** clasuriaeth/**classic** clasur: tri therm a phob un yn golygu rhywbeth ychydig yn wahanol. Mae Clasurol ag 'C' fawr yn golygu cyfnod Clasurol yr hen Roeg, sef y cyfnod rhwng tua 490 CC hyd at uno dinas-wladwriaethau Groeg gan Philip o Facedonia yn 338 CC. Dyma oedd y cyfnod pan symudodd celf, a cherflunwaith yn benodol, tuag at naturoliaeth drawiadol yn seiliedig ar astudiaeth fanwl o gyfrannedd y corff dynol — er enghraifft, y 'Doryphorus' neu'r 'Gwayw Gludydd' (Statua di Doriforo / Spear Bearer), cerflun o ddyn noeth a wnaed gan y cerflunydd Polycleitos, Groegwr o'r 5ed ganrif, sydd ond yn hysbys i ni trwy gopi Rhufeinig diweddarach. Mae hwn i'w weld heddiw yn y Museo Archeologico Nazionale yn Napoli (Naples). Mae'r ffigur yn camu ymlaen, gyda'i bwysau i gyd ar ei goes dde. Yn ei law chwith mae'n dal gwaywffon, ac mae ei ben wedi troi ychydig i'r dde. Yr enw sy'n cael ei roi ar y trefniant hwn o'r ffigur, sef y corff yn gwyro ryw ychydig, yw CONTRAPPOSTO, a dyma'r brif elfen wrth greu'r naturoliaeth byw sy'n nodweddiadol o'r cyfnod Clasurol. Roedd Polycleitos yn gyfrifol am lunio'r rheolau ar gyfer y ddelfryd o harddwch gwrywaidd, fel sy'n cael ei amlygu yn y 'Gwayw Gludydd'. Roedd ei safon yn dibynnu ar egwyddorion sylfaenol cyfrannedd mathemategol a chymhareb pob darn o'r corff i bob darn arall mewn trefn, o'r lleiaf i'r mwyaf — hynny yw o un bys i'r nesaf, o bob bys i'r llaw, ac yn y blaen. Mae'r egwyddor yma'n arwain yn ddigon rhesymegol at berthynas dyn a'i amgylchedd, h.y. 'dyn yw mesur popeth' (Protagoras, ?485–?411 CC, athronydd o Roeg). Cafodd pensaernïaeth Roegaidd effaith gymharol onid sylweddol ar ddiwylliannau diweddarach, ac roedd rheolau cyfrannedd yr un mor bwysig mewn pensaernïaeth Glasurol. Y golofn oedd uned fwyaf nodweddiadol pensaernïaeth Roegaidd, ac roedd tri math, neu drefn, sylfaenol — sef Dorig, Ionig a Chorinth. Roedd lled pob colofn fesul trefn yn wahanol, fel yr oedd yr elfennau addurniadol ar y copa. Lled y golofn oedd yr uned gyfrannedd ar gyfer gweddill yr adeilad. O ganlyniad roedd yr adeilad mewn cytgord â'i hun, gyda phob rhan ohono yn perthyn i weddill yr adeilad yn ddi-wahân. Math safonol o bensaernïaeth Glasurol yw'r deml, gyda phediment y portico — sef y darn uwchben y brif fynedfa — fel yr elfen amlycaf. Roedd hwn yn cynnwys rhes o golofnau yng nghanol ffasâd (neu wyneb blaen) yr adeilad, a'r rheiny yn dal pediment trionglog neu strwythur y to, fel arfer ar wahân i weddill yr adeilad. Yr enghraifft enwocaf o bensaernïaeth Glasurol yw'r Parthenon yn Athen, 447–438 CC. Cafodd ei adeiladu yn unol â'r drefn Ddorig fel teml i Athena, duwies doethineb. Mae darnau o'r cerfluniau fu'n addurno'r Parthenon ar hyn o bryd yn yr Amgueddfa Brydeinig, Llundain.

Ystyr Clasuriaeth yw celf sy'n deillio o astudiaeth o gelfyddyd a phensaernïaeth Groeg a Rhufain, e.e. *Neoglasuriaeth Neo-classicism*. Mae gan waith celf o'r math hwn, sydd weithiau'n cael ei alw ar gam yn 'clasurol' gydag 'c'

C

fach, nodweddion penodol sydd wedi'u benthyg o'r gorffennol gan eu gwneuthurwyr, ac y gellid eu gwrthgyferbynnu â *Rhamantiaeth Romanticism*, er enghraifft. Roedd troi yn ôl at Glasuriaeth yn elfen angenrheidiol o'r *Dadeni Renaissance*, a bu'n ganolog i'r rhan fwyaf o ddulliau celfyddydol o ganol y 18fed ganrif ymlaen. Yn gyffredinol, mae celf sy'n cynnwys nodweddion clasurol yn edrych nôl ar 'berffeithrwydd' hen Roeg a Rhufain ac, o ganlyniad, bydd yr ymgyrraedd tuag at y ddelfryd hon wedi'i gynnwys yn y gwaith. Caiff hyn ei gynrychioli mewn peintio a cherflunio gan gyfansoddiad cymesur neu gyfansoddiad sydd mewn cytgord (lle mae'r holl elfennau yn cydbwyso â'i gilydd), ffigurau delfrydol (nid unigolion y gellid eu hadnabod), a ffigurau sydd naill ai'n noethlymun neu'n gwisgo rhyw fath o doga neu ddillad ysgafn sy'n symud yn yr awel gan ddatgelu siâp y corff oddi tano, e.e. 'Bedydd Crist' (Il Battesimo di Cristo / Baptism of Christ) gan Piero della Francesca, 1445, Yr Oriel Genedlaethol, Llundain. Rhoddwyd egwyddorion Clasuriaeth ar waith mewn pensaernïaeth o'r Dadeni ymlaen, yn seiliedig ar ysgrifau'r pensaer Rhufeinig Vitruvius. Roedd cynllun adeiladau Neoglasurol o tua 1750 ymlaen yn rhan o'r dyhead cyffredinol i droi'n ôl at rinweddau deddfau a rhesymeg Rhufain a'r hen fyd. Mae adeiladau o'r cyfnod hwn yn rhai solet a phlaen, e.e. Tŷ Chiswick, 1725, Llundain, a adeiladwyd gan yr Arglwydd Burlington. Mae hwn yn adeilad cymesur â phediment y portico yn teyrnasu dros yr arwynebau fflat, diaddurn — nodweddion pensaernïaeth glasurol. Tua diwedd y 19eg ganrif, daeth pensaernïaeth i fod yn arbennig o addurnedig, ac fel adwaith i hyn gwelwyd pensaernïaeth Fodernaidd fwy diweddar yn dychwelyd at egwyddorion sylfaenol, e.e. Villa Savoye gan Le Corbusier, 1928–31, Ffrainc, sy'n flwch petryal gwyn cymesur ac sydd, ar yr olwg gyntaf, yn cael ei gynnal gan golofnau main — gan ail-lunio'r prototeip clasurol.

Mae'r trydydd term, 'clasur', yn cyfeirio at rywbeth sy'n cael ei ystyried fel y gorau o'i fath, neu rywbeth sy'n cyfateb i safon neu fodel — e.e. car clasur.

■ *Cyswllt:* **Gothig** *Gothic,* **celf Natsïaidd** *Nazi art,* **Neoglasuriaeth** *Neo-Classicism,* **Dadeni** *Renaissance,* **Rhamantiaeth** *Romanticism.*

Cloisonnism Cloisonnisiaeth/**cloisonnisme:** dull o beintio o ddiwedd y 19eg ganrif, lle mae llinell yn amgylchynu ardaloedd fflat o liw cryf. Mae'r dull yn debyg i'r ardaloedd lliw mewn ffenestri gwydr lliw.

■ *Pwy:* datblygwyd gan Émile Bernard, e.e. 'Casglu Afalau' (La cueillette des pommes / Picking Apples), 1890, Musée des Beaux-Arts de Nantes, Ffrainc; Paul Gauguin a'r grŵp *Nabis*.

■ *Cyswllt:* **Nabis,** **Ôl-argraffiadaeth** *Post-Impressionism.*

■ *Elfennau ffurfiol:* lliw, patrwm.

collage: dull o greu darlun gan ddefnyddio ffotograffau, toriadau o bapurau dyddiol, a darnau o bapur argraffu, trwy eu gosod ar arwyneb gwastad er mwyn cynrychioli cyfanwaith tri-dimensiwn. Datblygwyd y dull yn gyntaf fel ffurf gelfyddydol gan yr artistiaid *Ciwbaidd Cubist* Picasso a Braque yn 1912. Yn wahanol i *montage*, gall collage gynnwys delweddau sydd wedi'u creu'n benodol ar gyfer y gwaith. Mae dwy elfen bwysig i collage sy'n berthnasol hyd heddiw; yn gyntaf, defnyddio deunyddiau sydd ddim yn perthyn yn draddod-iadol i *gelfyddyd gain fine art*, proses sydd wedi esblygu er dechrau'r 20fed ganrif, o *Dada* a *Swrealaeth Surrealism* i *gelfyddyd Bop Pop art* a *Brit art* — mae gwaith Peter Blake yn enghraifft wych o'r dechneg ar waith. Mae artistiaid yn parhau i ddatblygu techneg collage heddiw. Yr ail elfen yw'r syniad sylfaenol y tu ôl i'w defnydd mewn Ciwbiaeth, sef bod collage yn tybio fod y byd yn lle cymhleth nad oes modd ei gynrychioli trwy un ddelwedd gonfensiynol yn unig — mae angen nifer o ddelweddau a dulliau gwrthgyferbyniol. Mae llawer o'r gweithiau celf o ddiwedd yr 20fed ganrif yn cael eu cynrychioli ar ffurf casgliad, 'palet o wrthrychau' chwedl Robert Rauschenberg, yr artist Pop o America, e.e. 'Fferyllfa' (Pharmacy) gan Damien Hirst, 1992, Tate Modern, Llundain. Mae'r diddordeb mewn gweithiau tebyg i hyn yn y berthynas rhwng y gwrthrychau, cyfanwaith y gwaith celf, ac i ddisgyblaeth hanes celf.

■ *Cyswllt: Ciwbiaeth Cubism, celf Sothach Junk art, montage, celfyddyd Bop Pop art, Swrealaeth Surrealism* a Kurt Schwitters. Creodd Schwitters weithiau collage *Merz* wedi'u gwneud allan o wrthrychau gwastraff cyffredin — mae nifer o artistiaid er hynny wedi cydnabod dylanwad Merz ar eu gwaith eu hunain — am gyfnod arferai Peter Blake gynnwys hen docyn bws neu drên mewn gweithiau collage, mewn cydnabyddiaeth uniongyrchol o waith Schwitters. Mae collage wedi cael ei ddehongli mewn nifer o ffyrdd — er enghraifft, gwaith sydd wedi'i wneud yn gyfan gwbl o *wrthrychau hapgael found objects*, h.y. gweithiau gan Rauschenberg (gweler *celfyddyd Bop Pop art*) neu flychau dirgel Joseph Cornell, e.e. 'Dideitl (Gwesty Eden)' (Untitled (the Hotel Eden)) 1945, Oriel Genedlaethol Canada, Ottawa, sy'n dangos parot, dyfais wyddonol ryfedd a phêl, ynghyd â gwrthrychau eraill, wedi'u rhoi gyda'i gilydd mewn blwch arddangos bychan, gan gysylltu'n gryf â breuddwydion, *naratif narrative* a Swrealaeth. Edrychwch ar weithiau sgrin sidan, e.e. 'Nenffordd' (Skyway), 1964, Amgueddfa Gelf Dallas, UDA (gweler *sgrin sidan silk-screen*). Dywedodd Rauschenberg bod ei ddelweddau'n debyg i'r syrffio o un sianel deledu i'r nesaf, neu bori trwy gylchgrawn: 'Fe ges i fy mheltio gan ddelweddau teledu a chylchgronau, gan ormodedd y byd, ac roeddwn yn teimlo y dylai gwaith gonest ymgorffori'r holl elfennau a oedd ac sydd yn realiti'.

Cofiwch, fodd bynnag, bod yn rhaid i'ch llyfr gwaith neu lyfr braslunio ddisgrifio datblygiad eich dealltwriaeth a'ch *crefft craft*. Ni fyddai cyflwyno ambell i dudalen wedi'u rhwygo o bapur newydd, neu ddafad wedi'i stwffio, yn ddigon i chi ennill y graddau y gallai collage diddorol fel hyn ei ennill.

■ *Elfennau ffurfiol:* lliw, patrwm, gwead.

C

colour lliw: y teimlad ar y llygad o ganlyniad i belydrau golau yn llifo oddi ar wrthrych. Dyma un o'r *elfennau ffurfiol formal elements* sy'n rhaid eu dadansoddi wrth wneud *anodiadau annotations* ac, o ganlyniad, dylai fod yn rhan o unrhyw ddadansoddiad wnewch chi wrth greu eich celf eich hun, e.e. astudiaethau lliw o *fywyd llonydd still life*, neu liw cnawd mewn astudiaethau ffigur. Mae lliw yn rhan anhepgor o gelf a dylunio ac felly dylai myfyrwyr allu dangos dealltwriaeth ymarferol o'r systemau lliw. Mae eich *llyfr gwaith work journal* neu lyfr braslunio yn lle da i ddatblygu hyn. Yn nhermau peintio, *lliw lleol local colour* yw lliw go iawn y gwrthrych. *Lliw tôn tonal colour* yw effaith golau ar y gwrthrych. Weithiau mae artistiaid yn lleihau hyn i fonocrom (h.y. cysgodion du, llwyd a gwyn) yn eu darluniau, neu yn ei atgynhyrchu trwy raddio'r lliw, sef y symud o un lliw i'r llall, naill ai trwy gymysgu (fel nad yw'r newid yn amlwg iawn), neu drwy drefnu *arlliwiau hues* tebyg yn ofalus. Mae'r sbectrwm gweledol, sef golau gwyn, wedi'i greu o saith prif belydryn sydd ar wahanol donfeddi; gwelir y rhain pan fydd prism yn eu rhannu o olau gwyn. Mae ystod lliwiau'r enfys yn mynd o fioled, sydd â'r amledd uchaf a'r donfedd fyrraf, i goch sydd â'r amledd isaf a'r donfedd hiraf. Mae'r rhain yn rhoi'r priodweddau cyffredin ar gyfer lliwiau 'cynnes' ac 'oer', h.y. mae coch yn edrych fel pe bai'n symud tuag at flaen y *plân darlun picture plane*, tra bo glas yn ymddangos fel pe bai'n cilio yn ôl.

O'r *Dadeni Renaissance* hyd y 19eg ganrif roedd celf academaidd yn gwahaniaethu rhwng lliw a *llinell line* (COLORE a DISEGNO). Ystyrid bod defnyddio llinell yn bwysicach na lliw. Byddai lliwiau yn cael eu cynhyrchu trwy falu pigmentau, ac yn cael eu defnyddio er mwyn atgynhyrchu lliwiau natur — proses a oedd yn galw am lai o sgiliau nag ar gyfer lluniadu. Fodd bynnag, pwysleisiodd artistiaid *Modernaidd Modernist*, o'r *Argraffiadwyr Impressionists* ymlaen, bwysigrwydd sylfaenol lliw wrth greu celf. Dywedodd Van Gogh fod 'lliw yn cyfleu rhywbeth ar ei ben ei hun'.

■ *Cyswllt:* *cymysgu ychwanegion additive mixing*, *persbectif awyrol aerial perspective*, *Peintio Maes Lliw Colour Field Painting*, *rhaniadaeth divisionism*, *Mynegiadaeth Expressionism*, *arlliw hue*, *cymysgu optegol optical mixing*, *dirlawnder saturation*, *cymysgu tynnol subtractive mixing*, *lliw tôn tonal colour*.

Mae'n werth edrych ar gelf a wnaed cyn yr *Argraffiadwyr Impressionists* hefyd; er enghraifft, *Rhamantiaeth Romanticism* a Delacroix yn benodol, e.e. 'Marwolaeth Sardanapulus' (La Mort de Sardanapale / The Death of Sardanapulus) 1827, Musée du Louvre, Paris, lle mae'r brenin wedi diflasu ac ar fin marw, yn gorwedd ar wely eang coch ac yn gwylio'r sawl sydd o'i gwmpas yn cael eu lladd. Mae gan liw rôl symbolaidd amlwg mewn celf hefyd — mae mantell y Forwyn Fair wastad yn las, er enghraifft. Mae sawl rheswm dros hyn. Lapis lazuli, y pigment mwynol glas a roddai'r lliw dulas (*ultramarine*), sef lliw ei mantell, oedd y pigment drutaf oll. Roedd yn ddrutach hyd yn oed nag aur, ac felly fe'i defnyddid ar y cymeriadau pwysicaf yn unig. Byddai defnyddio dulas yn dangos cyfoeth y noddwr (y person neu'r sefydliad a gomisiynodd y darlun), a hefyd yn gwneud o'r darlun wrthrych rhinweddol ynddo'i hun. Byddai hyn yn cyfleu rhinwedd i'r perchennog a'r gwyliwr hefyd. Yn 1390, ar ddiwedd yr Oesoedd Canol, ysgrifennodd yr artist Cenino Cennini fod 'glas dulas yn lliw disgleirwych, prydferth, a hynod berffaith, y tu hwnt i bob lliw arall'. Mae gan y lliw glas, wrth gwrs, ystod o gysylltiadau symbolaidd eraill sy'n ei wneud yn addas ar gyfer dillad y Forwyn — cysylltiad â'r nefoedd, ysbrydolrwydd, gwyleidd-dra a'r môr. I weld sut defnyddiwyd coch, edrychwch ar 'Deulu Darius' (La famiglia di Dario / The Family of Darius), 1573, gan Paolo Veronese yn yr Oriel Genedlaethol, Llundain, lle mae gwraig yr ymerawdwr Persaidd gorchfygedig yn ymbil ar Alecsander Fawr am ei bywyd, ond wedi camgymryd y gŵr anghywir am Alecsander. Mae hi wedi tybio mai'r dyn sy'n gwisgo'r clogyn coch yw Alecsander (sef y pwysicaf o holl ddynion y byd yn sgil ei fuddugoliaeth — byddai'n rhesymol felly mai ef fyddai'n gwisgo'r lliw cryfaf).

Gwnaeth *De Stijl*, fel nifer o'r mudiadau celf yn gynnar yn yr 20fed ganrif, bennu nodweddion ysbrydol i bob un o'r lliwiau sylfaenol (neu gynradd). Roedd Wassily Kandinsky, un o sylfaenwyr y *Bauhaus*, yn dioddef o synesthesia er blynyddoedd cynnar yr 20fed ganrif. Gall y sawl sy'n dioddef synesthesia ymateb i sain a cherddoriaeth yn arbennig trwy weld neu deimlo lliwiau penodol. 'Mae lliw yn bŵer sy'n dylanwadu'r enaid yn uniongyrchol. Lliw yw'r nodau, y llygaid yw'r morthwylion, a'r enaid yw'r piano a'i dannau lu'. Mae ei baentiadau yn ceisio elwa ar y cyswllt hwn, e.e. 'Siglo' (Schaukeln / Swinging), 1925, Tate Modern, Llundain, darlun sy'n defnyddio ieithwedd weledol llinellau tonnog a meysydd lliw sydd â chymaint i'w wneud â chaligraffeg (llawysgrifen) ag amcanion traddodiadol *rhithiolaeth illusionism* celf. Dylanwadodd syniadau Kandinsky yn gynnar ar Ceri Richards a gyfeiriai at gerddoriaeth yn ei waith yn gyson; gweler 'Lliw Cerdd: Blodau Gwyn' (Music of Colour: White Blossom), 1968, Oriel Glynn Vivian, Abertawe.

Colour Field Painting Peintio Maes Lliw**:** tuedd mewn *Mynegiadaeth Haniaethol Abstract Expressionism* lle mae *lliw colour* yn cael ei osod dros arwyneb cyfan, neu faes, y cynfas heb unrhyw fynegiad amlwg arall yn y paentiad. Nodwedd Paentiadau Maes Lliw oedd ardaloedd mawr o dôn agos a *chyfansoddiad composition* o ddwysedd tebyg. Arweiniodd hyn at raniad rhwng *peintio ystumiol gestural painting* a Maes Lliw.

■ *Pryd:* yn bennaf yn y 1960au.

■ *Cyswllt:* arweiniodd hefyd at *Finimaliaeth Minimalism* ac *Opgelfyddyd Op art*. Barnett Newman, 'Adda' (Adam), 1951, Tate Modern, Llundain, a Mark Rothko, 'Du ar Farŵn' (Black on Maroon), 1958, Tate Modern, Llundain, ac ystafell gyfan Rothko yn y Tate Modern, lle mae cynfasau tywyll mawr yn rhoi gwedd newydd i fawredd a myfyrdod ysbrydol.

■ *Elfennau ffurfiol:* lliw, patrwm.

C

combine painting peintio cyfunol: defnyddiodd yr artist Robert Rauschenberg wrthrychau (*objects*) **sothach** *junk* a **hapgael** *found* er mwyn creu 'cyfuniadau' peintio, cerflunwaith a delweddau ffotograffig. Yn wahanol i'r **Swrealwyr** *Surrealists*, a oedd yn cydosod gwrthrychau anghydnaws ac anghyfarwydd er mwyn rhyddhau'r isymwybod, nid oedd Rauschenberg yn archwilio'i isymwybod trwy ei gelfyddyd: 'dydw i ddim yn potsian gyda fy isymwybod, rwy'n ceisio cadw ar ddihun'. Er eu bod yn ddyledus hefyd i **weithiau parod** *ready-made* Marcel Duchamp, mae canlyniad y cyfuniadau yn weithiau **ffurfiolaidd** *formalist* sy'n rhoi sylw, fel Mynegiadaeth Haniaethol, i ansawdd a threfniant yr elfennau o fewn cyfanwaith celf. Mewn gwrthgyferbyniad, er hynny, roedd celf Rauschenberg yn rhyngweithio gyda'r byd o'i gwmpas a heb ei gyfyngu i'r stiwdio yn unig. Oherwydd hyn, dechreuodd gwaith Rauschenberg yn gynyddol i gynnwys cyfeiriadau at y cyfryngau torfol a delweddau hysbysebu.

■ *Pryd:* diwedd y 1950au yn America. Mae'n debygol mai'r paentiad cyfunol cyntaf oedd 'Gwely' (Bed), 1955, olew a phensil ar glustog, cwilt a lliain gwely ar ffrâm bren, Amgueddfa Celfyddyd Fodern, Efrog Newydd — gorchuddiodd yr artist ei ddillad gwely â phaent pan oedd wedi rhedeg allan o gynfas. Yr enwocaf, mae'n siŵr, yw 'Monogram', 1955–59, Moderna Museum, Stockholm, sef gafr wedi'i stwffio, gyda theiar o gwmpas ei chanol, ac yn sefyll ar fwrdd sgwâr wedi'i orchuddio â delweddau ac sydd â swyddogaeth debyg i'r plinth cerflun traddodiadol. Mae'r gwaith arbennig hwn wedi parhau i ddenu sylw gan ei fod yn cyfuno syndod (neu **sioc** *shock*) â'r cyfarwydd, h.y. anifail anwes (pan yn blentyn, roedd gan Rauschenberg afr yn anifail anwes). Gorffennodd Rauschenberg greu cyfuniadau yn 1962, gan ddechrau canol-bwyntio ar ddelweddau dau-ddimensiwn, gan ddefnyddio delweddau sgrin lydan a hysbysebu, e.e. 'Nenffordd' (Skyway), 1964, Amgueddfa Gelf Dallas — sef delwedd collage sgrin sidan yn cynnwys yr Arlywydd Kennedy, gofodwyr, arwyddion ffyrdd a phaentiad 'Fenws' (Venus) Rubens, o fewn strwythur tebyg i grid.

Mae rheol Rauschenberg ar gyfer ei gelf ei hun, sef y 'dylai'r gwaith edrych o leiaf yr un mor ddiddorol ag unrhyw beth oedd yn digwydd y tu allan i'r ffenest', yn syniad y gallai gael ei gymhwyso ag unrhyw osodwaith neu gydosodiad y byddwch chi am ei greu. Mae cyfuno gwrthrychau sy'n gyfarwydd i chi gyda delweddau cyhoeddus (e.e. hysbysebion), fel sy'n digwydd yn 'Monogram', yn llawn posibiliadau — ond gwnewch yn siŵr eich bod yn seilio unrhyw waith ar hanes celf, gan ddechrau gyda collage **Ciwbaidd** *Cubist*, a gwaith arsylwi sylfaenol.

■ *Cyswllt:* **Mynegiadaeth Haniaethol** *Abstract Expressionism*, **cydosod** *assemblage*, **collage**, **Dada**, **Merz**, **celfyddyd Bop** *Pop art*, **gweithiau parod** *ready-made*.

■ *Elfennau ffurfiol:* ffurf, patrwm, gwead.

C

complementary colours lliwiau cyflenwol: y lliwiau sydd gyferbyn â'i gilydd ar y cylch lliw neu'r triongl lliw, sy'n creu gwyn o'u cymysgu fel *ychwanegion additives* a du o'u cymysgu'n *dynnol subtractively*: coch-gwyrdd, glas-oren, melyn-fioled. Trwy *gyferbynnu contrast* mae effaith lliw yn dwysáu. Enw'r gwrthwyneb i liwiau cyflenwol, h.y. y rhai sydd nesaf at ei gilydd, e.e. coch/oren, yw 'cydweddol'.

■ *Cyswllt:* **cymysgu optegol** *optical mixing,* **lliwiau eilaidd** *secondary colours,* **rhaniadaeth** *divisionism* lle bu'r artistiaid **Neoargraffiadol** *Neo-Impressionist,* Georges Seurat a Paul Signac, yn defnyddio smotiau bychain o liwiau cydweddol er mwyn creu effeithiau cryfach na pe bai'r lliwiau wedi'u cymysgu ar **balet** *palette.* Edrychwch ar 'Prynhawn Sul ar Ynys Grande Jatte' (Un dimanche après-midi à l'Île de la Grande Jatte / A Sunday Afternoon on the Island of Grande Jatte) gan Georges Seurat, 1884–46, Sefydliad Celf Chicago.

■ *Elfennau ffurfiol:* lliw.

composition cyfansoddiad: trefniant strwythur ffurfiol darn o waith celf. Bydd egwyddorion trefn gwahanol fathau o gelf yn amrywio yn ôl yr arddull a'r deunyddiau sy'n cael eu defnyddio. Gall egwyddorion cyfansoddiad gynnwys perthynas lliw a ffurf, cymesuredd/anghymesuredd, symud/rhythm, ac yn y blaen. Mae artistiaid cyfoes yn dewis eu hegwyddorion trefniant eu hunain ar gyfer cyfansoddiad — ond yn y gorffennol byddai artistiaid yn gweithio ar gomisiwn, neu efallai'n gweithio o fewn cymdeithas ag ymrwym-iadau crefyddol cryf, yn defnyddio ffurfiau cyfansoddiad traddodiadol.

■ *Pryd:* gan weithio ar bwnc o'ch dewis personol; wrth i chi gael eich arholi bydd yn bwysig bod thema ymhlith yr egwyddorion trefn. Er enghraifft, byddai gwaith yn dadansoddi symudedd yn gofyn am strwythur darluniadol egniol, digyswllt efallai, fel 'Cyfyd y Ddinas' (La città che sale / The City Rises) gan Umberto Boccioni, Amgueddfa Celfyddyd Fodern, Efrog Newydd, 1910. Yn y gwaith *Dyfodolaidd Futurist* hwn, mae march coch yn croesi'r cynfas ac yn dominyddu'r blaendir, wedi'i lunio trwy linellau sigledig, aml-liwiog, a phrin y caiff y march ei ddal gan ffigurau sy'n pwyso'n lletraws dros yr anifail grymus. Cyferbynnwch hyn â phaentiad sy'n darlunio sefydlogrwydd, nodwedd sydd i'w ganfod mewn golygfeydd traddodiadol o fywyd Crist. Roedd stori Crist yn gyfarwydd i gynulleidfaoedd cyfoes, ac yn cynrychioli'r drefn oedd ar eu byd, e.e. 'Y Drindod' (Santa Trinità / The Holy Trinity) gan Masaccio, 1427, Santa Maria Novella, Fflorens (Firenze).

■ *Cyswllt:* **Dyfodoliaeth** *Futurism,* **Dadeni** *Renaissance.*

Conceptual art celf Gysyniadol: mae'n debyg mai rhagflaenydd celf Gysyniadol oedd Marcel Duchamp (gweler **Dada**), ac yn benodol ei **weithiau parod** *ready-made.* Yn y 1960au dechreuodd artistiaid yn America ac Ewrop symud i ffwrdd o gofnodi gwrthrychau unigol, ac i weithio'n gyfan gwbl ym

C

maes syniadau. Prif feysydd diddordeb yr artistiaid cysyniadol oedd cynyddu'r pwysigrwydd ar gyfleu syniad yn hytrach nag ar greu gwrthrych parhaol (gweler **gwrthrych celf** *art object*), ynghyd â'r bwriad y tu ôl i ddarn o waith celf a'r modd yr oedd yn cael ei gyflwyno mewn oriel fasnachol neu amgueddfa. Clasur cynnar o waith Cysyniadol yw paentiad geiriau gan John Baldessari, 1968, yn cyflwyno'r geiriau: 'Everything is purged from the painting but the art'.

Datblygodd celf Gysyniadol fel adwaith i fasnacheiddio cynyddol ym myd y celfyddydau wedi'r Ail Ryfel Byd, a'r pwyslais a fu ar **ffurfiolaeth** *formalism* (sef *sut* i beintio, yn hytrach na thestun y gwaith celf). Roedd celf Gysyniadol yn ganlyniad i'r ymwybyddiaeth gynyddol bod mwy i gelfyddyd na stereoteip yr artist yn unigedd y stiwdio yn creu gweithiau o athrylith. Rhaid oedd i artistiaid yr 20fed ganrif hefyd ystyried y systemau gwleidyddol, economaidd a diwylliannol yr oedd eu celfyddyd yn tynnu oddi arnynt ac yn cyfrannu tuag atynt. Er enghraifft, yn ystod Rhyfel Fietnam (Viet Nam) a'r mudiad iawnderau sifil yn America, arddangosodd Adrian Piper weithiau celf oedd yn datgan iddynt gael eu tynnu'n ôl o'u harddangos cyn hynny 'fel tystiolaeth o analluedd mynegiant celfyddydol i fod ag unrhyw fodolaeth ystyrlon o dan amodau nad ydynt yn rhai o heddwch, cydraddoldeb, gwirionedd, ymddiriedaeth a rhyddid'.

■ **Pryd:** o ganol y 1960au ymlaen. Mae syniadau Cysyniadol yn dal i ysbrydoli gweithiau cyfredol, e.e. yr **YBAs**.

■ **Pwy:** yn yr Unol Daleithiau, artistiaid fel Sol LeWitt, John Baldessari, Douglas Huebler a Joseph Kosuth. Yn 1969, ysgrifennodd Kosuth ddwy erthygl allweddol (*Art after Philosophy*) yn holi:

● Pa mor bwysig yw bwriad yr artist — a oes gan fwriad yr artist unrhyw beth i'w wneud â'r ystyr y gwnawn ni ei gyflwyno i'r gwaith celf fel cynulleidfa?

● Beth yw terfynau celfyddyd a dulliau eraill o gyfathrebu'n weledol?

● Ydy celfyddyd yn apelio at y llygad neu at y meddwl?

Roedd y cwestiynau hyn yn berthnasol gan eu bod yn pwysleisio'r pwysigrwydd yr oedd Kosuth (ac artistiaid cysyniadol eraill ar ôl hynny) yn ei roi ar amlygrwydd syniadau mewn celf, yn hytrach na chreu gwrthrychau sefydlog. Cyfrwng ar gyfer y cysyniad oedd y darn celf, ym marn yr artistiaid cysyniadol — y cysyniad a roddai ystyr i'r broses gyfan.

Ym Mhrydain, edrychodd Terry Atkinson a Mel Baldwin, aelodau gwreiddiol o'r grŵp Celf ac Iaith (Art and Language), yn fanwl ar gyd-destun arddangos gweithiau celf. Yn debyg iawn i'w cyfoedion yn America, crëwyd gweithiau ganddynt a oedd yn cynnwys y gair ysgrifenedig, ond aeth y grŵp Celf ac Iaith â'r broses un gam ymhellach trwy gyflwyno darnau o ryddiaith i'w darllen yn ogystal ag i'w harddangos. Ai proses ddeallusol yn unig yw darllen? Mae'r dudalen ag ysgrifen arni yn gymaint o wrthrych gweledol ag y mae siapiau'r llythrennau yn gyfrwng i'r wybodaeth sydd yn y testun. Arweiniodd amheuon celf Gysyniadol ynglŷn â swyddogaeth yr oriel a'r modd yr oedd artistiaid yn cael eu dethol a'u cyflwyno at waith tebyg i'r hyn a gynhyrchwyd gan Mary Kelly 'Dogfen Ôl-enedigol (Dogfennau III)' (Post Partum Document (Documentation III)), 1984, Tate Modern, Llundain, lle dogfennwyd yn y modd mwyaf manwl berthynas yr artist gyda'i phlentyn wrth i'r plentyn hynny dyfu a dod i ddeall y byd, trwy arddangos nid yn unig ddyddiaduron yr artist ond hefyd ddarluniau a chewynnau budron, er enghraifft, fel tystiolaeth o greadigaethau'r plentyn.

▥ *Cyswllt:* **gwrthrych celf** *art object*, ARTE POVERA, **celf y Tir** *Land art*, **Minimaliaeth** *Minimalism*, **gweithiau parod** *ready-made*. Roedd celf Gysyniadol hefyd yn bwysig wrth i ffeministiaeth, ffotograffiaeth, *celf Berfformiadol Performance art*, a fideo a thestun gael eu derbyn yn eu tro fel gweithiau celf posibl.

Constructivism Adeileddiaeth: mudiad celf a ddechreuodd yn Rwsia, ac a ysbrydolwyd gan *Giwbiaeth Cubism*, gan weithio yn bennaf mewn tri-dimensiwn gyda ffurfiau haniaethol geometrig. Roedd cerflunwaith Adeileddol yn gweithio gyda gofod yn hytrach na sylwedd (*mass*); byddai artistiaid yn *cydosod assemble* darnau o fetel diwydiannol, pren wedi'i dorri â pheiriant, weiar ac ati, yn hytrach na cherfio neu fodelu deunydd heb ffurf iddo fel y gwnai cerflunwyr o gyfnod cynharach. Cred bwysig mewn Adeileddiaeth oedd 'parchu'r deunydd' — sef y gred y dylai nodweddion cynhenid pob deunydd lywio sut yr oedd yn cael ei ddefnyddio mewn cerflun; roedd pren yn gweddu ar gyfer arwynebedd gwastad, metel ar gyfer creu silindrau ac yn y blaen.

▥ *Pryd:* 1913 i'r 1920au, gan ddechrau ym Moscow (Moskva).

▥ *Pwy:* Naum Gabo, El Lissitzky, Aleksandr Rodchenko, Vladimir Tatlin, Lyubov Popova.

▥ *Cyswllt:* gweler hefyd *cydosod assemblage*, **cerflunwaith** *sculpture* a **Swprematiaeth** *Suprematism*. 'Gitâr' (Guitare/Guitar) Picasso, 1912, Amgueddfa Celfyddyd Fodern, Efrog Newydd.

▥ *Elfennau ffurfiol:* ffurf.

contemporary cyfoes: yn gyffredinol, mae'r gair yn cyfeirio at rywbeth o'r un cyfnod. Felly mae gweithiau celf 'cyfoes' heddiw wedi'u creu yn ystod y degawd diwethaf, i bob pwrpas. Gall y term hefyd gael ei ddefnyddio'n fwy cyffredinol wrth gyfeirio at rywbeth sydd â steil, neu i ddisgrifio celf a wnaed er 1945 — er mwyn ei wahaniaethu oddi wrth y cyfnod Modernaidd (sef tua 1850 hyd at y 1960au neu'r 1970au). Yn naturiol, mae 'cyfoes' o ran artistiaid sy'n perthyn i gyfnodau eraill yn cyfeirio at y gwaith a gafodd ei wneud yn ystod eu hoes nhw — er enghraifft, roedd Monet yn gyfoes â Degas, neu Raffael a Leonardo yn gyfoes â Michelangelo.

▥ *Cyswllt:* **modern/moderniaeth** *modern/modernity*, **Moderniaeth** *Modernism*.

contour amlinell: y llinell sy'n dangos siâp ffurf penodol, naill ai fel llinell wedi'i thynnu neu fel cyferbyniaeth mewn *tôn tone* neu *liw colour*. Mewn

C

perthynas â daearyddiaeth, ystyr 'contour line' yn Saesneg yw'r newid mewn uchder o lefel y môr, sef 'cyfuchlin' yn Gymraeg.

■ *Cyswllt:* cyfeirir at hwn yn aml gan arholwyr fel yr **ymyl troi** *turning edge*, ac fe'i defnyddir ganddynt fel canllaw wrth fesur gallu myfyriwr i gyfleu **ffurf** *form*. Wrth i chi luniadu neu beintio gwrthrych tri-dimensiwn, ydych chi wedi dangos sut y mae'r gwrthrych yn troi i ffwrdd o'r llygad? Neu ydych chi ond wedi lluniadu llinell sy'n edrych fel ymyl caled neu lym?

■ *Elfennau ffurfiol:* tôn (a defnyddio tonau mwy tywyll neu 'oer' er mwyn gwneud i rannau o'r ffurf edrych ymhellach i ffwrdd o'r llygad), lliw, ffurf, gwead.

contrapposto: dyma'r enw a roddwyd gan y *Dadeni* *Renaissance* ar ystum ffigur yn sefyll, gyda phwysau'r corff ar un goes fel bod y ffigur cyfan yn ymddangos fel pe bai'n symud ac yn troi ychydig yn erbyn ei hun.

■ *Pryd:* datblygodd CONTRAPPOSTO yn gyntaf mewn cerflunwaith Groegaidd yn y 5ed ganrif CC, e.e. y datblygiad o'r cerflun 'Bachgen Kritios' (Kritios Boy), 480 OC, Amgueddfa'r Acropolis, Athen, i'r 'Gwayw Gludydd' (Statua di Doriforo / Spear Bearer) gan Polyclitos, y ganrif gyntaf OC, copi o'r cyfnod Rhufeinig, Museo Archeologico Nazionale, Napoli (Naples). Yn gynyddol, ceisiodd cerflunwyr ddangos symudiad naturiol (rhythmos) mewn cerflunwaith o'r corff noeth. Darganfuwyd CONTRAPPOSTO o'r newydd yn ystod y *Dadeni* *Renaissance*, a daeth yn brif nodwedd wrth gynrychioli'r ffigur dynol. Yn hytrach na chael ei gyfyngu i gerfluniau o ffigurau ar eu pennau eu hunain, ehangwyd cylch y term yn ddiweddarach i gyfeirio at unrhyw ffurf o berson yn troi neu newid ei osgo, mewn dau neu dri-dimensiwn, gan gyrraedd ei ffurf fwyaf cymhleth dan law'r *Darddullwyr* *Mannerists* a ddilynodd Michelangelo, e.e. 'Alegori' (Allegory) gan Bronzino, 1540, Yr Oriel Genedlaethol, Llundain.

■ *Cyswllt:* **Baróc** *Baroque*, **Clasurol** *Classical*, **Darddulliol** *Mannerist*, **Dadeni** *Renaissance*.

Edrychwch ar gerflunwaith Groegaidd a Rhufeinig, a sut y mae'r ystum CONTRAPPOSTO yn datblygu yng ngherflunwaith y Dadeni, e.e. o 'San Siôr' (San Giorgio / St George) gan Donatello, Orsanmichele, Fflorens (Firenze), i gerflun clasurol 'Dafydd' (David) gan Michelangelo, Academia, Fflorens, i baentiad Bacchus gan Titziano Vecellio (Titian), yn ei 'Bacchus ac Ariadne' (Bacco e Arianna / Bacchus and Ariadne), Yr Oriel Genedlaethol, Llundain, neu ystumiau rhyfeddol darluniau noethlymun Michelangelo ar nenfwd Capel y Sistina yn Amgueddfa'r Fatican, Rhufain. Y ffordd resymegol o astudio'r pwnc fyddai i osod ffigurau mewn ystumiau CONTRAPPOSTO gwahanol, gan ddechrau gyda'r pwysau ar un goes, yn plygu wrth y penglin, yn ôl y dull clasurol cynnar, gan gyrraedd uchafbwynt yn ystumiau rhyfeddol y *Darddullwyr* *Mannerists*.

■ *Elfennau ffurfiol:* ffurf.

C

contrast cyferbyniaeth: cymhariaeth sy'n dangos gwahaniaethau amlwg — felly wrth beintio gwelir cyferbyniaeth rhwng goleuni a thywyllwch, rhwng lliw, rhwng gwres ac oerfel, cyferbyniaethau cyflenwol a chyferbyniaethau cydamserol. Wrth drin goleuni, e.e. mewn ffotograffiaeth a fideo, mae cyferbyniaeth yn cyfeirio at y cydbwysedd rhwng pa mor gryf yw'r golau a'r tywyllwch — y gwahaniaeth rhwng tonau. Byddai 'cynyddu'r gyferbyniaeth' mewn darn o waith yn golygu bod y nodweddion gwahanol hyn yn cael eu hamlygu fwyfwy.

■ *Elfennau ffurfiol:* tôn, lliw, patrwm, gwead.

craft/Crafts crefft/Crefftau: mae dau ystyr i hyn, sef y ddawn gwaith llaw arbennig sydd ei hangen i wneud rhywbeth yn dda, e.e. peintio, cerflunio, crochenwaith, gwehyddu. Gydag 'C' fawr, mae Crefftau yn cyfeirio at y celfyddydau cymhwysol (gweler *Mudiad Celf a Chrefft Arts and Crafts movement*). Mae'r rhain yn cynnwys rhwymo llyfrau, cerameg, gwydr, dodrefn, tecstilau a phapur wal. Cofiwch fod cyfres o *arnodiadau endorsments* y gallwch eu dilyn ar gyfer Safon UG/U sy'n cynnwys rhai o'r crefftau hyn.

Cubism Ciwbiaeth: y mudiad celf o flynyddoedd cynnar yr 20fed ganrif a wnaeth baratoi'r ffordd ar gyfer pob ffurf arall ar *gelfyddyd fodern modern art*. Cyn Ciwbiaeth, swyddogaeth celf oedd creu dynwarediad y gellid ei adnabod o fyd natur, fel arfer ynghyd â rhyw bwrpas naratif penodol; yn ystod y ddau ddegawd cyn Ciwbiaeth, newidiwyd rhywfaint ar y pwyslais wrth i gelfyddyd ymateb yn gynyddol i'w anghenion ei hun yn unig, e.e. *Argraffiadaeth Impressionism* ac *Ôl-argraffiadaeth Post-Impressionism*. Cyn Ciwbiaeth, câi'r byd ei ddehongli mewn celfyddyd weledol trwy **bersbectif** *perspective* traddodiadol, cymysgedd gofalus o *liw colour* er mwyn modelu ffurf, a thrwy ddefnyddio graddfa, h.y. **rhagfyrhau** *foreshortening* a **chyfansoddiad** *composition*. Trwy gyfuno diddordeb mewn celfyddyd o'r tu hwnt i Ewrop (yn enwedig masgiau *Affricanaidd African* ac Iberaidd a fyddai'n defnyddio dulliau eraill er mwyn disgrifio syniad) gyda phaentiadau Cézanne (gweler *Ôl-argraffiadaeth Post-Impressionism*), rhoddodd Ciwbiaeth y gorau i rithiolaeth mewn peintio — sef y syniad mai mur arall ar y byd oedd plân y darlun. O dan ddylanwad cryf Cézanne, lluniwyd pob paentiad Ciwbaidd fel cofnod o ganfyddiad yr artist o'r gwrthrychau o'i flaen. Datblygiad hollbwysig oedd i Picasso a Braque ychwanegu amser fel elfen allweddol yn y broses o edrych neu arsylwi, ac ym mhob paentiad Ciwbaidd Dadansoddol (gweler isod) gallwn weld blaen a chefn gwrthrychau ar yr un pryd. Mewn geiriau eraill, mae'r paentiad yn cynnwys pob syniad posibl am y gwrthrych, nid dim ond fersiwn cyfyngedig y *Dadeni Renaissance* am sut olwg oedd arno o un safbwynt sefydlog. Am y tro cyntaf yng nghelfyddyd y Gorllewin, roedd y Ciwbwyr yn creu gweithiau celf nad oedd wedi'u cyfyngu i olwg gonfensiynol y gwrthrych a gynrychiolwyd; gallai

C

realiti artistig fod yn rhywbeth a oedd yn wahanol iawn i'r ddelwedd weledol yr oedd traddodiad wedi'i bennu fel cynrychiolaeth (*representation*) 'go iawn' o wrthrych mewn gofod.

■ *Pryd:* yn draddodiadol diffinir dechrau Ciwbiaeth gyda phaentiad Picasso, 'Lodesi d'Avignon' (Les Demoiselles d'Avignon), 1907, Amgueddfa Celfyddyd Fodern, Efrog Newydd. Caiff Ciwbiaeth ei rannu'n ddau brif gyfnod: Ciwbiaeth Ddadansoddol, 1909–11, a Chiwbiaeth Synthetig, 1912–14. Nodwedd paentiadau Ciwbiaeth Ddadansoddol, e.e. Georges Braque, 'Clarinét a Photel Rỳm ar y Silff Ben Tân' (Clarinette et bouteille de rhum sur une cheminée / Clarinet and Bottle of Rum on a Mantelpiece), 1911, Tate Modern, Llundain, yw eu bod yn frown a llwyd, wedi'u cyfansoddi o sawl plân bychan, a'r gwrthrych prin yn amlwg ar yr olwg gyntaf.

Mewn gwaith bywyd llonydd o fis Mai 1912, 'Bywyd Llonydd â Gwiail Cadair' (Nature morte à la chaise cannée / Still Life with Chair Caning), Musée Picasso, Paris, gludiodd Picasso fersiwn wedi'i argraffu o efelychiad o wiail cadair i'r gwaith. Trwy wneud hyn, roedd yn cynrychioli'r gadair yr oedd y gwrthrychau bywyd llonydd yn gorffwys arni. Dyma oedd dechrau Ciwbiaeth Synthetig a *collage* Ciwbaidd (o bosibl dyma'r datblygiad pwysicaf o'r dulliau Ciwbaidd). Clasur o baentiad Ciwbaidd synthetig yw'r 'Feiolin a Phib' (Violon et pipe / Violin and Pipe) gan Georges Braque, 1913–14, Musée National d'Art Moderne, Centre Georges Pompidou, Paris, sy'n dangos gwrthrychau bywyd llonydd wedi'u modelu yn siapiau gwastad ar blân y darlun, rhai wedi'u torri o bapurau dyddiol (sy'n cyfeirio at y rhyfel a oedd ar fin ffrwydro), a rhai wedi'u lluniadu â llaw. Mae papur wal pren ffug yn cynrychioli'r bwrdd, a hwnnw ar ogwydd fertigol er mwyn arddangos y cynnwys.

Yn 1912 creodd Picasso y cerflun Ciwbaidd cyntaf, 'Gitâr' (Guitare / Guitar), 1912, Amgueddfa Celfyddyd Fodern, Efrog Newydd, darn pwysig gan ei fod yn nodi dechrau dull newydd o greu cerflunwaith: *cydosod* assemblage. Noder mai ym Mharis yr oedd hyn oll yn digwydd, sef canolfan celfyddyd *avant-garde* y byd er y 1850au.

■ *Pwy:* Pablo Picasso a Georges Braque. Bu Braque yn ymwneud â *Ffofyddiaeth Fauvism* cyn iddo weld 'Lodesi d'Avignon' (Les Demoiselles d'Avignon) gan Picasso yn 1907. Gwahaniaethir rhwng Braque a Picasso, sef y ddau a wnaeth sefydlu Ciwbiaeth, a'r 'Ciwbwyr Salon' (Salon Cubists) diweddarach fel De La Fresnaye, Gleizes a Metzinger, a gymerodd y dull geometrig a'i roi ar waith gyda thestunau *naratif* traddodiadol heb newid unrhyw agwedd arall ar eu triniaeth sylfaenol mewn gwirionedd. Mae gan waith Juan Gris le unigryw rhwng y ddwy garfan Giwbaidd yma.

■ *Cyswllt:* ffynonellau — edrychwch ar baentiadau diweddar y peintiwr *Ôl-argraffiadol Post-Impressionist* Cézanne, yn enwedig cyfres yr Ymdrochwragedd (The Bathers), e.e. 'Yr Ymdrochwragedd Mawr' (The Large Bathers),

C

1894–1905, Yr Oriel Genedlaethol, Llundain, neu'r astudiaeth o ffurfiau gwastad tirluniol mewn gweithiau tebyg i 'Tirlun ym Mhrofens' (Paysage Provençal / Provençal Landscape),1887–88, Yr Amgueddfa Gelf Genedlaethol, Caerdydd. Gwnaeth aflunio (*distortion*) ffigurau Cézanne ddylanwadu'n drwm ar 'Lodesi d'Avignon' (Les Demoiselles d'Avignon) Picasso. Edrychwch hefyd ar bwysigrwydd celfyddyd o'r tu hwnt i Ewrop — ewch i ymweld â chasgliadau'r Amgueddfa Brydeinig, Llundain, yn yr un modd ag y gwnaeth Picasso ymweld â chasgliadau tebyg ym Mharis. Er na chymerodd Ciwbiaeth y cam rhesymegol a throi'n **haniaethol** abstract, bu'n un o'r prif ffynonellau ar gyfer celfyddyd haniaethol — gweler, er enghraifft, **Adeiledddiaeth** Constructivism neu **De Stijl**.

Un ffordd uniongyrchol o fynd ati fyddai gosod **bywyd llonydd** still life ac archwilio ffurf a chynrychioli'r gwrthrychau o bob ongl yn null Ciwbiaeth Ddadansoddol. Gallwch fynd â'r broses ymhellach trwy ddatblygu collage Ciwbiaeth synthetig ar yr un testun. Gallwch hefyd fynd yn ôl ac astudio datblygiad Braque o ddefnydd llac o liw pur yn ei gyfnod fel Ffofydd (gan ystyried sut y datblygodd hyn i'r planau o ffurfiau Ciwbaidd yn nes ymlaen), ac yna ei fywydau llonydd diweddarach wedi'r cyfnod Ciwbaidd a ddylanwadodd yn fawr ar artistiaid yn Lloegr fel Patrick Heron, ar ddiwedd y 1940au a dechrau'r 1950au.

Sylwch hefyd ar destunau paentiadau Ciwbaidd. Gall eu palet monocrom wneud iddynt edrych braidd yn ddi-liw, ond mae'r rhain yn fwy nag ymchwiliadau ar sut i beintio ffurf. Mae'r gelfyddyd hon yn ymwneud â bywyd cymdeithasol a chymdeithasegol — mae sawl darn yn darlunio poteli alcohol, papurau dyddiol sy'n cyfeirio at wleidyddiaeth a materion cyfoes neu gerddoriaeth. Cofiwch mai paentiadau yw'r rhain a wnaed gan ddau ŵr ifanc oedd yn gynyddol lwyddiannus, ar y blaen ymhlith yr **avant-garde** yn ninas fwyaf cyffrous y byd. Pe baech yn dechrau creu eich celf eich hun gan ddefnyddio themâu tebyg, byddai cychwyn gyda collage dadansoddol yn dda. Cofnodwch yr iaith weledol y byddwch yn ei datblygu, gan sicrhau ei fod wedi'i seilio ar waith arsylwi. Edrychwch nôl dros ymchwiliadau Ciwbiaeth Ddadansoddol — ar wydr er enghraifft — er mwyn cynorthwyo'r broses.

■ *Elfennau ffurfiol:* Pwysigrwydd Ciwbiaeth yw ei fod yn cloriannu'r holl elfennau, o leihad llinell erbyn 1912 i ddefnydd pur tôn ar balet cyfyng 1907–12, o'r lliwiau mwy llachar 1912–14 i'r obsesiwn gweledol mewn cynrychioli ffurf, sy'n tarddu o Cézanne ac yn dominyddu holl ddull Ciwbiaeth. Elfennau allweddol yw'r defnydd o batrwm, e.e. defnyddio 'llanw' neu strociau brwsh byr a chyfochrog er mwyn disgrifio plân y ffurf (sydd eto yn tarddu o Cézanne), a gwead fel nodwedd bwysig o'r gwaith collage.

d

Dada: mudiad dylanwadol a dyfodd allan o'r dadrithiad yn wyneb erchyllterau'r Rhyfel Byd Cyntaf. Dyma un o'r ychydig fudiadau artistig wnaeth fathu enw ar gyfer ei hun; er bod yr enw yn ddisynnwyr ac heb ystyr — a hynny'n fwriadol — mae'n rhoi awgrym o amcanion y mudiad. Nid oedd un arddull gweledol pendant yn uno'r artistiaid Dada — defnyddiai'r artistiaid gyfryngau *collage, montage ffotograffig* photomontage, gwrthrychau a *gweithiau parod ready-made,* heb boeni'n ormodol am briodoledd deunyddiau na chrefftwaith. Yr hyn a gafwyd, yn hytrach, oedd agwedd a fyddai'n uno'r artistiaid Dada, yn benodol eu hagwedd wrth gwestiynu'r byd celfyddydol sefydliadol a'i berthynas â gwerthoedd bourgeois dosbarth canol cymdeithas.

■ *Pryd:* Dechreuodd Dada yn 1916 (roedd ffrwd Americanaidd yn corddi er 1915, yn ogystal ag enghreifftiau cyn-Dada yn ystod y degawd blaenorol), yn ystod y Rhyfel Byd Cyntaf yng nghanolbwynt niwtral Ewrop, sef Zürich yn y Swistir. Cododd artistiaid i wrthwynebu gwerthoedd celfyddydol traddodiadol. Gwnaethpwyd hyn trwy negyddu synnwyr cyffredin yn fwriadol gyda ffurfiau newydd o fynegiant, a elwid yn wrth-gelfyddyd (*anti-art*), fel *montage ffotograffig* photomontage, cerddi sain a ffonetig, dulliau siawns, *perfformiad performance* a *sioc shock.* Roedd yr artistiaid Dada yn beio'r dull rhesymegol, gwyddonol dechnolegol o weithredu am y gyflafan erchyll a gafwyd yn y Rhyfel Byd Cyntaf. Yn sgil y fath ffolineb trychinebus, yr unig ffordd ymlaen oedd trwy afresymoldeb a dathlu'r abswrd, a dyna'r rheswm pam mae dulliau siawns, hap a damwain yn elfen graidd i gymaint o'u gweithiau.

■ *Pwy:* Hugo Ball, Hans Arp, Marcel Duchamp, Max Ernst, Francis Picabia, Man Ray, Kurt Schwitters, Tristan Zara, Arthur Cravan.

■ *Pryd:* 1915–23, Gorllewin Ewrop, yn enwedig y Swistir, Berlin, Paris ac Efrog Newydd.

■ *Cyswllt:* daeth nifer o'r artistiaid Dada i amlygrwydd ar ôl 1924 fel rhan o'r mudiad *Swrealaidd Surrealist,* a oedd hefyd yn mawrygu'r abswrd. Gwnaeth Dada, yn arbennig trwy Marcel Duchamp (gweler *gweithiau parod ready-made*), ddylanwadu ar holl hynt celfyddyd yn ystod yr 20fed ganrif. Nid cyd-ddigwyddiad oedd i glawr y catalog 'Sensation' o arddangosfa'r Academi

Frenhinol, Llundain, yn 1997 (pan ddaeth yr **YBAs** i amlygrwydd), ddangos haearn smwddio yn adlais uniongyrchol o haearn smwddio enwog Man Ray 'Anrheg' (Cadeau / Gift), 1921 gyda hoelion yn dod allan o blât yr haearn. Yn ddiweddarach, mabwysiadwyd defnydd yr artistiaid o ddulliau siawns, e.e. **ysgrifennu awtomatig** *automatic writing*, gan y Swrealwyr a'r **Mynegiadwyr Haniaethol** *Abstract Expressionists*.

decalcomania: dull lle mae paent cymharol wlyb yn cael ei dasgu dros arwynebedd â brwsh, cyn gosod dalen o bapur arno i'w rwbio â llaw er mwyn trosglwyddo'r rhan fwyaf o'r paent i'r papur. Credir mai'r **Swrealydd** *Surrealist* o Sbaen, Óscar Domínguez, ddatblygodd y dechneg ym Mharis. Mae'r broses yn ddigon tebyg i **fonoargraffu** *monoprinting* a'r canlyniad yw arwyneb **organig** *organic*, gwyllt yr olwg sy'n gallu cynnig pob math o bosibiliadau ar gyfer peintio ac archwilio'r isymwybod. Cafodd ei ddefnyddio'n bennaf gan y Swrealydd Max Ernst, e.e. 'Y Goedwig' (La forêt / The Forest), 1927, Tate Modern, Llundain. Defnyddiodd Ernst **ffrotais** FROTTAGE yn yr un broses, lle caiff papur ei osod dros arwyneb sydd â gwead diddorol iddo, a bod hwnnw'n cael ei rhwbio.

■ **Cyswllt:** *ysgrifennu awtomatig* automatic writing, **Swrealaeth** *Surrealism*.
■ **Elfennau ffurfiol:** patrwm, gwead.

Deposition Y Disgyniad: gweler PIETÀ.

design dylunio: cynllunio neu greu rhywbeth yn artistig. Rydych yn dilyn cwrs mewn celf a dylunio — yn y cyd-destun hwn, mae dylunio yn cynnwys gwaith graffig neu waith tri-dimensiwn, ac yn gofyn am greu naill ai gynnyrch sy'n addas i'w ddatblygu neu broject sy'n cael ei efelychu. Mae dylunio yn gweithio trwy broses 'llinol' syml. Bydd proses ddylunio llinol yn dechrau gyda chysyniad, a chaiff brîff ei baratoi yn seiliedig ar y cysyniad hwnnw. Er enghraifft, meddyliwch am blant yn chwarae. Eich project chi yw creu poster sy'n hysbysebu canolfan chwarae dan do newydd ar gyfer plant. Neu meddyliwch beth sydd ei angen fel delwedd gorfforaethol weledol ar gyfer gorsaf radio Gymraeg newydd. Bydd angen canllawiau brand sy'n cynnwys logo a delweddau gweledol eraill, teip, lliwiau corfforaethol, papur pennawd ac ati. Pa bynnag gysyniad neu frîff y byddwch yn ei gael, neu y byddwch yn ei roi i'ch hun, bydd angen i chi ystyried pa ofynion sydd angen ymateb iddynt.

- Y cam cyntaf yw'r ymchwil: ymchwilio'r cysyniad yn drwyadl, adnabod yr anghenion, cofnodi syniadau, gweithio o'ch arsylwadau a darganfod beth mae pobl eraill wedi'i wneud yn yr un maes (astudiaethau beirniadol a chyd-destunol).
- Yr ail gam yw cyfuno: dod â'r holl wybodaeth at ei gilydd, gwneud synnwyr o'r cyfan ac arbrofi.
- Y trydydd cam yw gwireddu: creu argymhellion ar gyfer cynnyrch.
- Y pedwerydd cam yw gwerthuso: wrth wneud hyn mae'n hanfodol eich bod

yn cyfeirio'n ystyrlon at yr astudiaethau beirniadol a chyd-destunol y gwnaethoch ynghynt, ac yn ateb y cwestiwn sylfaenol — a wnaethoch chi ymateb yn foddhaol i'r anghenion a nodwyd wrth ddechrau? Mae'n bwysig iawn fod y gwerthuso yn mynd â chi nôl i ddechrau'r broses oherwydd gall fod o gymorth mawr wrth adolygu a gwella ar y cysyniad gwreiddiol.

Yr un yw'r broses greadigol ar gyfer dylunio a chelf; dyna pam mae dylunio a chelf yn cael eu rhoi yn yr un categori. Mae holl gamau'r broses ddylunio yn bwysig, felly peidiwch ag anghofio cynnwys pob un o'r dulliau creadigol gwahanol a rhyfedd wnaeth ysbrydoli eich syniadau.

De Stijl: enw ar grŵp o artistiaid o'r Iseldiroedd yn bennaf, a'r enw hefyd ar eu cylchgrawn a sefydlwyd yn 1917 ac a olygwyd gan Theo van Doesburg. Cyhoeddwyd maniffesto De Stijl yn 1918. Ac eithrio *Ciwbiaeth Cubism*, y dylanwadau pwysig eraill ar Van Doesberg oedd y mudiadau *Swprematiaeth Suprematism* ac *Adeileddiaeth Constructivism* o Rwsia, a'r mudiad *Dada*. Nod De Stijl oedd datblygu iaith weledol a fyddai'n hawdd ei hadnabod, iaith y gellid ei diffinio fel un geometrig, ond nid un gymesur — byddai hynny wedi mynnu derbyn trefniant ffurf *clasurol classical*. Un o brif amcanion De Stijl oedd rhoi trefn ar rymoedd croes i'w gilydd er mwyn creu harmoni newydd; cysoni llwyr rhwng elfennau gwrthgyferbyniol; troi'r cadarnhaol yn negyddol, a hyn oll mewn bywyd a chymdeithas yn ogystal ag mewn celf.

Mae paentiadau Piet Mondrian yn nodweddiadol o arddull De Stijl — cyfyngodd ei hun i ddefnyddio llinellau du fel grid, a phetryalau gyda blociau gwastad o liwiau sylfaenol (neu gynradd) ynghyd â gwyn a llwyd. Ystyriai Mondrian y rhain fel trosiad ar gyfer y perthnasau anweledig ond cyffredinol sy'n sylfaen i natur, a bathodd y term Neoplastigiaeth i ddisgrifio'r arddull hwn. Mae 'Cadair Las Goch' (Red Blue Chair) gan Gerrit Rietveld, 1917, Amgueddfa Stedelijk, Amsterdam, yn cynrychioli elfennau hanfodol cadair fel cyfres o linellau llorweddol a fertigol, gyda phob swyddogaeth neu gyfeiriad wedi'i beintio mewn lliw gwahanol; aeth Tŷ Schröder yn Utrecht, 1924, a gynlluniwyd gan Rietveld, â'r broses sawl cam ymhellach.

Roedd De Stijl, neu Neoplastigiaeth, yn fudiad celf iwtopaidd a oedd yn credu bod modd cyrraedd purdeb artistig ac, o ganlyniad, harmoni llwyr i fodolaeth dyn yn y byd.

■ *Pwy:* Piet Mondrian, Theo van Doesburg, Gerrit Rietveld.

■ *Pryd:* 1917–31, yr Iseldiroedd.

■ *Cyswllt:* y *Bauhaus* (bu Van Doesburg yn dysgu yn y Bauhaus ac yn rhannol gyfrifol am newid athroniaeth yr ysgol), *Ciwbiaeth Cubism*, *Adeileddiaeth Constructivism*, *Minimaliaeth Minimalism* a *Swprematiaeth Suprematism*. Gallwch ddilyn taith Mondrian trwy gyfres sy'n dechrau gyda phaentiadau sy'n seiliedig ar arsylwi coed unigol, e.e. 'Coeden Goch' (Red Tree), 1908, Gemeentemuseum, Yr Hâg (Den Haag), a ddylanwadwyd arnynt yn rhannol

d

gan y **Symbolyddion** Symbolists a Van Gogh (gweler **Ôl-argraffiadaeth** Post-Impressionism); yn dilyn ei gyflwyniad cyntaf i Giwbiaeth (1911–14), e.e. 'Y Goeden Lwyd' (The Grey Tree), 1912, Gemeentemuseum, Yr Hâg, a hyd at yr **haniaeth** abstraction lwyr nodweddiadol a welir yn e.e. 'Cyfansoddiad' (Composition), 1929, Amgueddfa Solomon R. Guggenheim, Efrog Newydd. Gallwch ddilyn proses debyg yn eich gwaith eich hun — nid oes angen i chi ganolbwyntio ar un goeden yn unig, ac nid ceisio efelychu gwaith Mondrian fydd y nod, ond astudiwch yn ofalus y camau a gymerodd ef. Byddai hyn hefyd yn creu sylfaen gadarn ar gyfer astudiaeth bersonol a chyd-destunol yn eich gwaith cwrs.

■ *Elfennau ffurfiol:* lliw, ffurf, patrwm.

diptych: paentiad neu gerfiad ar bâr o baneli, wedi'u gosod ochr yn ochr ar golfach, fel llyfr; darlun deuddarn.

■ *Cyswllt:* **triptych, polyptych**. Y fersiwn hynaf yng Nghymru yw diptych Llandaf, tua 1340/60, Yr Amgueddfa Genedlaethol, Caerdydd, sef panel o ifori a gerfiwyd ym Mharis i ddenu'r gwyliwr canoloesol i fyfyrio am fywyd a dioddefaint Crist. Y panel llaw dde sydd yng nghasgliad Yr Amgueddfa Genedlaethol, ynghyd â chopi resin o'r panel chwith (mae'r panel chwith gwreiddiol yng nghasgliad Oriel Walker, Amgueddfeydd Cenedlaethol Lerpwl). Mae Diptych Llandaf yn dangos Crist ar y groes gyda'r Forwyn Fair ac Ioan fel dyn ifanc, gydag ochr chwith y diptych yn Lerpwl yn dangos Mair a'r Baban Iesu, Pedr a Phawl. Y diptych mwyaf nodedig yn Lloegr yw 'Diptych Wilton', Yr Oriel Genedlaethol, Llundain, sef allorlun (*altarpiece*) sy'n dangos y brenin Rhisiart II yn cael ei gyflwyno i'r Forwyn Fair.

Trwy osod dau banel sydd yn union yr un faint gyda'i gilydd, caiff yr artist gyfle i adael i'r delweddau gyfeirio at ei gilydd. Er enghraifft, yn narlun dwbl Piero della Francesca o Battista Sforza a'r Dug Federico da Montefeltro, 1472, gwelwn y gŵr a'i wraig yn edrych ar ei gilydd. Mae hi ar y panel llaw chwith, ac ef ar y dde. Mewn gwirionedd, roedd hi wedi marw pan grewyd y gwaith, ac mae'r Dug fel pe bai mewn cymundeb gyda'r atgof meidrol ohoni. Mae eu hosgo yn union yr un fath ac maen nhw'n syllu'n uniongyrchol ar ei gilydd yn hytrach nag allan i gyfeiriad y gwyliwr. Ar gefn y diptych mae delweddau pellach sy'n atgyfnerthu'r gyferbyniaeth. Cofiwch fod y ddau ddrws, neu'r paneli ar y diptych, wedi cael eu gwneud i gau, gyda'r paentiadau ar y tu allan i'r drysau caeëdig yn cyfeirio at y sawl sydd ar y tu mewn, ac sydd i'w gweld eto pan gaiff y drysau eu hagor.

divisionism/optical mixing rhaniadaeth/cymysgu optegol: dull o rannu lliwiau trwy ddefnyddio priodweddau goleuni. Roedd lliw yn cael ei gymysgu ar y **cynfas** canvas yn hytrach nag ar y **palet** palette. Ar ddiwedd y 19eg ganrif datblygwyd theorïau'r gwyddonydd Americanaidd Ogden Rood am oleuni a

d

lliw, a deddfau cyferbyniadau cydamserol Michel-Eugène Chevreul. Yn dilyn hyn gwnaeth yr artistiaid Georges Seurat a Paul Signac osod smotiau o *liwiau sylfaenol (lliwiau cynradd) primary colours* pur yn agos at ei gilydd er mwyn creu fersiynau cryfach a chliriach o'r *lliwiau eilaidd secondary colours* a fyddai'n codi o hynny. Byddai pwyntiau lliw, a osodwyd yn ofalus ar y cynfas, yn cyfuno'n siapiau amlwg pan fyddai'r gwyliwr yn camu nôl wrth i'r lliw gael ei gymysgu'n optegol gan y gwyliwr yn hytrach nag yn gorfforol gan yr artist. Dyma roi i ni'r paentiadau 'dot' cyfarwydd; er enghraifft 'Ymdrochi yn Asnières' (Une baignade à Asnières / The Bathers) a 'Prynhawn Sul ar Ynys Grande Jatte' (Un dimanche après-midi à l'Île de la Grande Jatte / A Sunday Afternoon on the Island of Grande Jatte) gan Seurat, 1884–86. Edrychwch ar y borfa yng ngolau'r haul, sydd wedi'i greu o *liwiau cyflenwol complementary colours* cyferbyniol — yn yr achos hwn, oren a melyn gyda rhyw liw lleol er mwyn creu gwyrdd. Sylwch hefyd ar y cysgodion sydd wedi'u creu o las a gwyrdd, gydag ambell i smotyn o felyn ac oren ar wasgar er mwyn dangos heulwen frith. Ehangwyd y diddordeb mewn cymysgu lliw yn optegol i osod lliwiau cyflenwol fel rhyw fath o ffrâm ar y gwaith, techneg a fwriadwyd i effeithio ar y lliwiau nesaf yn y 'ffrâm'. Gyda'r lliw gwyn yn unig y byddai'r smotiau hyn o liw pur yn cael eu cymysgu (os eu cymysgu o gwbl), a gallai smotyn o baent amrywio o ran maint yn ôl graddfa'r darlun a lleoliad y smotyn oddi mewn iddo. Roedd yr *Argraffiadwyr Impressionists* cynharach wedi defnyddio system debyg o gymysgu optegol trwy osod cysgod a *thonau tones* o liwiau nesaf at ei gilydd er mwyn eu gwneud yn fwy llachar, neu er mwyn creu'r effaith o olau'n symud — e.e. 'Effaith yr hydref yn Argenteuil' (Effet de l'automne à Argenteuil / Autumn Effect at Argenteuil) gan Claude Monet, 1873, Oriel Sefydliad Courtauld, Llundain, sydd yn llawn melyn cynnes a phinc yn erbyn cyffyrddiadau bychain o wyrdd er mwyn creu effaith tymor yr hydref. Mynnai theori lliw'r Argraffiadwyr nad oedd du yn digwydd mewn natur ac o ganlyniad ni ddylid ei ddefnyddio mewn paentiadau am natur, felly defnyddiwyd arlliwiau llwyd er mwyn rhoi effaith y lliw du.

Ar y pryd, *Neoargraffiadaeth Neo-Impressionism*, neu *bwyntiliaeth pointillism*, oedd yr enw a roddwyd ar y mudiad, a phrif destunau rhaniadaeth, yn debyg i Argraffiadaeth, oedd bywyd dinesig modern a thirluniau traddodiadol achlysurol, er bod rhaniadaeth yn cael ei ystyried fel dilyniant i Argraffiadaeth. Er i nifer o artistiaid ddod i'r casgliad bod creu paentiadau Ôl-argraffiadol yn fformiwla drafferthus, fe oroesodd y syniad o rannu lliw ac o chwilio am ddwysedd ac egni trwy ddefnyddio lliwiau pur. Gwnaeth ymchwiliadau lled-wyddonol Seurat hi'n bosibl tynnu lliw i ffwrdd o'i bwrpas cwbl ddisgrifiadol a galluogi artistiaid diweddarach i'w ddefnyddio mewn modd haniaethol.

■ *Pryd:* 1886–1906, Paris.

■ *Pwy:* Georges Seurat a Paul Signac.

■ *Cyswllt: cymysgu ychwanegion additive mixing, lliw colour, cymysgu tynnol*

d

subtractive mixing. Cam i gyfeiriad *Ôl-argraffiadaeth* Post-Impressionism a defnydd lliw artistiaid fel Van Gogh a Gauguin; hefyd lliwio hynod o drwm y *Ffofyddion* Fauves. Mae lluniadau Seurat yn dangos diddordeb parhaol mewn goleuni; maen nhw'n defnyddio cyferbyniaeth gref o oleuni a thywyllwch er mwyn creu delweddau pwerus ac mae'n werth astudio'r gweithiau hyn. Edrychwch ar theorïau gwyddonol am oleuni gan bobl o Newton ymlaen, a rhowch gynnig ar ymchwilio i'r gwahaniaeth rhwng *cymysgu ychwanegion* additive mixing a'r **broses Ben Day** Ben Day process.

■ *Elfennau ffurfiol:* tôn, lliw, ffurf, patrwm, gwead.

Divisionists Rhaniadwyr**:** peidiwch â'u drysu â *rhaniadaeth* divisionism, roedd y Rhaniadwyr yn aelodau o fudiad celf Eidalaidd a oedd yn coleddu'r un amcanion technegol, ond a oedd hefyd yn glynu at fwriad gwleidyddol pendant — sef dangos amodau erchyll gweithwyr yn eu cymdeithas, e.e. 'Am Bedwar Ugain Senten' (Per ottanta centesimi / For Eighty Cents) gan Angelo Morbelli, 1895, Civico Museo Antonio Borgogna, Vercelli, paentiad sy'n cynrychioli gwerinwyr yn chwynnu cae o reis. Er bod y paentiad yn un deniadol, mae'r testun yn llai na deniadol.

■ *Pryd:* diwedd y 19eg ac yn gynnar yn yr 20fed ganrif.

■ *Pwy:* Angelo Morbelli, Giovanni Segantini, Giussepe Pelliza da Volpedo.

■ *Cyswllt:* Y Rhaniadwyr oedd un o ffynonellau *Dyfodoliaeth* Futurism. Mae gweithiau cynnar Boccioni, e.e. 'Cyfyd y Ddinas' (La città che sale / The City Rises), 1910, Amgueddfa Celfyddyd Fodern, Efrog Newydd, yn dangos dyled amlwg i'r Rhaniadwyr yn y ffordd y mae lliwiau wedi cael eu cyfuno.

drawing lluniadu**:** llun neu gynllun a wneir trwy dynnu *llinellau* lines ar arwyneb. Mae hwn yn gyfrwng sylfaenol ar gyfer ymchwil gweledol, y dull cyntaf sydd ar gael i unrhyw artist ymateb i'r byd o'i gwmpas, a dull sy'n rhaid i chi ei ddefnyddio er mwyn llwyddo ar unrhyw lefel yn y pwnc hwn. Trwy luniadu, mae artist yn ymchwilio strwythur. Mae lluniadu yn ymwneud â llawer mwy nag astudiaeth fechan o *dôn* tone y gwrthrych sy'n eistedd ar dudalen wen mewn llyfr braslunio. Wrth luniadu, ein bwriad yw ceisio darganfod yr hyn a welwn o'n blaenau, nid atgynhyrchu'r hyn yr ydym yn gwybod amdano.

Bydd y math o luniad yn amrywio yn ôl y testun — mae angen llinellau mawr, sydyn ar gyfer ffigur sy'n symud — cyfrwng da i weithio ynddo yw siarcol (golosg) — wrth i ni ymateb i'r siapiau cyfan. Ar y llaw arall, gallai'r ymchwiliadau cyntaf wrth ddarlunio blaguryn blodyn alw am ddarn bychan o bapur perffaith o waith llaw, a'r pensil â min siarp dros ben. Proses ddad-ansoddol yw lluniadu, ac er y gallai'r canlyniad fod yn gynnyrch gorffenedig (gwaith tonyddol prydferth, er enghraifft), nid dyma amcan cyntaf y broses luniadu. Yn ôl John Ruskin (y beirniad celf o Loegr o'r 19eg ganrif, a feddai ar ddawn luniadu wrth greu lluniadau pensaernïol a brasluniau *tirlun* landscape gwefreiddiol), nid bwriad lluniadu yw creu darlun da, ond yn hytrach ein dysgu sut i weld.

■ *Cyswllt:* lluniadau tirlun Constable, mae nifer ohonynt i'w gweld yn Amgueddfa Victoria ac Albert, Llundain, fel enghreifftiau o frasluniau tirlun sydyn a wnaed gan ddefnyddio *cyfrwng medium* cymharol newydd y pensil plwm. Maen nhw'n dangos amrywiaeth o farciau unigol (gweler *nod awduraeth autographic mark*) a ddefnyddiwyd i ddisgrifio ffurfiau coed a chymylau. Mewn geiriau eraill, wrth amrywio'r math o farc y mae pensil yn ei adael yn ôl nodweddion *organig organic* y testun, mae Constable yn datblygu ei *iaith weledol visual language* ei hun. Roedd Albrecht Dürer, ffigur amlycaf y *Dadeni Renaissance* yng ngogledd Ewrop ar ddiwedd y 15fed ganrif ac yn gynnar yn yr 16eg ganrif, yn beintiwr ac yn argraffwr hefyd. Roedd ei wybodaeth am *dorluniau pren woodcuts*, engrafiadau a chyfrwng cymharol newydd *ysgythru etching* yn golygu ei fod yn grefftwr nodedig wrth ddefnyddio llinell ac, yn anarferol iawn ar gyfer ei oes, byddai'n lluniadu'n gyson gan gadw llyfrau yn llawn brasluniau wrth deithio rhwng yr Almaen a'r Eidal. Fel ei gyfoedion, byddai'n lluniadu er mwyn cadw nodiadau ar gyfer gweithiau mawr gorffenedig, ond byddai hefyd yn tynnu brasluniau er ei fwynhad ei hun. Mae'r budd o'r math hwn o luniadu i'w weld yn ei waith graffig. Roedd Rembrandt, fel peintiwr, ysgythrwr a drafftsmon o fri yn yr Iseldiroedd yn ystod yr 17eg ganrif, hefyd yn lluniadu'n gyson. Mae ei luniadau, fel ei beintiadau, yn dangos ei chwilfrydedd ag effeithiau goleuni a throsi tôn.

Aeth Van Gogh â'r broses hon ymhellach, e.e. 'Cornel yr Ardd yn Ysbyty St Paul yn St Rémy' (Coin du jardin de l'hôpital Saint-Paul à Saint-Rémy / Garden at Saint-Remy), 1889, Tate Modern, Llundain. O dan ddylanwad lliwiau fflat ac amlinellau toriadau pren Japaneaidd, defnyddiodd Van Gogh ben ac inc (nad yw'n rhoi'r un ystod donyddol â phensil) a chyfansoddi ei luniadau allan o gyfres o strociau clir a byr — rhai yn strociau syth ar gyfer y borfa a'r ffens, rhai yn troi ryw ychydig er mwyn dangos mathau o ddail, eraill yn troelli'n wyllt er mwyn dangos coed yn y gwynt. Nododd Cézanne, artist *Ôl-argraffiadol Post-Impressionist* allweddol arall, bod llinellau sydd wedi'u tynnu'n llorweddol yn edrych fel pe baent yn cilio oddi wrth y llygad gan awgrymu dyfnder, tra bod llinellau sydd wedi'u tynnu'n fertigol yn ymddwyn fel mur ac yn atal i'r llygad rhag edrych y tu hwnt iddynt. Rhowch gynnig ar dorri eich pen corsen eich hun, o'r math a ddefnyddiwyd gan Van Gogh. Cymerwch ddarn o fambŵ a siapio'r pen yn gwilsyn fflat, yn debyg i nib ysgrifbin inc — os yw'r nib yn llydan, bydd y strôc yn llydan; os yw'r nib yn gul, bydd yn fwy hyblyg. Er mwyn cynhyrchu llinellau tro araf, i adlewyrchu ffurfiau'r menywod yr oedd yn eu lluniadu, gwnaeth Matisse osod ei *frwshys brushes* ar gansenni hir, a defnyddiodd ffyn siarcol (golosg) yn yr un modd hefyd.

Mae'r deunyddiau y gallwch chi eu defnyddio er mwyn lluniadu yn ddiddiwedd — mae astudiaethau Degas mewn pastel, e.e. 'Wedi'r Baddon, Dynes yn Sychu' (Après le bain, femme s'essuyant / After the Bath, Woman Drying Herself), 1895, Oriel Sefydliad Courtauld, Llundain, yn amlwg yn ffurf ar luniadu gyda'i gyfres o strociau *lliw* *colour* unigol wrth i Degas geisio darganfod siâp y corff benywaidd sydd o'i flaen. Yn fwy na hynny, ychwanegodd Degas sawl darn o bapur wrth iddo ymestyn y testun gwreiddiol i gynnwys elfennau newydd o ddiddordeb. Gwnaeth David Hockney gyfres o luniadau gan ddefnyddio beiros. Sialc a siarcol (golosg) yw'r cyfryngau clasurol, ond fe wnaiff unrhyw beth sy'n gallu gadael ei ôl y tro. Yn yr un modd, nid oes angen i'r sail neu'r **grwnd** *ground* fyddwch chi'n gweithio arno fod yn bapur cetris gwyn a phur.

Cofiwch beidio ag ynysu gwrthrych o'i gyd-destun. Mae gan bopeth fyddwch chi'n ei luniadu gyd-destun — hyd yn oed os mai'r gofod corfforol sydd o'i gwmpas ydyw a'r cysgodion y mae'r gwrthrych yn eu taflu, neu'r 'gofod celfyddydol' y byddwch yn gosod y gwrthrych ynddo — sydd wedi'i gyfansoddi o waith ymchwil gweledol pellach ar effaith perthnasau lliw a gwead.

■ *Elfennau ffurfiol:* pob un.

drip painting peintio diferiol: enw arall ar **beintio ystumiol** *gestural painting* y **Mynegiadwyr Haniaethol** *Abstract Expressionists*, ac yn enwedig gwaith Jackson Pollock.

■ *Cyswllt:* **Mynegiadaeth Haniaethol** *Abstract Expressionism*, **peintio ystumiol** *gestural painting*.

■ *Elfennau ffurfiol:* llinell, lliw, patrwm, gwead.

e

Earth art celf y Ddaear: gweler *celf y Tir* *Land art.*

easel/easel painting îsl/peintio îsl: dyfais yw'r îsl i ddal paentiad ar uchder addas er mwyn gallu gweithio arno.

Gall îsl gael ei ddefnyddio ar gyfer peintio olew, lle mae angen i'r artist gael y cynfas ar ongl fertigol, tra bod angen i artist sy'n defnyddio cyfrwng dyfrlliw osod y papur bron iawn yn wastad er mwyn atal y paent gwlyb rhag rhedeg (oni bai ei fod yn dymuno i'r paent redeg). Er mwyn ei osod ar îsl mae angen i baentiad fod yn gymharol fach ei faint. Daeth 'diwedd' peintio ar îsl pan ddefnyddiodd artistiaid gynfasau cynyddol o ran maint, a newid eu dulliau o ran gosod paent a phigment.

■ *Cyswllt:* **Mynegiadaeth Haniaethol** *Abstract Expressionism.*

encaustic llosgliw: gweler *impasto*.

endorsements arnodiadau: yr enw sy'n cael ei roi gan y byrddau arholi ar feysydd celf arbenigol y gall myfyrwyr fod eisiau eu hastudio. Fel arall, mae'n bosibl y byddai myfyrwyr yn dymuno astudio cyrsiau ehangach heb arnodiadau. Ar hyn o bryd mae arnodiadau yn cynnwys celf a dylunio, celfyddyd gain, dylunio tri-dimensiwn, tecstilau, cyfryngau lens a golau seiliedig, dylunio graffig ac astudiaethau beirniadol a chyd-destunol.

engravings engrafiadau: printiadau a wneir trwy gerfio neu ysgythru ag asid ar floc pren neu blât metel. Mae dau ddull ar gael ar gyfer gwneud engrafiadau — sef *cerfwedd* relief ac INTAGLIO. Endorri llinellau'r dyluniad ar len o gopr neu sinc (sef y plât), gan ddefnyddio ysgythrydd o'r enw biwrin, sy'n torri rhigol siâp 'V', sy'n digwydd gyda'r broses argraffu INTAGLIO. Caiff inc ei rwbio i mewn i'r llinellau hyn, a chaiff arwyneb y plât ei sychu'n lân gan ddefnyddio clytiau. Rhoddir papur ar arwyneb y plât, yna trwch o flanced ffelt ar ben hynny, yna caiff y cyfan ei roi trwy wasg plât copr cryf. Mae'r papur yn cael ei wasgu i mewn i'r rhigolau ac yn codi'r inc sydd ynddynt, gan dderbyn argraff o'r dyluniad. Fel proses sy'n negyddu hyn, mae argraffu *cerfwedd* relief yn golygu bod y rhannau hynny o'r bloc pren neu blât metel sy'n ffurfio'r dyluniad yn cael eu gadael yn glir tra bo'r gweddill yn cael ei dorri i ffwrdd.

■ *Pryd:* er y 15fed ganrif.

■ *Pwy:* mae nifer o artistiaid wedi defnyddio'r broses hon yn feistrolgar, yn arbennig Albrecht Dürer yn yr Almaen yn yr 16eg ganrif, a Rubens yn yr 17eg ganrif. Yn ystod y 1920au, cynhyrchodd David Jones engrafiadau pren a llinell, oll yn weithiau manwl eithriadol yn dangos testunau Beiblaidd, a hyn yn y cyfnod pan oedd mewn cysylltiad agos â gweithdai Eric Gill yn Ditchling a Chapel-y-ffin.

■ *Cyswllt:* engrafiadau ar ffurf print oedd y ffordd y byddai pobl gyffredin yn aml iawn yn gweld paentiadau; byddai llawer o engrafwyr yn ymwneud yn unswydd â'r dasg o atgynhyrchu paentiadau ar ffurf print. Er enghraifft, cafodd tirluniau Turner eu gwerthu yn gyntaf ar ffurf printiadau mewn llyfr.

■ *Elfennau ffurfiol:* llinell a thôn.

Environment art celf yr Amgylchedd: ffurf gelfyddydol lle gall y gwyliwr gamu i mewn i ofod tri-dimensiwn ag iddo derfyn pendant, boed hynny dan do neu yn yr awyr agored, lle caiff y synhwyrau oll eu hysgogi. Peidiwch â drysu hwn gyda chelf *yn* yr amgylchedd, e.e. *celf y Tir Land art.*

■ *Pryd:* y 1960au, gydag enghreifftiau'n parhau hyd heddiw.

■ *Pwy:* mae'r artist amgylcheddol Tim Pugh o Wrecsam, er enghraifft, yn cyflwyno gosodweithiau cyfoes wedi'u gwneud allan o elfennau a gasglwyd mewn coedwigoedd neu ar draethau, ac yn ymwneud â strwythur gwaddodol sy'n rhoi ffurf i'r gwaith gorffenedig.

■ *Cyswllt: gosodwaith installation.* Cyrhaeddodd celf yr Amgylchedd yr un pryd â'r *Digwyddiadau Happenings* yn y 1960au, a chafodd ei gysylltu'n agos â chelf y cyfnod.

etching ysgythru: ffordd o greu engrafiadau INTAGLIO, lle mae'r dyluniad yn cael ei dyllu i mewn i'r plât trwy ddefnyddio asid. Yn gyntaf, caiff plât o gopr wedi'i sgleinio'n dda ei orchuddio gan ddeunydd gwrth-asid. Yna, mae'r ysgythrwr yn tynnu'r dyluniad ar y plât daearu gan ddefnyddio nodwydd ysgythru ddur. Caiff cefn ac ochrau'r plât eu gorchuddio gan farnais gwrth-asid (farnais atal) cyn i'r plât gael ei drochi mewn baddon o asid gwanedig (asid nitrig fel arfer) sy'n torri i mewn i'r metel yr hyn mae'r nodwydd wedi'i ddinoethi ar y plât. Gweithred yr asid yn torri i mewn i'r metel sy'n gwahaniaethu ysgythru ac engrafu; gall ysgythrwyr amrywio dyfnder a chyfanswm effaith yr asid, ac mae priodweddau'r nodwedd hon yn debyg i briodweddau lluniadau llinell. Unwaith bydd yr ysgythrwr yn fodlon ag effeithiau'r asid yn torri, bydd y plât yn cael ei lanhau a bydd y broses argraffu yn digwydd yn yr un ffordd ag engrafiadau. Yn wahanol i'r broses argraffu cerfweddol, lle mae'r inc yn cael ei gario ar arwyneb clir y bloc, wrth ysgythru mae'r inc yn aros yn y rhigolau a wnaed gan y nodwydd ac yna'r asid. Caiff yr inc ei argraffu ar y papur trwy osod pwysedd mawr ar wasg argraffu.

■ *Pryd:* er yr 17eg ganrif.

■ *Cyswllt:* mae ysgythru yn bwysig gan fod y broses yn caniatáu i artistiaid atgynhyrchu llinell sydd wedi'i thynnu, ac mae'n gyfrwng mwy llyfn a llai ffurfiol nag engrafu. Edrychwch, er enghraifft, ar gyfres o ysgythriadau Giovanni Piranesi o garchardai dychmygol, 'I Carceri', a ddechreuodd yn 1745. Cafodd delweddau tywyll a rhyfedd y gyfres hon ddylanwad mawr ar y *Swrealwyr* Surrealists diweddarach ac yn fwy na thebyg hefyd ar gynllunwyr ffilmiau arswyd yr 20fed ganrif. Gwnaeth Goya sawl cyfres o ysgythriadau — roedd 'Trychinebau Rhyfel' (Los Desastres de la Guerra / Disasters of War), 1810–29, yn arbennig o ysgytwol: 22 delwedd greulon o ryfel. Nodwch hefyd gasgliad Chris Ofili o ysgythriadau o'r enw 'Gogledd Cymru', 1996, Tate Britain, Llundain.

■ *Elfennau ffurfiol:* llinell.

Expressionism Mynegiadaeth: mae dau ystyr i'r term hwn, yr un mwyaf cyfarwydd yn cyfeirio at y mudiad celf o hanner cyntaf yr 20fed ganrif oedd yn canolbwyntio ar brofiad goddrychol.

Roedd Mynegiadaeth (gydag 'M' fawr) yn fudiad mewn pensaernïaeth, drama, ffilm a llenyddiaeth, ynghyd â pheintio, a oedd yn ymwneud ag emosiwn — nid ag ymddangosiad pethau ond â'r teimladau maen nhw'n eu hysgogi ynom (gweler hefyd *Der Blaue Reiter* a *Die Brücke*). Yn groes i *Argraffiadaeth* Impressionism er enghraifft, a oedd yn canolbwyntio ar beintio edrychiad delweddau, y gair allweddol fan hyn yw 'goddrychol'. Roedd Mynegiadaeth yn ddyledus i'r *Ôl-argraffiadwyr* Post-Impressionists (yn enwedig Van Gogh a Gauguin), ac yn benodol i'r defnydd o liwiau cryf annaturiol i orliwio natur yn fwriadol ac yn emosiynol, gan ddefnyddio strociau trwchus a heb unrhyw ymgais i atgynhyrchu golau a graddio tôn; defnydd fflat o baent sy'n anwybyddu'r tri-dimensiwn. Cafodd Gauguin, fel y *Ciwbwyr* Cubists, ei swyno gan gelfyddyd o'r tu hwnt i Ewrop, ac roedd masgiau a cherfiadau pren o Affrica yn bwysig i'r Mynegiadwyr. Defnyddiai Edvard Munch, yr artist o Norwy, liwiau cryf ac aflunio er mwyn cyfleu emosiwn, a thrwy law Gauguin fe atgyfodwyd techneg *torluniau pren* woodcut. Gwnaeth ei ymchwil o nodweddion pwerus torluniau pren ddylanwadu'n fawr ar Fynegiadwyr yr Almaen. Cyflwynwyd celf Fynegiadol o'r newydd yn ddiweddarach o dan y teitl 'Die Neue Sachlichkeit' (Gwrthrychedd Newydd / New Objectivity) yn y 1920au a'r 1930au cynnar. Creodd artistiaid fel Max Beckman, Otto Dix a George Grosz gelfyddyd oedd yn llawn chwerwder a sinigiaeth tuag at gymdeithas y Rhyfel Byd Cyntaf.

Mae'r term mynegiadaeth arall (gydag 'm' fach) yn cyfeirio at ddefnydd goddrychol llinell, lliw a ffurf, yn hytrach na chopïo natur mewn dull naturiol.

Gellir olrhain y broses hon nôl ymhell drwy hanes celf, a'r artist amlycaf sy'n nodweddu'r arddull hwn yw Matthias Grünewald, yn benodol yn ei 'Allorlun Isenheim' (Le retable d'Issenheim / Isenheim Altarpiece), 1510–15, Musée d'Unterlinden, Colmar, Ffrainc. Mae'r allorlun trawiadol hwn yn dangos Crist yn dioddef artaith ar y groes, y drain yn torri drwy ei gnawd, a'i ddwylo'n gwingo gyda phoen yr hoelion sy'n ei ddal ar y groes.

■ *Pryd:* Roedd Mynegiadaeth ar ei anterth rhwng 1905 ac 1930 yn yr Almaen, er i'r *Ffofyddion* Fauves yn Ffrainc archwilio paent mewn cyd-destun tebyg yn 1905.

■ *Pwy:* y ddau brif grŵp oedd *Die Brücke* (Dresden, 1905–13), a *Der Blaue Reiter* (München (Munich), 1911–14).

■ *Cyswllt:* Datblygodd *Mynegiadaeth Haniaethol* Abstract Expressionism yn yr Unol Daleithiau yn dilyn yr Ail Ryfel Byd yn 1945. Defnyddiodd peintwyr fel Mark Rothko, Willem de Kooning, Franz Kline a Jackson Pollock ystumio a phaent pur er mwyn dangos emosiwn, gan hepgor y cyfeiriad at gynnwys testunol, fel yr hyn a gafwyd yng ngwaith yr Ewropeaid a aeth o'u blaenau. *Der Blaue Reiter*, *Die Brücke*; gweler *Ffofyddiaeth* Fauvism ac *Ôl-argraffiadaeth* Post-Impressionism ar gyfer defnyddio lliw.

■ *Elfennau ffurfiol:* lliw, ffurf, gwead.

Fauves/Fauvism Ffofyddion/Ffofyddiaeth: grŵp agored o artistiaid Ffrengig a oedd yn ymgasglu o gwmpas Henri Matisse yn gynnar yn yr 20fed ganrif, ac a ddatblygodd destunau celf yr *Argraffiadwyr Impressionists*, e.e. bywyd dinesig modern, a'r syniad newydd oedd yn blaguro y gallai peintio fod yn drefniant ffurfiol o liw. Defnyddiai'r Ffofyddion liw pur, di-dor a oedd yn rhydd o'i rôl ddisgrifiadol draddodiadol. Er enghraifft, mae paentiad enwog Matisse o'i wraig, 'Y Llinell Werdd' (La Raie Verte / Portrait with the Green Stripe), 1905, Oriel Genedlaethol Denmarc, Copenhagen (København), yn dangos yr wyneb wedi'i fflatio a llinell hir werdd yn rhedeg o wallt ei wraig i lawr ei thrwyn ac i'w gen. Mae Matisse yn anwybyddu manylder portreadol, ac yn defnyddio lliw fel testun y paentiad. Yn 1908 ysgrifennodd Matisse, 'Yr hyn sydd o bennaf ddiddordeb i mi yw edrychiad y darlun'.

■ *Pryd:* 1904–08.

■ *Pwy:* Georges Braque, André Derain, Raoul Dufy, Henri Matisse, Maurice de Vlaminck.

■ *Cyswllt: rhaniadaeth divisionism, Mynegiadaeth Expressionism, Ôl-argraff-iadaeth Post-Impressionism*. Roedd lliwiau'r Ffofyddion yn ddyledus iawn i Van Gogh — cymharwch 'Y Llinell Werdd' gan Matisse â gwaith Van Gogh, 'Hunanbortread â'r glust wedi'i chlwyfo' (Selbstporträt mit abgeschnittenem Ohr / Portrait of the Artist with Severed Ear), 1889, Casgliad Leigh B. Block, Chicago. Archwiliwch yn ofalus y lliwiau yng nghefndir y ddau lun, yn enwedig yn rhaniadau i ardaloedd cryf o liwiau cyflenwol a pherthynas yr ardaloedd hynny â'r lliwiau ar yr arwyneb; maen nhw i gyd yn ceisio dwysáu effaith y lliw, sef un o amcanion sylfaenol Ffofyddiaeth. Roedd Georges Braque yn Ffofydd cyn iddo weld paentiad Picasso 'Lodesi d'Avignon' (Les Demoiselles d'Avignon), ac arweiniodd hynny iddo ddatblygu *Ciwbiaeth Cubism* gyda Picasso. Rhowch gynnig ar ddilyn datblygiad personol Braque gyda'ch gwaith eich hun.

Gwnaeth Braque a Matisse ill dau astudio gwaith Cézanne; prynodd Matisse baentiad Cézanne 'Y Tair Ymdrochwraig' (Trois Baigneuses / The Three

Bathers), 1905–06, Le Petit Palais, Paris. Am beth oedd y ddau ohonynt yn chwilio? Hefyd edrychwch ar sut mae lliw yn cael ei ddefnyddio mewn *Mynegiadaeth Expressionism* ar ôl 1906, pan ddychwelodd Max Pechstein i'r Almaen o Baris gyda'r newyddion am waith y Ffofyddion. Edrychwch nôl ar *raniadaeth divisionism, Ôl-argraffiadaeth Post-Impressionism.* Pan gynhaliwyd arddangosfa fawr o waith Cézanne ym Mharis yn ystod blwyddyn ei farwolaeth yn 1906, dechreuodd nifer o'r Ffofyddion ail-ystyried cyfeiriad eu celf — a ddylai fod mwy i'r weithred o beintio testun na dim ond defnyddio amlinell a lliwiau sylfaenol (neu gynradd) cryf? Gyda pheintiadau diweddar Cézanne o'r Mont Sainte-Victoire, credai Braque a Derain fod angen iddynt gynnwys ymchwiliadau clir o ffurfiau sylfaenol hefyd. Mae 'na bosibiliadau am waith da eich hun fan hyn; rhowch gynnig ar ddilyn datblygiad celf y Ffofyddion o 1905 hyd 1908, gan gyffelybu eu gwaith nhw â'ch astudiaethau tirlun eich hun. Cofiwch gynnwys ddadansoddiad o'r artistiaid wnaeth ddylanwadu arnynt hefyd.

■ *Elfennau ffurfiol:* lliw, ffurf, patrwm, gwead.

56 Group Wales Grŵp 56 Cymru: sefydlwyd y grŵp hwn o arlunwyr yn 1956 gan Arthur Giardelli, David Tinker, Heinz Koppel a Robert Hunter, yn dilyn syniad gwreiddiol gan Eric Malthouse a Michael Edmonds. Pan sefydlwyd y grŵp, roedd yr aelodau'n teimlo bod angen symud i ffwrdd o agenda genedlaethol celfyddyd er mwyn cyflwyno iaith fodern peintio i'r ddisgyblaeth yng Nghymru. Roedd pwyslais Grŵp 56 ar gysylltiad ysbrydol (yn hytrach na gwleidyddol) â Chymru — yn wahanol iawn i flaenoriaethau grŵp *Beca* yn y 1970au. Rhwng y 1960au a'r 1970au denodd Grŵp 56 aelodau amlwg o blith arlunwyr a ddaeth i Gymru i weithio mewn addysg, nifer ohonynt â chysylltiadau proffesiynol â Choleg Celf Caerdydd, gan gynnig rhyw fath o avant-garde answyddogol i Gymru ar y pryd. Mae'r grŵp yn parhau'n weithgar heddiw.

■ *Pryd:* 1956 hyd heddiw.

■ *Pwy:* Arthur Giardelli, David Tinker, Heinz Koppel, Robert Hunter, Eric Malthouse, Michael Edmonds, Terry Setch, Chris Shurrock, Dave Shepherd, Glyn Jones, Barrie Cook.

■ *Cyswllt: Moderniaeth Modernism, Beca, avant-garde.*

figurative ffigurol: paentiadau a cherfluniau sy'n seiliedig ar bortread naturiol-aidd o'r byd allanol, h.y. popeth o'r ffigur dynol i dirluniau, bywyd llonydd, ac ati. Mae gwaith ffigurol felly yn wrthgyferbyniad i gelfyddyd *haniaethol abstract.*

■ *Pwy:* sylwch yn arbennig ar waith Lucian Freud (1922–2011).

fine art celfyddyd gain: celf a gynhyrchir oherwydd ei gwerth esthetig. Yn wreiddiol defnyddiwyd y term mewn gwrthgyferbyniad â chelfyddyd gymhwysol neu gelfyddyd addurnol (e.e. cerameg, tecstilau, dodrefn,

f

gemwaith) sydd â sgiliau a gwaith corfforol caled ynghlwm wrth eu cynyrchu. Yn y 18fed ganrif rhestrwyd y celfyddydau cain fel peintio, cerflunio, pensaernïaeth, barddoniaeth a cherddoriaeth, ac mae'r categorïau hyn wedi parhau hyd heddiw.

Celfyddyd gain yw un o'r **arnodiadau** *endorsments* ar gyfer Safon UG/U. Diffiniad y byrddau arholi o beth yw celfyddyd gain yw proses, ffordd o weithio, meddwl am a chyfathrebu syniadau, yn hytrach na dim ond casgliad caeth o ddulliau celf. Er enghraifft, gall celfyddyd gain bellach gynnwys cyfryngau amgen, e.e. gosodwaith, cyfryngau lens a golau seiliedig, ffilm, fideo a theledu, yn ogystal â'r dulliau traddodiadol. Yn sylfaenol, mae'r arnodiad mewn celfyddyd gain yn galw am waith ymchwil yn seiliedig ar brofiad ac arsylwi personol, yn hytrach na gwaith sydd wedi'i wneud i ateb gofynion brîff penodol (gweler **dylunio** *design*). Bydd gwaith celf yn cynnwys syniadau, teimladau, arsylwadau, a syniadau unigol myfyrwyr ac ystyriaeth o sut maen nhw'n rhyngweithio â'r byd ehangach — astudiaethau cymdeithasol, er enghraifft. Bydd celfyddyd gain hefyd yn dibynnu i raddau helaeth ar astudio gweithiau gan eraill a chonfensiynau creu delweddau (astudiaethau beirniadol a chyd-destunol).

foreground blaendir: y rhan o'r paentiad sy'n edrych fel pe bai yn rhan flaen gofod darluniol, h.y. y rhan sydd agosaf at y gwyliwr.
■ *Cyswllt:* **cefndir** *background*, **canoldir** *midground*, **persbectif** *perspective*.

foreshortening rhagfyrhau: math o bersbectif a ddefnyddir ar gyfer llinell, ffurf neu wrthrych, er mwyn gwneud iddo edrych fel pe bai'n diflannu i mewn i'r gofod darluniol ac o ganlyniad yn creu rhith o drydydd dimensiwn gwaith, sef dyfnder. Yn y bôn, dylai gwrthrych fynd yn fwy cul ac yn llai wrth iddo gilio i mewn i'r gofod darluniol.
■ *Cyswllt:* un o'r enghreifftiau cyntaf yw'r marchog mewn arfwisg yn gorwedd ar y chwith ar waelod gwaith Uccello, 'Brwydr San Romano' (La Battaglia di San Romano / Battle of San Romano), 1450, Yr Oriel Genedlaethol, Llundain. Mae'r ffigur hwn, sydd wedi'i rhagfyrhau, yn gorwedd ar **orthogonol** *orthogonal* yn wynebu tuag at y **diflanbwynt** *vanishing point*.

form/formalism ffurf/ffurfiolaeth: cyfaint tri-dimensiwn gwrthrych, y gofod y mae gwrthrych yn eistedd ynddo, o'i gyferbynnu â'i liw, gwead, ac ati. Enw arall ar hyn yw **elfennau ffurfiol** *formal elements*.

Mae ffurfiolaeth yn canolbwyntio'n feirniadol ar elfennau ffurfiol pur darn o waith, fel llinell, siâp a lliw, yn hytrach na meddwl am ddarn o gelf yn ei gyd-destun portreadol neu gymdeithasol. Mae ffurfiolaeth yn arbennig o berthnasol i gelfyddyd **haniaethol** *abstract*.
■ *Cyswllt:* gallwch ddefnyddio sawl math gwahanol o ymchwil gweledol i ddadansoddi ffurf gwrthrych; rhowch gynnig ar lapio'r gwrthrych yn dynn

mewn papur neu ddefnydd, fel bod y crychau yn edrych fel amlinellau o'i gwmpas. Rhowch y gwrthrych mewn golau cryf wedi'i gyfeirio ar ongl — gall eich cyfres o luniadau tôn ganolbwyntio ar y cysgodion sy'n cael eu creu gan y crychau, i arddangos y ffurf wrth i'r golau syrthio ar yr hyn sydd wedi'i lapio o'i gwmpas. Rhowch gynnig ar yr un broses, ond gan lapio'r gwrthrych mewn ffilm glynu fel y gallwch weld yr amlinellau a'r nodweddion amlwg; defnyddiwch gyfres o *olchion* washes lliw, er enghraifft, er mwyn dod i adnabod y ffurf.

Er mwyn ceisio delweddu'r gofod y mae'r gwrthrych hwn yn eistedd ynddo, gallwch ei roi, heb ei lapio, o dan ddŵr sy'n rhedeg o'r tap. Edrychwch ar sut mae'r dŵr yn tasgu oddi ar rai mannau ac yn llifo i lawr mannau eraill. Edrychwch ar luniadau Degas sy'n astudio ffurf cefn menyw, e.e. 'Wedi'r Baddon, Dynes yn Sychu' (Après le bain, femme s'essuyant / After the Bath, Woman Drying Herself), 1895, Oriel Sefydliad Courtauld, Llundain, a defnyddiwch basteli wrth luniadu. Sylwch ar sut mae strociau'r pastel yn lluniadau Degas yn llifo gyda'r tro yn y ffurf, o'i gyferbynnu ag arfer artist fel Cézanne o symud â strociau ei frwsh ar draws ffurf y gwrthrych. Mae paentiadau a lluniadau gweithiau degawdau olaf Lucian Freud yn defnyddio cyfeiriad strociau gweladwy'r brwsh i fodelu'r ffurf, e.e. 'Swyddog budd-daliadau'n gorffwys' (Benefits supervisor resting), 1994, lle mae'r plygiadau enfawr o gnawd yn cael eu hamlygu gan strociau brwsh *impasto*.

formal elements elfennau ffurfiol: enw arall ar hyn yw elfennau gweledol, sef conglfeini celfyddyd: *lliw colour*, *ffurf form*, *llinell line*, patrwm, gwead, *tôn tone* a siâp. Mewn unrhyw uned o waith arholiad mae'n rhaid i'r myfyrwyr ddangos eu bod yn deall sut y mae'r rhain yn gweithio, sut mae'r elfennau yn rhyngweithio â'i gilydd, a dadansoddi sut y mae artistiaid eraill wedi'u defnyddio.

■ *Cyswllt:* gwelcr y cofnodion ar gyfer pob elfen unigol.

found object gwrthrych hapgael: enw arall ar hyn yw OBJET TROUVÉ, rhywbeth sydd wedi cael ei gymryd allan o'i gyd-destun gwreiddiol a'i ddefnyddio mewn *collage* a *chydosodiadau assemblages*, neu ei arddangos fel gwrthrych diddorol o ran ei rinweddau ei hun gyda phrin unrhyw ymyrraeth o gyfeiriad yr artist.

■ *Pryd:* er y collage *Ciwbaidd Cubist* cyntaf, 'Bywyd Llonydd â Gwiail Cadair' (Nature-morte à la chaise cannée / Still Life with Chair Caning) gan Picasso, 1912, Musée Picasso, Paris, mae'r arfer hwn o ddefnyddio gwrthrychau mewn celf wedi parhau hyd heddiw.

■ *Pwy:* defnyddiodd Braque a Picasso wrthrychau nad oedd pobl yn meddwl amdanynt fel celf mewn gweithiau collage Ciwbaidd, e.e. 'Gitâr, papur dyddiol, gwydryn a photel' (Guitare, journal, verre et bouteille / Bottle of Vieux Marc, Glass, Guitar and Newspaper), 1913, Tate Modern, Llundain. Roedd cerfluniau

Picasso hefyd yn defnyddio gwrthrychau go iawn, e.e. 'Pen Tarw' (Tête de Taureau / Head of a Bull) (1942), sy'n cyfuno cyfrwy a chyrn beic er mwyn awgrymu'r anifail. Roedd yr OBJET TROUVÉ yn ddyfais allweddol ar gyfer *Dada*, e.e. *gweithiau parod* ready-made Duchamp, a *Swrealaeth* Surrealism. Defnyddiodd yr artist o America, Robert Rauschenberg, wrthrychau yn ei *beintio cyfunol* combine paintings wedi'r Ail Ryfel Byd, e.e. 'Hafn' (Canyon), 1959, casgliad preifat, Efrog Newydd, sy'n cynnwys eryr wedi'i stwffio, ffotograffau, tiwbiau paent, a chlustog. Defnyddiodd nifer o artistiaid Pop diweddarach o America a Phrydain wrthrychau go iawn. Mae'r *YBAs* ym Mhrydain wedi defnyddio gwrthrychau yn gyson, e.e. siarc teigr pedwar metr o hyd ynghrog mewn tanc anferth o fformaldehyd yw 'Amhosibilrwydd Corfforol Marwolaeth ym Meddwl Rhywun Byw' (The Physical Impossibility of Death in the Mind of Someone Living) gan Damien Hirst, 1991, Casgliad Steven ac Alexandra Cohen, UDA. Galwodd Hirst y darn hwn yn 'rywbeth i ddisgrifio teimlad' (a thing to describe a feeling), sy'n awgrym digon teg o rôl gwrthrychau hapgael mewn celfyddyd.

■ *Cyswllt:* *peintio cyfunol* combine paintings, *Ciwbiaeth* Cubism, *celfyddyd Bop* Pop art, *gweithiau parod* ready-made, *Swrealaeth* Surrealism, *YBAs*.

fresco **ffresgo:** dull o beintio ar furiau lle mae pigmentau pur ar ffurf powdr, wedi'u cymysgu â dŵr, yn cael eu rhoi ar blaster gwlyb. Pan fydd y ddau wedi sychu mae'r arwyneb bron iawn yn sefydlog — lleithder neu ddaeargrynfeydd yw'r unig fygythiad naturiol i ffresgo. Mae lliwiau ffresgo yn dueddol o fod yn ysgafn a sialciog — roedd cymysgu lliwiau'n anodd, a defnyddiai artistiaid dechneg llinellu er mwyn creu graddiant. Roedd yn rhaid i artistiaid weithio yn gyflym iawn gyda phlaster gwlyb, a byddai'n amhosibl gwneud cywiriadau heb orfod torri'r plaster i ffwrdd a dechrau o'r newydd. Edrychwch yn ofalus iawn ar 'Ysgol Athen' (Scuola di Atene / School of Athens) gan Raffael, 1509–11, Stanza della Segnatura, Amgueddfa'r Fatican, Rhufain, a ffigur Michelangelo (fel Heraclitos) yng nghanol y blaendir. Roedd Raffael yn peintio'r ffresgo hwn ar yr un pryd ag yr oedd Michelangelo yn gweithio ar nenfwd y Sistina. Gwnaeth gwaith Michelangelo gymaint o argraff ar Raffael fel y tynnodd ddarn o'r plaster i ffwrdd a pheintio portread o Michelangelo fel teyrnged i'w athrylith.

■ *Pryd:* rydym yn gwybod fod y dechneg yn cael ei defnyddio yn hen wlad Groeg, a dyma hefyd oedd y dull arferol o harddu muriau Rhufeinig — gweler, er enghraifft, Fila'r Cyfrinion (Villa dei Misteri / Villa of the Mysteries) ym Mhompeii. Gwelwyd uchafbwynt y ffresgo yn ystod y *Dadeni* Renaissance yn yr Eidal, o 'Gapel yr Arena' (Cappella degli Scrovegni / Arena Chapel) gan Giotto, Padua, 1305–06, a'r 'Drindod Sanctaidd' (Santa Trinità / Holy Trinity) gan Masaccio, 1425, Santa Maria Novella, Fflorens (Firenze), hyd at orchest peintio ffresgo Michelangelo yng Nghapel y Sistina, Amgueddfa'r Fatican, Rhufain, 1510–41. Defnyddiwyd y broses yn achlysurol nes yr 20fed ganrif; y prif beintwyr ffresgo olaf oedd y murlunwyr o Fecsico, José Orozco, Diego Rivera a David Siqueiros; gweler 'Gwneud Ffresgo, gan ddangos Adeiladu Dinas' (The Making of a Fresco, showing the Building of a City) gan Rivera, 1931, sefydliad Celf San Francisco. Yn 1924, peintiodd David Jones ddarlun o groeshoeliad Crist, yn rhannol trwy dechneg ffresgo, ar fur y capel yng Nghapel-y-ffin; mae cyflwr y paentiad erbyn hyn, yn anffodus, wedi dirywio'n ddifrifol.

■ *Cyswllt:* **cartŵn** cartoon, **Dadeni** Renaissance. Agweddau pwysig gweithiau ffresgo yw pa mor fawr y gallant fod, a'r rhyddid y mae graddfa fawr yn ei roi i'r artist. Mae technegau gwreiddiol ffresgo yn fwy na thebyg yn anymarferol heddiw, ond mae ehangder y gwaith a'r palet cyfyng yn agweddau y gellid eu hystyried. Gall creu lluniadau cartŵn anferth, arbrofol, efallai gan ddefnyddio siarcol (golosg) a sialc ar bapur leinio neu bapur lapio, fod yn ddefnyddiol.

frottage ffrotais: gweler DECALOMANIA.

Futurism Dyfodoliaeth: mudiad celf *avant-garde* a sefydlwyd gan yr awdur Filippo Marinetti yn yr Eidal, pan gyhoeddwyd maniffesto ym mhapur dyddiol *Le Figaro*, Paris, yn 1909. Nid oedd Dyfodoliaeth wedi'i gyfyngu i beintio; roedd yn cwmpasu'r celfyddydau i gyd, h.y. cerflunwaith, pensaernïaeth, cerddoriaeth, sinema a ffotograffiaeth. Gweler, er enghraifft, lluniadau pensaernïol Antonio Sant'Elia ar gyfer ddinasoedd newydd Dyfodolaidd (yr enw a roddwyd arnynt oedd 'pensaernïaeth papur' gan na wireddwyd dim un o weithiau Sant'Elia), e.e. 'Maes awyr a gorsaf drenau gyda rheilffyrdd a lifftiau, dros dair ffordd' (Stazione d'aeroplani e treni ferroviari, con funicolari e ascensori, su 3 piani stradali / Airport and Railway Station with Elevators and Funiculars over Three-levelled Street), 1914, Musei Civici, Como, Yr Eidal. Roedd y Dyfodolwyr yn gwrthod amgueddfeydd a chclfyddyd *glasurol* classical art; roedd eu celfyddyd yn seiliedig ar frwdfrydedd am dechnoleg fodern, ac yn arbennig am gyflymdra ceir modur yr oes newydd, e.e. dywedodd Marinetti: 'Mae modur sy'n rhuo, sy'n edrych fel pe bai'n rhedeg fel dryll peiriant, yn harddach peth na Buddugoliaeth Samothraké' (darganfuwyd cerflun Buddugoliaeth Adeiniog Samothraké ychydig cyn i Marinetti ysgrifennu ei faniffesto; gweler *alegori* allegory). Dylanwadwyd ar beintwyr Dyfodolaidd gan gysyniadau *Ciwbaidd* Cubist, yn enwedig y syniad bod modd cynrychioli symudiad naill ai ar gynfas fflat neu mewn cerflun tri-dimensiwn. Roedd gan Picasso a Braque ddiddordeb yn yr hyn roedd llygad yr artist yn ei wneud wrth symud o gwmpas gwrthrych. Ysbrydolodd hyn y Dyfodolwyr i greu paentiadau oedd yn cyfuno'r gwrthrych (fel yr oedd yn cael ei weld o sawl ongl wahanol) a'r cefndir mewn un cyfanwaith; ond, i bob pwrpas, mewn paentiad Ciwbaidd yr artist sy'n symud yn hytrach na'r gwrthrych. Ar y llaw arall, y gwrthrychau eu hunain sy'n symud mewn paentiad Dyfodolaidd, ac mae'r symudiad hwn yn cael ei gynrychioli gan gyfres o gipluniau sy'n cael eu delweddu un ar ben y llall. Roedd y Dyfodolwyr yn aml yn defnyddio astudiaethau ffotograffig cyfresol o symudiadau gwrthrychau, e.e. Giacomo Balla, 'Deinameg Ci ar Dennyn' (Dinamismo di un cane al guinzaglio / Dynamism of a Dog on a Leash), 1912, Oriel Gelf Albright-Knox, Buffalo, sy'n cyfleu symudiad cyflym y ci trwy arosod cyfres o arsylwadau. Roedd y Dyfodolwyr yn peintio testunau yn codi o'r amgylchedd dinesig ac roedd gwedd wleidyddol iddynt yn amlach na pheidio.

■ *Pryd:* 1909–29.

■ *Pwy:* Giacomo Balla, Filippo Marinetti, Gino Severini, Carlo Carrà, Umberto Boccioni.

■ *Cyswllt:* **Ciwbiaeth** Cubism, **Adeileddiaeth** Constructivism, **Dada**. Dyfodoliaeth oedd un o'r ychydig fudiadau celf oedd yn ymwneud â chynrychioli symudiad. Nid yw cerflun Boccioni, 'Ffurf unigryw dilyniant mewn gofod' (Forme uniche della continuità nello spazio / Unique Forms of Continuity in Space), 1913, Tate Modern, Llundain, yn disgrifio symudiadau sydd wedi digwydd ac yn perthyn i'r gorffennol ond, yn hytrach, yn dangos symudiad wrth iddo ddigwydd ac wrth i'r ffigur gamu ymlaen yn llawn grym yn y presennol — 'lluniad arwaith y corff' (Boccioni); mae'r aer fel pe bai'n lapio'i hun o gwmpas y corff sydd fel petai'n sefyll mewn twnnel gwynt. Os ydych yn gweithio ar destun 'symudiad', mae'n werth astudio'r Dyfodolwyr a'r modd y gwnaethant ddylanwadu ar artistiaid eraill. Er enghraifft, mae gwaith Marcel Duchamp, 'Person noeth yn camu i lawr grisiau, rhif 2' (Nu descendant un escalier n° 2 / Nude Descending a Staircase, no. 2), 1912, Amgueddfa Gelf Philadelphia, yn dilyn cyfres o ddelweddau o berson noeth, ac yn ddyledus iawn i ddiddordeb artistig mewn ffotograffiaeth, e.e. astudiaethau ffotograffig Eadweard Muybridge.

g

Genre: gydag 'G' fawr, system ar gyfer trefnu pynciau celf gwahanol, a ddefny-ddiwyd yn eang gan y *Salon* academaidd yn y 18fed ganrif a'r 19eg ganrif. Trefnwyd pynciau fel a ganlyn: (1) peintio hanesyddol neu'r *Ddarddull Fawr Grand Manner* (yn bwysicaf oll), (2) portreadu, (3) tirlun, (4) bywyd llonydd, a (5) genre (peintio agweddau ar fywyd dyddiol domestig, sef y lleiaf pwysig). Mae'r Tate Modern wedi dilyn y system hon ac mae nawr yn rhannu ei harddangosfeydd yn dirluniau, bywyd llonydd, hanes a noethluniau — ond nid yw'n mawrygi un Genre ar draul y llall.

genre painting peintio genre: gydag 'g' fach, yw celf sy'n dangos golygfeydd o fywyd pob dydd. Yn y system academaidd (gweler *Genre*) hwn oedd y testun isaf ar y raddfa ar gyfer celf oherwydd ei fod yn adlewyrchu realaeth bywyd, a bywyd domestig, yn agos iawn.

■ *Pryd:* er bod hwn yn destun sy'n dyddio nôl i waith *mosaig (brithwaith)* *mosaic* oes y Rhufeiniaid, mae'n debyg mai'r fersiynau amlycaf yw'r gweithiau o'r Iseldiroedd yn yr 16eg ganrif, yn arbenigo mewn golygfeydd o fywyd gwerinol, e.e. 'Priodas Werinol' (Bauernhochzeit / Peasant Wedding) gan Breughel, 1568, Kunsthistorisches Museum, Fienna (Wien), a dramâu bach bywyd domestig bob dydd y dosbarth canol, e.e. Pieter de Hooch, 'Y Cwpwrdd Llieiniau' (De Linnenkast / The Linen Cupboard), 1663, Rijksmuseum, Amsterdam.

■ *Pwy:* er nad yw'n cael ei ystyried yn bwysig, mae peintio genre wedi bod yn destun cyson mewn celfyddyd, er enghraifft paentiadau Vermeer. Er bod y gweithiau hyn o'r Iseldiroedd, yn dyddio o'r 17eg ganrif, yn ymdebygu i weithiau genre, maen nhw'n fach ac ar y cyfan yn disgrifio bywyd yn y cartref. Mae celf Vermeer yn ymddangos fel pe bai'n darlunio gweithgareddau pob dydd, ond mae'r ffordd hyfryd y mae'r artist wedi peintio goleuni, a'i ddefnydd gofalus o'r wyddor opteg newydd, wastad wedi gwthio ffiniau'r term 'genre'. Er enghraifft, gallai 'Celfyddyd Peintio' (Die Malkunst / The Art of Painting), 1670, Kunsthistorisches Museum, Fienna, fod ond yn olygfa o fywyd yr artist wrth iddo weithio gartref, neu gallai fod yn *alegori* *allegory* manwl i ddisgrifio

g

rôl peintio mewn cymdeithas. Mae gweithiau genre diweddarach, e.e. gwaith Jean-Siméon Chardin, yn parhau â thema bywyd di-nod teulu yn eu cartref — gweler 'Yr Ysgolfeistres Ifanc' (La Jeune Institutrice / The Young Schoolmistress), 1740, Yr Oriel Genedlaethol, Llundain, sy'n dangos plentyn yn dysgu plentyn iau i ddarllen mewn gofod tywyll, heb fod yr un ohonynt yn edrych allan o'r cynfas i ddal llygad y gwyliwr. Er i'r rhan fwyaf o arloeswyr blynyddoedd cynnar yr 20fed ganrif, fel Cézanne a'r *Ciwbwyr Cubists* ar ei ôl, dueddu i ganolbwyntio ar *fywyd llonydd still life*, mae bywyd domestig cyffredin wedi parhau i fod yn destun sy'n cael sylw. Gellid dadlau bod 'Gwely' (Bed) Robert Rauschenberg, 1955, olew a phensil ar glustog, cwilt a chynfas gwely ar ffrâm bren, Amgueddfa Celfyddyd Fodern, Efrog Newydd, yn parhau â'r thema hon (gweler *peintio cyfunol combine paintings*). Yn sicr, mae'r thema'n parhau yng ngwaith Tracey Emin — nid yn unig yn ei phrintiadau ar lun dyddiaduron, lle mae hi'n cofnodi ei meddyliau, ond hefyd yn y cwiltiau appliqué o'i heiddo, ac yn fwyaf amlwg yn y gwaith 'Fy Ngwely' (My Bed), 1998, Casgliad Saatchi, Llundain — cyflwyniad o wely'r artist, sydd, yn ei holl ogoniant di-raen, yn parhau i weithio mewn dull genre (gweler *YBAs*).
■ *Cyswllt:* **tirlun** *landscape*, **bywyd llonydd** *still life*.

gestural painting **peintio ystumiol:** arddull peintio lle mae'r broses o greu'r paentiad wedi'i ddangos yn y marciau ar y cynfas, a hyn yw holl bwrpas y gwaith. Mae ystumiau'r artist, gan ddefnyddio gwaith brwsh llawn mynegiant ar raddfa fawr, yn datgelu personoliaeth yr artist neu, yn ddelfrydol, yn datgelu bod mewnol yr artist i'r gwyliwr. Roedd defnydd y *Moderniaid Modernists* o'r dechneg yn ddyledus iawn i *ysgrifennu awtomatig automatic writing*.
■ *Pryd:* er bod y syniad o ddefnyddio strôc brwsh i ddangos personoliaeth yr artist yn mynd yn ôl i *Ramantiaeth Romanticism* a chyn hynny, fel arfer caiff peintio ystumiol ei gysylltu â *Mynegiadaeth Expressionism* Ewropeaidd, ac yn ddiweddarach â *Mynegiadaeth Haniaethol Abstract Expressionism* yn America.
■ *Pwy:* Ernst Ludwig Kirchner, Willem de Kooning, Jackson Pollock, Marc Tobey, neu waith yr artist ifanc Meirion Ginsberg.
■ *Cyswllt: Mynegiadaeth Haniaethol Abstract Expressionism,* **peintio gweithredol** *action painting,* **ysgrifennu awtomatig** *automatic writing,* **Mynegiadaeth** *Expressionism.*

glaze **gwydredd:** haenen denau, dryloyw o baent sy'n cael ei roi dros *liw colour* arall, fel bod haenau cynyddol yn creu dyfnder wrth i olau gael ei adlewyrchu nôl o dan yr arwyneb, a'i newid gan y gwydredd. Mae'r effaith sy'n cael ei greu trwy ychwanegu gwydredd yn effaith cwbl wahanol i gymysgu dau bigment gyda'i gilydd fel *golchiad wash* a'i roi ar bapur gwyn pur (gweler *dyfrlliw watercolour*). Mae gwydredd yn rhoi'r argraff o ddyfnder a golau, sy'n ddefnyddiol iawn mewn *peintio olew oil painting* er mwyn cyfleu dillad a chroen. Mae'r un broses yn cael ei defnyddio mewn cerameg er mwyn creu gorchudd gwrth-ddŵr, a gellir ei defnyddio'n addurniadol yn ogystal ag ar gyfer gwarchod yr addurn sydd wedi'i roi ar y clai.

■ *Pwy:* er nad Van Eyck wnaeth ddyfeisio peintio olew (fel yr oedd pobl unwaith yn ei gredu), fe gyfrannodd at ddatblygu technegau gwydredd. Ei dechneg ef oedd gwydru olew dros grwnd TEMPERA, er mwyn i'r TEMPERA wy (sy'n sychu'n gyflym) gael ei gyfuno gyda'r haenau o baent olew o liwiau cyfoethog (sy'n sychu'n arafach). Edrychwch, er enghraifft, ar ei waith 'Priodas Arnolffini' (Portret van Giovanni Arnolfini en zijn vrouw / Arnolfini Marriage), 1434, Yr Oriel Genedlaethol, Llundain, lle mae'r lliwiau dwys gwyrdd yn nillad y wraig a'r cysgodion dwfn yn y lliwiau coch ar y gwely wedi'u cynhyrchu drwy haenau o wydredd ar is-haen ddi-draidd. Arbrofodd artistiaid eraill ymhellach, gan ymestyn y defnydd o wydredd olew. Defnyddiodd Leonardo da Vinci dechneg SFUMATO, er enghraifft (natur niwlog tonau wedi'u cymysgu). Techneg oedd hon a grëwyd trwy ddefnyddio nifer o haenau gwydredd tryloyw, e.e. o gwmpas llygaid y gwrthrych yng ngwaith Leonardo 'Mona Lisa', 1503–06, Musée du Louvre, Paris, lle mae'r wên enwog hefyd wedi'i chreu gan wydreddau cynnil dros ben. Yn y 19eg ganrif defnyddiodd J. M. W. Turner, wydredd ag afiaith. Mae'r 'Temeraire Heriol' (Fighting Temeraire), 1838, Yr Oriel Genedlaethol, Llundain, yn dangos cyfuniad eang o holl nodweddion paent olew: lliwiau glas di-draidd a phinc yn yr awyr, er enghraifft, gyda thros-haen o wydredd melyn a phinc, ynghyd â gwyn, melyn a choch wedi *sgwmblo scumbled* er mwyn cyfleu nerth yr haul. Roedd Turner yn adnabyddus fel arbrofwr â'i dechnegau peintio, gan weithio gyda gwydreddau farnais hyd yn oed pan oedd ei waith wedi'i osod i fyny ar gyfer ei arddangos. Tua diwedd y 19eg ganrif, ac yn sicr ar ddechrau'r 20fed ganrif, peidiodd artistiaid â defnyddio gwydredd; roedd yn well ganddynt beintio'n uniongyrchol gan ddefnyddio lliwiau di-draidd cynyddol bur (gweler *Ffofyddiaeth Fauvism*).

golden section rhaniad euraid: yr enw a roddir i'r gyfran a geir wrth rannu llinell yn ddwy ran anghyfartal. Mae cymhareb hyd cyfan y llinell yr un peth â chymhareb y rhan fyrraf i'r rhan hiraf. Mae'r llygad yn gwneud y rhaniad hwn yn naturiol, a chaiff ei ystyried fel un sy'n arbennig o harmonig. Bu mathemategwyr hen Roeg yn astudio'r rhaniad euraid, a chafodd ei ddefnyddio o'r newydd yn ystod y *Dadeni Renaissance*.

■ *Cyswllt: cyfansoddiad composition, **persbectif** perspective, **Dadeni** Renaissance*.

Gothic Gothig: y term sy'n disgrifio celfyddyd yr Oesoedd Canol, yn ymestyn o ddechrau'r 12fed hyd yr 16eg ganrif, ac yn amlwg yn holl gelfyddydau Ewrop. Gwnaeth yr adfywiad Gothig Seisnig yn ystod y 18fed ganrif ei sefydlu fel arddull arall i *glasuriaeth classicism*. Er diwedd y 18fed ganrif mae'r gair 'Gothig' hefyd wedi cael ei ddefnyddio er mwyn disgrifio unrhyw beth sy'n dywyll, neu'n rhyw frith ganoloesol, ac efallai ychydig yn sinistr.

g

Nodweddion allweddol pensaernïaeth Gothig yw bwâu pigfain neu gromennog (*pointed or vaulted arches*), bwtresi a bwtresi hedegog (*flying buttresses* — sef pileri ar ochr adeiladau Gothig sy'n cynnal yr adeiledd), ac addurniadau coeth sydd wedi datblygu'n organig, o'u gwrthgyferbynnu â muriau llyfn, plaen adeiladau'r **Dadeni** *Renaissance* diweddarach a ysbrydolwyd gan yr oes glasurol. Gyda'r lleihad mewn lle ar y muriau yn yr eglwysi cadeiriol mawr, dechreuwyd ddefnyddio gwydr lliw yn y ffenestri yn lle paentiadau. Cymharwch uchafbwynt y mudiad Gothig Seisnig, Capel Coleg y Brenin, Caergrawnt, 1446–1515 (yn enwedig y nenfwd addurnedig lle mae'r bwâu pigfain braidd i'w gweld o dan addurniadau'r ffanfowt), â'r Gysegrfa Newydd, Capel y Medici gan Michelangelo, 1519, Fflorens (Firenze). Yng nghapel Michelangelo fe welwch furiau plaen, addurniadau clasurol, nenfwd syml a chynllun cymesur pur.

Mae'r defnydd o fanylder dwys yn nodwedd o gelfyddyd Gothig — er enghraifft '**Diptych** Wilton', tua 1395, artist anhysbys, Yr Oriel Genedlaethol, Llundain. Mae dau banel bychan y diptych hwn yn y dull Gothig Rhyngwladol diweddar, ac yn llawn o flodau wedi'u peintio ag iddynt ystyr symbolaidd, ynghyd â dehongliad manwl o'r Forwyn Fair, yr angylion ag adenydd yn ymestyn fel adenydd adar ac yn creu patrymau ar draws cefn y panel, a'r brenin Rhisiart II gyda'i osgordd o seintiau. Mae clogyn Rhisiart, er enghraifft, yn llawn o berlau bychain sy'n creu delweddau o godau'r banadl, symbol teulu'r Plantagenet.

■ **Pryd:** gan gychwyn gyda phensaernïaeth y 12fed ganrif yn Ffrainc, i ddechrau fe roddwyd yr arddull Gothig ar waith bron yn llwyr ar eglwysi cadeiriol Cristnogol, ond yn y 13eg ganrif dechreuodd yr arddull gwmpasu pensaernïaeth fynachaidd, eglwysi plwyf a phensaernïaeth ddomestig. Daeth dominyddiaeth yr arddull Gothig yn Ewrop i ben tua'r 16eg ganrif.

■ **Cyswllt:** **Clasurol** *Classical*, **Dadeni** *Renaissance*. Yn yr Eidal, sefydlodd Giotto safonau newydd wrth i newid ddigwydd o'r Gothig i'r Dadeni Cynnar, e.e. Capel yr Arena, 1305–06, Padua. Yn y capel hwn peintiodd Giotto weithiau ffresgo sydd ymhlith y cyntaf i ddangos y pwysau sydd i gyrff y ffigurau; ffigurau sy'n ymddangos fel bodau unigol yn llenwi gofod — un o nodweddion allweddol yr Uwch Ddadeni.

■ **Elfennau ffurfiol:** lliw. Uchafbwynt celf Gothig o ran lliw yw'r gwydr lliw yng Nghadeirlan Chartres yn Ffrainc ble mae'r defnydd o goch a glas, lliwiau dioddefaint Crist a'r Forwyn Fair, yn drawiadol.

Patrwm: edrychwch ar sut mae patrwm yn cael ei ailadrodd, yn enwedig mewn pensaerniaeth, e.e. ar Borth y Gorllewin yng Nghadeirlan Chartres, 1145–70. Mae'r ffigurau yn sefyll mewn colofnau cerfiedig, eu dillad yn dangos naill ai blygiadau fertigol sy'n ailadrodd yn rheolaidd, neu blygiadau lletraws — y ddau ddull yn gwbl annaturiol. Mae'r ffigurau'n sefyll ar golofnau sydd eto wedi'u haddurno gan batrymau geometrig sgwâr, neu linellau wedi'u cydblethu. Cymharwch y defnydd hwn o batrwm gyda'r ffigurau ar Borth Gogleddol Chartres, 1194, lle mae'r cerflunwyr wedi dechrau edrych ar gerflunwaith clasurol ac, o bosibl, y ffordd y mae defnydd yn plygu mewn gwirionedd; yn sicr, mae'r ffigurau yn fwy naturiol. Felly, beth yw rôl patrwm yn y cerflunwaith ar y ddau borth hyn?

gouache: paent a gymysgir â dŵr ac sy'n ddi-draidd pan yn sych, yn wahanol i'r *golchiad wash* tryloyw a ddefnyddir mewn *dyfrlliwiau watercolours*, er enghraifft. Mae arwyneb gorffenedig paent gouache yn ddwys; mae'r paent yn edrych fel pe bai wedi'i osod yn fwy trwchus nag y mae mewn gwirionedd. Yn wahanol i baent acrylig, nid oes polymerau rhwymo ynddo ac, o ganlyniad, dim sglein. Fel arfer caiff gouache ei werthu mewn tiwbiau bach gydag enwau anghyfarwydd i'r pigmentau. Mae gouache yn ddefnyddiol iawn fel cyfrwng ychwanegol gyda phaent acrylig a dyfrlliwiau. Hefyd, gan nad yw gouache yn llifo'n drwm ac yn gallu cael ei reoli'n rhwydd mewn ardaloedd bach, a gan fod iddo liw dwys, mae'n gyfrwng da ar gyfer gwaith graffig.

Grand Manner Y Ddarddull Fawr: dyma'r enw a roddir gan yr academïau yn Ffrainc i'r arddull a ddefnyddiwyd ar gyfer peintio hanesyddol yn benodol, yn seiliedig ar ddulliau Raffael, Poussin a'r brodyr Carracci. Nod sylfaenol y Ddarddull Fawr oedd dyrchafu celf uwchlaw natur gyffredin. O ganlyniad byddai manylion bach mewn tirlun neu bortread, er enghraifft, yn cael eu gadael allan ar draul naill ai ffigurau wedi'u gwisgo mewn dillad clasurol, neu noethluniau delfrydol gyda'r pwyslais ar gryfder corfforol a llawer iawn o ystumiau dramatig.

■ *Pryd:* o'r *Dadeni Renaissance* hyd ddiwedd y 19eg ganrif. Defnyddiwyd y term yn gyntaf yn yr 17eg ganrif.

■ *Pwy:* unrhyw artist oedd am wneud enw iddo'i hun — er enghraifft, Nicholas Poussin, 'Cipio Gwragedd y Sabini' (L'enlèvement des Sabines / The Abduction of the Sabine Women), 1636–37, Yr Amgueddfa Gelf Fetropolitan, Efrog Newydd. Cymharwch yr emosiwn rhyfeddol sy'n cael ei ddangos (ffigurau wedi'u rhewi fel cerfluniau, cyfeiriadau lu i'r gorffennol clasurol, llawer iawn o CONTRAPPOSTO, ac ati) gyda chelf wnaeth geisio gymryd lle'r Ddarddull Fawr, e.e. *realaeth realism*, a gwaith Gustave Courbet, 'Dydd Da, Monsieur Courbet' (Bonjour Monsieur Courbet), 1854, Musée Fabre, Montpellier. Er bod gwaith Courbet yr un maint â gwaith Poussin, mae Courbet yn dangos ef ei hun yn cyfarfod â'i noddwr (sef y dyn sy'n prynu ei ddarluniau). Mae'r testun felly yn un cyffredin ac mae natur yn cael ei bortreadu'n gywir heb rwysg nac ystumiau arwrol.

■ *Cyswllt:* *Genre, peintio hanesyddol history painting, Neoglasuriaeth Neo-classicism, realaeth realism*.

g

graphic art celfyddyd graffig**:** y term cyffredinol ar gyfer lluniadau a gweithiau print ar bapur (e.e. ysgythru, engrafiadau, toriadau pren, lithograffeg).

ground grwnd**:** yr arwyneb y mae gwaith celf yn cael ei greu arno, papur ar gyfer paentiadau *dyfrlliw watercolour* neu *acrylig acrylic,* *cynfas canvas* ar gyfer peintio olew neu acrylig, neu efallai fwrdd pren (pren haenog tenau, MDF, caledfwrdd, ac ati) wedi'i breimio'n addas, fel arfer â phaent emwlsiwn gwyn. Gall arbrofi â grwnd gwahanol roi canlyniadau amrywiol a diddorol i chi; er enghraifft, a oes angen i'r grwnd fod yn wyn llachar? Yn draddodiadol, roedd peintwyr yn defnyddio lliw niwtral fel brown er mwyn rhoi tôn canolig i'w gwaith, ac yn y brasluniau cyntaf dim ond y goleubwyntiau a'r tonau tywyllach fyddai'n cael eu hychwanegu er mwyn dechrau adeiladu'r ddelwedd. Nid oes rhaid i'r grwnd fod yn hollol wastad chwaith; mae yna 'afael' i bapur, sef ffibrau bach ei gyfansoddiad. Y cryfaf yw'r gafael (po fwyaf garw yw'r papur), mwyaf oll o'r ffibrau sy'n gallu dal y brwsh a'r paent, neu'r pensil sy'n gosod marc arno. Os ydych yn defnyddio ffrâm neu grwnd pren, gallwch dynnu defnydd dros yr arwyneb fel ei fod yn amsugno'n well — mae llawer o fyfyrwyr, er enghraifft, yn estyn mwslin rhad dros eu byrddau er mwyn rhoi effaith digon tebyg i gynfas.

h

Happening Digwyddiad**:** ffurf ar gelf ac adloniant yn dyddio o'r 1960au, lle'r oedd y gwaith celf yn weithred neu'n gydosodiad o ddigwyddiadau gyda'r bwriad o dynnu'r gwyliwr i mewn. Roedd y gweithredoedd hyn yn fyrfyfyr, yn ddigymell ac yn heriol. Gan ei bod yn amhosibl eu hatgynhyrchu fel gweithiau celf confensiynol, fe gawson nhw eu dogfennu yn amlach na pheidio.

■ *Pryd:* o'r 1960au, gan ddechrau yn America.

■ *Pwy:* Allan Kaprow, Jim Dine, Claes Oldenburg, Robert Rauschenberg, y grŵp Fluxus.

■ *Cyswllt: Dada.* Mae Digwyddiadau hefyd yn rhannu nodweddion gyda *chelf Berfformiadol Performance art*, ond prin fod ganddynt unrhyw gynllun na choreograffeg. Roedd gwaith cynnar Claes Oldenburg yn cynnwys Digwyddiadau; edrychwch hefyd ar waith y grŵp artistiaid Fluxus, er enghraifft 'Darn Toredig' (Cut Piece) Yoko Ono, 1964, lle torrodd pob un o aelodau'r gynulleidfa ddarn o'i dillad i ffwrdd nes bod dim ar ôl.

Hard-Edge Painting Peintio Caledlin**:** peintio haniaethol sy'n cynnwys ardaloedd lliw sy'n glir o ran diffiniad, ac yn aml yn geometrig — mewn geiriau eraill, peintio sy'n wahanol iawn i'r strociau brwsh eang a geir gyda *pheintio ystumiol gestural painting* y *Mynegiadwyr Haniaethol Abstract Expressionists* cynharach. Roedd hwn yn fudiad tebyg iawn i *Beintio Maes Lliw Colour Field Painting*, a oedd yn trin plân y paentiad fel un arwynebedd eang sengl a fflat, heb unrhyw wahaniaethu rhwng y ffigur a'r grwnd.

■ *Pryd:* y 1960au a'r 1970au, yn bennaf yn America.

■ *Pwy:* Kenneth Noland, Ellsworth Kelly.

■ *Cyswllt: Peintio Maes Lliw Colour Field Painting.* Mae gwedd beirianyddol rhai o'r paentiadau hyn yn cyfeirio at *Finimaliaeth Minimalism.* Caiff nifer o baentiadau Ellsworth Kelly, sy'n edrych fel pe baent yn rhai haniaethol, e.e. 'Tro Gwyn' (White Curve), 1974, Tate Modern, Llundain, eu cymryd o ddarnau a gwrthrychau o fywyd pob dydd, ac o rannau o'r tirlun. Yn 'Tro Gwyn' mae'r tro crwm yn ddarn geometrig manwl gywir o gylch, ac mae'n cyfeirio at y bryniau a'r cymoedd ger cartref yr artist yn Chatham, Efrog Newydd. Gallwch ddilyn yr un broses eich hun — mewn cyfres o luniadau, dewiswch ddarn a allai gael ei wneud yn llai a'i chwyddo yn fwy o lawer gan ddefnyddio palet cyfyng iawn: cymharwch hyn hefyd â phroses waith Mondrian, e.e. *De Stijl*.

historicism peintio hanesol: adfywiad ac obsesiwn ag ail-adrodd arddulliau artistig cynharach yn fanwl gywir, er mwyn creu arddull, e.e. *Neoglasuriaeth Neo-classicism*.

history painting peintio hanesyddol: dangos digwyddiadau hanesyddol, neu themâu mytholegol, Beiblaidd a llenyddol, a oedd naill ai'n cael eu cyflwyno mewn ffordd realistig neu ffordd ddelfrydol. Ym marn yr academïau yn Ffrainc, ffurf fwyaf teilwng celfyddyd oedd peintio hanesyddol, gyda maint anferth y gweithiau a grëwyd yn nodwedd amlwg, ynghyd ag arddull y *Ddarddull Fawr Grand Manner* a'r cyfeiriadau cymhleth at y gorffennol hanesyddol. Yn yr hierarchaeth, dilynwyd peintio hanesyddol gan bortreadu, tirlun a bywyd llonydd, a pheintio *Genre* oedd yr isaf o ran pwysigrwydd.

■ *Pryd:* o'r *Dadeni Renaissance* hyd ddiwedd y 19eg ganrif.

■ *Pwy:* unrhyw artist oedd am wneud enw iddo'i hun.

■ *Cyswllt: Genre, Y Ddarddull Fawr Grand Manner.*

hue arlliw: dyma fyddwn ni'n ei olygu, mewn gwirionedd, wrth sôn am *liw colour*, y brif donfedd olau sy'n cyfateb i liw penodol, h.y. yr hyn sy'n cynhyrchu'r lliw mewn lliw, neu sy'n penderfynu pa mor goch yw coch (tra mai nodwedd arall lliw yw *dirlawnder saturation*).

icon eicon: delwedd o sant neu berson sanctaidd arall, yn enwedig yn yr Eglwys Fysantaidd a'r Eglwysi Uniongred Groegaidd a Rwsieg. Credwyd fod eicon yn gweithredu fel cyfrwng rhwng y sawl oedd yn addoli a'r person sanctaidd y cyflwynwyd y gweddïau iddo neu iddi. I ddechrau, peintiwyd eiconau ar baneli yn hytrach na fel gweithiau ffresgo, ac o ganlyniad roeddent yn weithiau bach o ran maint. Roedd y rheolau ar gyfer creu'r eiconau hyn yn rhai llym, yn dilyn patrymau penodol a thraddodiadau caeth a etifeddwyd er dyddiau celf *glasurol classical*. Ni fu newid o ran nodweddion y delweddau sanctaidd, ond datblygodd y nodweddion yn arddulliedig ac fe'u hailadroddwyd dro ar ôl tro. Dyma, mewn gwirionedd, oedd yr unig elfennau o gelf glasurol a wnaeth oroesi ac roeddent yn bwysig i'r *Dadeni Renaissance* cynnar. Cymharwch eicon y 'Madonna Nikopoeia' o'r 12fed ganrif, San Marco, Fenis (Venezia), â *thriptych triptych* Duccio di Buoninsegna o'r 'Forwyn a'r Baban Iesu gyda Sant Dominic a'r Santes Aurea' (La Madonna col Bambino tra san Domenico e sant'Aurea / Virgin and Child with St Dominic and St Aurea), 1310–20, Yr Oriel Genedlaethol, Llundain. Mae'r Forwyn Fair yn wynebu tua'r blaen yn yr eicon, er bod ei chorff wedi troi yn yr allorlun, ond mae elfennau allweddol ei hwyneb a'i dwylo arddulliedig yr un peth yn y ddau. Mae paentiad Duccio'n dangos dechrau'r *naturiolaeth naturalism* sy'n nodwedd o'r Dadeni, wrth i gelf ddechrau adeiladu ar y dulliau Bysantaidd o gynrychioli'r ffurf y gwelwn ni yn yr eiconau a'r gwaith *mosaig (brithwaith) mosaic* mwy sydd wedi goroesi.

Mewn cyfnod diweddar, mae ystyr y gair 'eicon' wedi'i ehangu i olygu enghraifft nodweddiadol neu glasurol ac, wrth gwrs, dyma'r enw a roddir i'r darluniau bach ar fwrdd gwaith cyfrifiadur sy'n eich arwain at wahanol swyddogaethau wrth i chi glicio arnynt.

■ *Pryd:* un o'r eiconau cynharaf yr ydym yn gwybod amdano yw eicon Sant Ioan Efengylydd, tua 200 oc. Pylodd pwysigrwydd celf Fysantaidd gyda'r Croesgadau ac ysbeilio Caergystennin yn 1204. Ymledodd cwlt eiconau o Roeg i Rwsia, gan barhau'n rhan o ddull addoli Eglwysi Uniongred Groeg a Rwsia hyd heddiw.

■ *Cyswllt:* yn yr ystyr bod 'eicon' yn cyfeirio at berson adnabyddus, er enghraifft, delweddau argraffu sgrin sidan Andy Warhol o bobl enwog. Roedd y rhain mewn dull cyfoes o greu eiconograffeg, e.e. 'Marilyn Monroe Aur' (Gold Marilyn Monroe), 1962, Amgueddfa Celfyddyd Fodern, Efrog Newydd. Mae ailadrodd wyneb Marilyn Monroe mewn ffurf graffig ar gefndir aur yn cyflwyno dim ond elfennau allweddol y ddelwedd rydym wedi dod i'w hadnabod fel seren y sgrin fawr, gan ddatgelu hefyd rywfaint o wagedd a byrhoedledd ei henwogrwydd; ategir hyn yn 'Gwefusau Marilyn Monroe' (Marilyn Monroe's Lips), 1962, Sefydliad Smithsonian, Washington DC — sef *diptych* yn cynnwys 168 fersiwn o'i gwefusau, pob un yn amrywio ychydig bach ar yr un ddelwedd sgrin sidan. Yn yr un modd ag y gellid adnabod sant o'r 10fed ganrif ar ôl y nodweddion a beintiwyd nesaf at y ffigur (gyda Sant Jerôm, er enghraifft, darlunir llew, a gyda Ioan Fedyddiwr darlunir croen anifail), deallodd Warhol fod angen y nodweddion gweledol hyn ar bobl enwog hefyd er mwyn i ni eu hadnabod. Mae'r un broses yn parhau heddiw — byddai cymryd ffigurau amrywiol o'r 21ain ganrif a'u cynrychioli yn ôl eu prif nodweddion yn unig yn broject diddorol. Ond cofiwch hefyd i waith Warhol fanteisio ar ddulliau cyfoes masgynhyrchu delweddau'r cyfryngau torfol. Sut mae delweddau yn cael eu dylunio a'u creu heddiw? Beth yw nodweddion gweledol yr iaith newydd hon ar gyfer creu delweddau? Fedrwch chi adnabod ac ailddefnyddio'r nodweddion hynny fel rhan o'r gwaith celf fyddwch chi'n ei greu? Oes modd cyfuno'r ddau ystyr diweddar ar gyfer y term eicon? Cofiwch na fydd llungopïo a phastio nodweddion Lady Gaga i mewn i'ch llyfr gwaith yn cyflawni rhyw lawer oni bai eich bod yn gallu lleoli'r delweddau mewn cyd-destun ymchwil gweledol difrifol.

iconoclasm eiconoclastiaeth: dinistrio delweddau, neu ddelwddryllio, proses a ddechreuodd yn yr eglwys Gristnogol gynnar yn yr 8fed ganrif. Hyd nes y Diwygiad Protestannaidd yn yr 16eg ganrif, roedd eglwysi cadeiriol ac eglwysi plwyf Cymru a Lloegr yn llawn lliw a phaentiadau, ond un o ganlyniadau twf yr eglwys Brotestannaidd dan benllywyddiaeth Harri VIII yw'r muriau noeth a gwyn a welwn ni mewn eglwysi heddiw — hyn oherwydd eiconoclastiaeth a ddaeth yn sgil lledaeniad Protestaniaeth. Gall 'delwddrylliwr' gyfeirio at rywun sy'n dinistrio delweddau crefyddol; ystyr mwy cyfoes i'r gair yw rhywun sy'n ymosod ar yr holl gredoau sydd bwysicaf mewn cymdeithas. Yn y cyd-destun hwn, mae nifer o artistiaid 'modern' wedi bod yn ddelwddryllwyr.

iconography/iconology eiconograffeg/eiconoleg: astudiaeth o gynnwys gwaith celf, ffordd o edrych ar hanes celf sy'n adnabod, disgrifio, dosbarthu a dehongli cynnwys y celfyddydau gweledol. Yn fras, mae eiconograffeg yn ymdrin â'r hyn welwch chi yn union mewn paentiad, print, cerflun ac ati — pwy yw'r bobl, er enghraifft, beth yw ystyr y symbolau, sut mae artistiaid eraill wedi'u defnyddio yn y gorffennol, ac yn y blaen.

Mae eiconoleg yn cael ei ddefnyddio i gyfeirio at y cyfan o'r uchod, a hefyd at yr astudiaeth ehangach sy'n ystyried sut mae cymdeithasau gwahanol wedi deall celf a hanes celf mewn cyfnodau gwahanol. Mae hyn yn dibynnu ar y syniad nad yw'r celfyddydau yn hunangynhaliol neu'n annibynnol o'u cyd-destun; maen nhw'n rhan o ddiwylliant ehangach ac wedi'u dylanwadu'n drwm gan amgylchiadau cymdeithasol ac economaidd. I bob pwrpas, mae'r gwahaniaeth rhwng eiconograffeg ac eiconoleg yn amwys, ac mae'r ddau derm yn gynyddol yn cyfeirio at fwy neu lai yr un peth.

iconostasis eiconostasis: y sgrin a geir mewn eglwysi Uniongred Bysantaidd a Rwsieg i wahanu'r cysegr (lle bydd yr offeiriad yn gweini) oddi wrth brif ran yr eglwys (lle bydd y lleygwyr yn ymgynnull). Gorchuddir y sgrin ag *eiconau icons.*

ideal delfryd: wrth ddelfrydu natur, er enghraifft, bydd celfyddyd yn ei har-ddangos yn ei holl harddwch, ysblander a gogoniant — gan hyd yn oed fentro i wella ac i berffeithio natur ei hun. Cyfeirir hefyd at ddelfryd yn niddordeb y *Dadeni Renaissance* mewn myfyrdodau o'r oes *Glasurol Classical* ac athrawiaeth Platon (Plato) mai gwaith yr artist oedd dangos y bythol wirioneddau, y perffeithrwydd delfrydol y tu ôl i fyd natur, yn hytrach nag atgynhyrchu ymddangosiad allanol llai dyrchafedig gwrthrychau'r byd. Roedd hyn yn bwysig wrth i artistiaid ddiffinio rôl a ddangosai fod mwy i'w gwaith na chopïo, a'u bod mewn gwirionedd yn feddylwyr dwys a hyd yn oed yn wyddonwyr ac yn haeddu parch uwch mewn cymdeithas na chrefftwyr cyffredin (a gyda hynny deuai clod, mawl, parch a bri). Cyferbynner hyn ag artistiaid a ddefnyddiodd yr arddull a ddatblygwyd yn ystod y Dadeni er mwyn dangos bywyd go iawn (gweler Caravaggio (*Baróc Baroque*), Courbet (*realaeth realism*)), ond a feirniadwyd yn hallt am droi i ffwrdd oddi wrth y rheolau sylfaenol y barnwyd eu bod yn gwarantu bri celf yn y lle cyntaf.

■ *Pryd:* o'r *Dadeni Renaissance* hyd ddiwedd y 19cg ganrif.

■ *Pwy:* unrhyw artist oedd am wneud enw iddo'i hun.

■ *Cyswllt:* *Baróc Baroque,* *Clasurol Classical, realaeth realism.* Mae dangos y byd yn ei ffurf ddelfrydol yn hanfodol i *beintio hanesyddol history painting* a'r *Ddarddull Fawr Grand Manner.* Gellid hefyd disgrifio'r awydd am ddelfryd fel rhan o freuddwyd mudiadau celfyddyd iwtopaidd fel *De Stijl*, er bod yr haniaeth pur yr oeddent yn chwilio amdano yn sylfaenol wrthun i'r ffigurau noeth a'r ystumiau rhwysgfawr oedd mor nodweddiadol o'r ffurfiau delfrydol cynharach. Er dechrau'r 1930au, mae'r defnydd o ffigurau a chefndiroedd delfrydol fel rhan o bropaganda *Realaeth Sosialaidd Socialist Realism* a *chelf Natsïaidd Nazi art* wedi gorfodi ail-asesiad o rôl delfrydiaeth mewn celfyddyd.

illusion/illusionism rhith/rhithiolaeth: ynghyd â *rhagfyrhau foreshortening,* *persbectif llinol linear perspective* a dyfeisiadau arlunyddol fel graddiant cymysg a *phersbectif awyrol aerial perspective,* mae rhithiolaeth yn creu golwg optegol tri-dimensiwn a gofod dwfn ar arwyneb dau-ddimensiwn. Cyfeirir at hyn hefyd fel *hygrededd verisimilitude*. Dylem ofyn pam mae gan rai artistiaid yr awydd i ddefnyddio'r fath dechneg yn eu gwaith, a pham mae'r gwyliwr yn ei ystyried yn rhywbeth mor arbennig mewn celf? Beth, er enghraifft, sy'n gwneud rhithiolaeth TROMPE L'OEIL (lle mae'r llygad yn cael ei dwyllo am ryw ychydig i gredu bod gwrthrych neu ofod sydd wedi'i beintio yn real mewn gwirionedd) mor atyniadol?

■ *Pryd:* mae rhithiolaeth wedi bod yn rhan o werthfawrogiad celf er amser yr hen Roegiaid. Yn y 5ed ganrif CC mae'n debyg i Zeuxis beintio llun o rawnwin gyda'r fath ddawn rithiol nes bod adar wedi ceisio eu bwyta! Yna gwnaeth Parrasios (Parrhasius), arlunydd yr oedd Zeuxis mewn ymryson celfyddydol ag ef, beintio gorchudd TROMPE L'OEIL i guddio'r grawnwin. Fe wnaeth hynny dwyllo Zeuxis gan iddo geisio tynnu'r gorchudd i ffwrdd. Adroddwyd yr hanesyn hwn yn gyson er mwyn annog peintwyr i ymgyrraedd tuag at rithiolaeth berffaith yr artistiaid *Clasurol Classical* hyn. Er *Moderniaeth Modernism*, prin oedd yr artistiaid a arferodd ddoniau o'r fath, gan ddewis yn hytrach ddulliau portreadu mwy 'gonest'.

■ *Cyswllt: Clasurol Classical, delfryd ideal, paent olew oil paint,* VANITAS (paeniadau rhithiol sydd fel arfer yn dibynnu ar nodweddion y cyfrwng a'i allu i efelychu dyfnder tôn y croen a natur gyffyrddadwy defnyddiau). Os gwelwch baentiadau sy'n cynnwys grawnwin neu ddarnau o ddefnydd yn orchudd, fe wyddoch fod yr artist yn cyfeirio'n uniongyrchol neu'n anuniongyrchol at y chwedl wreiddiol, e.e. gwaith Adriaen van der Spelt a Frans van Mieris 'Bywyd llonydd gyda blodau a llen' (Stilleven met bloemen en gordijn / Still Life with a Flower Garland and a Curtain), 1658, Sefydliad Celf Chicago, sy'n dangos llen sidan las wedi'i thynnu ar draws paentiad o flodau.

■ *Elfennau ffurfiol:* lliw, ffurf, tôn.

impasto: paent trwchus, di-draidd (sef paent nad yw'n dryloyw) sy'n cael ei roi ar y gwaith trwy ddefnyddio cyllell balet, sbatwla neu frwsh, lle mae strociau'r brwsh yn amlwg, a lle gall y paent ei hun greu effaith tri-dimensiwn. Mae paent sy'n sefyll uwchben arwyneb y paentiad yn dal y golau ac yn tynnu sylw iddo'i hun nid yn unig fel cyfrwng ond hefyd fel deunydd y gwaith celf, yn hytrach na bod yn rhan anweladwy o *rith illusion*.

■ *Cyswllt:* gallwch greu impasto trwm yn rhwydd trwy ddefnyddio paent olew heb ychwanegu dim byd i'w deneuo (gweler *paent olew oil paint*). Bydd angen cymysgu cyfrwng gel arbenigol, neu bast modelu (neu rywbeth rhatach neu haws i gael gafael arno, fel tywod, past papur wal neu PVA) gyda phaent acrylig. Mae paent dyfrlliw i'w ddefnyddio ar gyfres o staeniau, neu *olchiadau washes*, yn anaddas. Er bod paent *gouache* yn drwchus, mae natur unffurf y lliw yn golygu bod trwch yr arwyneb yn gallu bod yn anodd ei bennu. Os fedrwch gael gafael ar beiriant sy'n toddi cwyr, fel sy'n cael ei ddefnyddio ar gyfer batic, gall unrhyw bigment gael ei hydoddi mewn cwyr ac yna'i ddefnyddio ar fwrdd neu gynfas (arwyneb â gwead iddo sydd orau). Gallwch greu impasto trwm gyda chwyr — enw'r dull yw *llosgliw encaustic* a chafodd ei ddefnyddio'n gyntaf gan yr hen Roegiaid.

■ *Pwy:* arlunydd amlwg a ddefnyddiodd impasto yn ei waith oedd Kyffin Williams, e.e. Haul Uwch y Grib Goch (Sun Over Grib Goch), 1981, Oriel Plas Glyn-y-Weddw, Llanbedrog, Pwllheli, i greu'r hyn a ddisgrifiodd yr hanesydd celf Peter Lord fel effaith "yum yum" yn ei waith. Edrychwch hefyd ar waith Terry Setch o'r 1980au a'r 1990au.

Impressionism Argraffiadaeth: mudiad celf oedd yn cynnwys grŵp o artistiaid o Ffrainc ar ddiwedd y 19eg ganrif. Roedd y mudiad yn wrth-academaidd o ystyried nad oedd cynnwys eu paentiadau yn seiliedig ar themâu traddodiadol (gweler *Y Ddarddull Fawr Grand Manner*) a gwelwyd eu gwaith mewn mannau arddangos nad oeddent yn cynnwys y *Salon* swyddogol. Dyma nodweddion allweddol Argraffiadaeth:

- Roedd artistiaid yn ceisio peintio effeithiau optegol amgylchedd y gwrthrych neu'r olygfa, heb *naratif narrative* neu (yn ddamcaniaethol o leiaf) heb unrhyw ymyrraeth o gwbl gan yr artist. Wrth sôn am Monet, dywedodd Cézanne, 'dim ond llygad yw e, ond dyna i chi lygad!' Llygad a safbwynt yr artist oedd fwyaf pwysig mewn Argraffiadaeth, a sut y byddai'r artist yn rhyngweithio gyda'r tirlun trwy gyfrwng paent; paentiadau am faes gweledol cyfan y cynfas yn hytrach na'r mân fanylion a'r ffurfiau unigol oddi mewn iddi (gweler *cyfansoddiad composition*).

- Cyn yr Argraffiadwyr roedd celf wedi dibynnu ar sgiliau tanbaentio confensiynol, lluniadu, a swyddogaeth llinell. Mae llinell yn rhoi ymyl i wrthrych gan ddehongli'r gwrthrych felly a'i esbonio i'r gwyliwr. Byddai'r Argraffiadwyr yn gweithio'n uniongyrchol gyda phaent (gweler *peintio* PLEIN AIR *painting*) ac yn cofnodi eu hargraffiadau o'r olygfa gyfan heb ei ddehongli, gan ddewis testunau lle byddai'n amhosibl eu trin yn llinol (er enghraifft dŵr, stêm a niwl). Cyfeiriodd Monet at y gofod rhyngddo ef ei hun a'r testun, fel y niwl a'r tarth yn Llundain a fu'n amlwg yn un o'i gyfresi o 1870 ymlaen: 'I mi, nid oes bodolaeth i dirlun yn ei hanfod gan fod yr olygfa'n newid o un eiliad i'r nesaf. Yr amgylchedd sy'n rhoi bywyd iddo, mae'r awyr a'r golau yn newid yn gyson. I mi, dim ond yr amgylchedd sy'n rhoi gwir werth i'r testun'.

- Roedd yr Argraffiadwyr yn dewis testunau modern, gan gymryd diffiniad Baudelaire o'r hyn yr oedd moderniaeth, sef 'rhywbeth dros dro, diflanedig, annisgwyl' (gweler *modern* a *Moderniaeth Modernism*). Yn y modd hwn y peintiodd Monet a Renoir, drwy weithio ochr yn ochr â'i gilydd, gweler Monet, 'Ymdrochi yn La Grenouillère' (Bain à la Grenouillère / Bathers at La Grenouillère), 1869, Amgueddfa Gelf Fetropolitan, Efrog Newydd, a gwaith Renoir 'La Grenouillère', 1869, Nationalmuseum, Stockholm.

● Byddai'r Argraffiadwyr yn gweithio yn yr awyr agored (PLEIN AIR). Roedd hyn y golygu bod eu cynfasau'n fach er mwyn iddynt allu eu cludo i'r mannau priodol. Ar ddiwedd y 18fed ganrif ac ar ddechrau'r 19eg ganrif, roedd datblygiadau cynhyrchu yn cynnig pigmentau newydd i artistiaid, e.e. gwyn sinc, glas cobalt ac, yn bwysicach oll, dulas artiffisial er mwyn cymryd lle'r lapis lazuli drudfawr (gweler *lliw colour*). Roedd y lliwiau llachar newydd hyn yn cael eu gwerthu'n barod i'w defnyddio, heb fod angen i artistiaid falu a chymysgu eu lliwiau eu hunain. Ond yn 1841 dyfeisiwyd y tiwb paent metel hyblyg, ac arweiniodd hyn at ganlyniadau amlwg iawn ar beintio. Gallai artistiaid nawr fynd ag ystod o baent parod gyda nhw at y lleoliad yr oeddent am ei beintio. Roedd y paent tiwb yn fwy trwchus na'r paent a ddefnyddiwyd cyn hynny mewn stiwdio; dechreuodd cyflenwyr artistiaid werthu ystod eang o frwshys mwy trwchus, ynghyd â chyllyll palet er mwyn dod i ben â chyfansoddiad y paent newydd hyn — fe welwch effaith y deunyddiau a'r offer newydd ar y raddfa briodol ym mhaentiadau'r Argraffiadwyr, datblygiad a aeth yn groes i'r confensiynau ynghylch celf a oedd wastad wedi mynnu fod paentiadau pwysig yn rhai mawr (gweler *peintio hanesyddol history painting*).

● Newidiodd dull yr Argraffiadwyr o beintio gyfeiriad hanes celf. Os astudiwch sut y gwnaeth Monet greu ffurf, er enghraifft, yn 'Effaith yr hydref yn Argenteuil' (Effet de l'automne à Argenteuil / Autumn Effect at Argenteuil), 1873, Oriel Sefydliad Courtauld, Llundain, gwelwch yn amlwg y dulliau gwahanol a ddefnyddiwyd. Nid oes modelu CHIAROSCURO, na graddio o'r goleuni i'r tywyllwch (fel yng ngwaith Caravaggio, er enghraifft).

Mae gwaith brwsh rhanedig Argraffiadaeth glasurol yn dod o gyflymder strociau'r brwsh wrth geisio cofnodi amgylchiadau cyfnewidiol y golau. Cafodd ffurf mewn gweithiau a chyfresi fel 'Effaith yr hydref yn Argenteuil' ei greu gan liw, yn arbennig y cyferbyniad rhwng oren a glas. Sylwch ar y coed ar ochr dde y llun, ble mae dyfnder wedi cael ei amlygu trwy ddefnyddio dafnau o las ar ben yr oren. Mae encilio, neu *rith illusion* dyfnder, yn cael ei greu hefyd drwy leihau strôc y brwsh, yn fawr yn y blaendir ac yn llai tua'r gorwel pell, a thrwy'r llinell lorweddol o las tywyllach ar draws canol y paentiad. Mae yna gyfres o strociau llorweddol yn y blaendir sy'n rhoi sefydlogrwydd i'r cyfansoddiad, a strociau brwsh sy'n adleisio cyfeiriad y dail yn y coed, a hyd yn oed grafiadau gweladwy a wnaed gan ddolen y brwsh ar y goeden ar y dde er mwyn dangos canghennau moel. Mewn geiriau eraill, mae marciau'r artist yn amlwg — datblygiad o ddefnydd Van Gogh o strociau brwsh *impasto* i ddyfodiad y *nod awduraeth autographic mark*, sef nodwedd allweddol peintio yn y Gorllewin wedi hynny. Amlygodd Argraffiadaeth y gwahanu rhwng lliw pur ar gynfas a'r gwrthrychau yr oedd y lliwiau i gyfeirio atynt, gan baratoi'r tir ar gyfer arbrofion artistiaid fel Seurat (gweler *rhaniadaeth divisionism*) a'r Ôl-argraffiadwyr.

■ *Pryd:* term a ddefnyddiwyd yn gyntaf yn 1874 i gyfeirio at arddangosfa gyntaf Argraffiadaeth. Cyfnod Argraffiadaeth oedd rhwng 1869 ac 1900, gan gyrraedd ei anterth rhwng 1869 ac 1886.

■ *Pwy:* Édouard Manet, Claude Monet, Paul Cézanne, Edgar Degas, Camille Pissarro, Pierre-Auguste Renoir, Alfred Sisley (edrychwch ar baentiadau Sisley o'r arfordir ym Mhenarth) a Berthe Morrisot, un o'r ychydig ferched i'w hamlygu yn aelod o unrhyw fudiad celf cyn ail hanner yr 20fed ganrif.

■ **Cyswllt:** **Mynegiadaeth Haniaethol** *Abstract Expressionism,* **rhaniadaeth** *divisionism,* **Moderniaeth** *Modernism, Ôl-argraffiadaeth* **Post-Impressionism,** **realaeth** *realism.*

Gwnaeth Monet geisio peintio'r hyn yr oedd yn ei alw'n 'realiti optegol pur' — sef dim ond yr effeithiau gweledol — yn ei dirluniau a'i gyfres o astudiaethau ar fywyd dinesig. Ydy hyn yn bosibl? A oes modd i baentiadau ddal effeithiau golau? Tybed a wnaeth yr Argraffiadwyr lwyddo yn hyn o beth, ac a fu argyfwng mewn Argraffiadaeth? Byddai ymchwilio i'r cwestiynau hyn yn broject da, yn dilyn hynt Monet o'r 1860au i'w baentiadau olaf o'r lilis dŵr gwyn yn ei ardd yn Giverny, Ffrainc.

Mae rhai yn dadlau mai'r hyn oedd o ddiddordeb i'r Argraffiadwyr oedd realaeth optegol, nid realaeth gymdeithasol, ond mae gwrth-ddadl gref i hyn yn sylwebyddiaeth yr hanesydd celf T. J. Clark, er enghraifft. Rhowch gynnig ar gymharu unrhyw ddarn o gyfres Monet o'r 'Gare St Lazare', 1877, a gwaith J. M. W. Turner 'Glaw, Stêm a Chyflymder' (Rain, Steam and Speed), 1844, Yr Oriel Genedlaethol, Llundain. Dewisodd Monet ddangos trenau stêm yn llonydd y tu mewn a thu allan i orsaf yn hytrach nag yn taranu trwy gefn gwlad. Mae'r gwahaniaeth rhwng y ddau artist yn dangos sut yr oedd Argraffiadaeth yn gwyro tuag at realaeth mwy digynnwrf, heb ddim o chwilota Turner am y darluniadol. Fel y dywedodd Monet, wedi iddo weld paentiadau Turner yn Llundain yn 1870, roedd y Sais 'yn groes iddo, oherwydd rhamant-iaeth afradlon dychymyg Turner'. Mewn geiriau eraill, roedd Turner yn dewis y math iawn o destun, ond byddai rhaid i Monet fod wedi cael gwared â'i ffordd or-ddarlunaidd o weithio.

installation gosodwaith: arlunwaith *safle-benodol* site-specific a grëwyd ar gyfer oriel neu ofod arddangos penodol, lle mae modd gweld y casgliad neu drefniant cyfan fel cyfanwaith yn hytrach na rhoi paentiadau unigol i'w hongian ar wahân. Mae pob rhan o'r cyfanwaith yn bwysig, ac mae'r gwyliwr wedi'i drochi a'i amgylchynu mewn celfyddyd; yn debyg iawn i'r profiad o fynd i mewn i eglwys gadeiriol fel Chartres — er nad y bwriad yn y cyswllt hwn yw cynhyrfu ymateb crefyddol!

■ *Pryd:* yn debyg i **gelf Berfformiadol** *Performance art,* dechreuwyd creu gosod-weithiau yn y 1970au, ond gallwn eu holrhain i'r 1960au, trwy ddatblygiadau mewn **Moderniaeth** *Modernism.*

■ *Pwy:* Ed Kienholz, Claes Oldenburg, Richard Wilson, Barbara Bloom, Damien Hirst.

■ *Cyswllt:* roedd arddangosfeydd y **Swrealwyr** *Surrealists* o 1925 ymlaen, er enghraifft, yn debycach i osodweithiau nag i arddangosfeydd traddodiadol. Yn ddiweddarach creodd Ed Kienholz weithiau rhyfedd fel 'Barney's Beanery', i'w gymharu â'r gwaith 'Y Siop' (Store) gan Claes Oldenburg o'r 1960au. Mae gwaith Damien Hirst, 'Mewn ac Allan o Gariad' (In and Out of Love), 1991, yn cynnwys nifer o'r themâu a dulliau sy'n nodweddu gweithiau mwy diweddar ac enwog Hirst, sef y cyfuniad o brydferthwch ac angau, a'r ffordd y byddwn yn ymdrin â'r unig sicrwydd mewn bywyd, sef marwolaeth (sef sylfaen athronyddol Dirfodaeth yn y 1950au). Sut beth yw bod yn berson a sut beth yw byw; ond hefyd sut beth yw wynebu angau?

intaglio: y broses argraffu engrafiadau neu ysgythriadau â phlât metel, lle mae'r plât yn cael ei dorri i ffwrdd neu ei bantio cyn i'r inc gael ei roi dros yr arwyneb. Mae'r arwyneb wedyn yn cael ei sychu'n lân, a'r inc yn y pantiau yn cael ei drosglwyddo i'r papur. Cymharwch y dull hwn â **cherfwedd** *relief*, lle mae'r inc yn cael ei gadw ar yr arwyneb uchaf cyn ei drosglwyddo i'r papur.

■ *Cyswllt:* **engrafiadau** *engraving*, **ysgythru** *etching*, **cerfwedd** *relief*, **toriadau pren** *woodcut*.

j

Jugendstil: yr enw ar gyfer arddull Almaeneg yr *Art Nouveau*.

Junk art celf Sothach: arddull celf sy'n seiliedig ar y sbwriel cynyddol y mae cymdeithas y Gorllewin yn ei gynhyrchu, yn enwedig er ail hanner yr 20fed ganrif. Mae'r term celf Sothach yn cyfeirio at fath arbennig o *gydosod assemblage* oedd yn defnyddio metel a daflwyd o'r neilltu, o geir i sgrap, er mwyn creu cerflunwaith haniaethol, e.e. 'Plymio i Waelod y Môr' (Diving to the Bottom of the Ocean) gan Richard S. Stankiewicz, 1958, Musée National d'Art Moderne, Centre Georges Pompidou, Paris, sy'n gasgliad rhyfedd o rannau o beiriant sy'n creu'r syniad o symudiad i lawr tuag at gyfres o diwbiau dur gwrthstaen; mae'n awgrymu, yn hytrach na dangos, y plymiwr yn y môr. I raddau, mae'r gweithiau hyn yn gwneud sylw ar y gymdeithas sy'n gwaredu ar bopeth, ond yn bennaf mae iddynt deimlad o fod yn arbrofion mewn *haniaeth abstraction* tri-dimensiwn.

■ *Pryd:* yn bennaf er y 1950au, er bod hon yn thema all gael ei olrhain yn ôl i *Giwbiaeth Cubism* a *collage* trwy waith *Merz* yr artist *Dada* Kurt Schwitters, a defnydd y *Swrealwyr Surrealists* o'r *gwrthrych hapgael found object*.

■ *Pwy:* Arman, César, Eduardo Paolozzi, Robert Rauschenberg, Richard S. Stankiewicz, Jean Tinguely.

■ *Cyswllt: Peintio cyfunol Combine painting, Dada, celfyddyd Bop Pop art.* Edrychwch hefyd ar gerfluniau mwy diweddar yr artist Bill Woodrow — er enghraifft ei ddarn 'Eliffant' (Elephant), 1984, Tate Modern, Llundain. Mae pen yr eliffant wedi'i wneud allan o fwrdd smwddio a sugnydd llwch wedi'u cyflwyno ar ffurf pen wedi'i stwffio fel troffi ar y wal yn nyddiau ymerodraethau Ewrop. Hen fapiau o Affrica a De America yw'r clustiau. Yn y trwnc mae dryll, ac oddi tano mae cylch o ddrysau ceir. Yn wahanol i gelf Sothach cynharach, mae 'Eliffant' yn waith sy'n adrodd cyfres o straeon am ymddygiad gwledydd Ewrop tuag at Affrica a De America, ffordd wleidyddol o fynd ati sy'n gyffredin i'r *gosodweithiau installations* diweddarach.

■ *Elfennau ffurfiol:* ffurf, patrwm, gwead.

Kinetic art celfyddyd Ginetig: celf â darnau sy'n symud, yn amrywio o'r mathau symlach o gelfyddyd Ginetig sy'n symud yn yr awyr — er enghraifft, mobeils artistiaid fel Alexander Calder o'r 1940au — i gelfyddyd beirianyddol awtomatig gyda phopeth yn symud — gwaith Jean Tinguely er enghraifft, sy'n beiriannau 'meta-mateg' anferthol, dibwrpas a swnllyd — gweler ei waith 'Gwrogaeth i Efrog Newydd' (Homage to New York), 1960, sef gosodwaith hunan-ddinistriol a ddigwyddodd yng ngardd Amgueddfa Celfyddyd Fodern, Efrog Newydd.

■ *Pryd:* o'r 1920au hyd y 1970au.

■ *Pwy:* Alexander Calder, Marcel Duchamp, Naum Gabo, László Moholy-Nagy, Aleksandr Rodchenko, Jean Tinguely.

■ *Cyswllt:* Mae paentiadau *Opgelfyddyd Op art* yn aml iawn yn dirgrynnu'n optegol; gwnaeth y *Dyfodolwyr Futurists* awgrymu cerflunwaith oedd yn symud, ac roedd eu gwaith llonydd yn ymgais ar gyfleu symudiad mewn dau-ddimensiwn. Roedd Naum Gabo yn artist Cinetig cynnar, gweler 'Ton yn Sefyll' (Standing Wave), 1920, Tate Modern, Llundain, ond rhoddodd y gorau i wneud celf â darnau'n symud gan iddo ddod i'r casgliad fod elfennau symudol yn tynnu'r sylw oddi ar y cyfanwaith; gwell oedd ysgogi unrhyw symudiad yn llygad y gwyliwr. Roedd ei gerfluniau diweddarach gyda gwifrau tynn rhwng siapiau crwm, e.e. 'Lluniad Llinol Rhif 2' (Linear Construction No. 2), 1949, casgliad preifat, yn hynod o ddylanwadol am gyfnod. Mae gwaith Gabo yn dod ag *Adeileddiaeth Constructivism* a ffurf *organig organic* at ei gilydd mewn modd y gallwch ei astudio o hyd.

L

Lamentation Galarlun: gweler PIETÀ.

Land art/Earth art celf y Tir/celf y Ddaear: celf sy'n defnyddio deunyddiau naturiol fel pridd, dail a dŵr. Deilliodd celf y Tir o *gelf Gysyniadol Conceptual art* yn nwylo artistiaid a oedd eisiau creu rhywbeth nad oedd modd ei ddangos mewn oriel, wrth iddynt gefnu ar draddodiadau elitaidd celfyddyd gain a byd masnachol yr orielau celf. Fe'u dylanwadwyd yn fawr gan y mudiad ecolegol a syniadau hipi diwedd y 1960au o droi yn ôl at y tir.

Mae celf y Ddaear yn dueddol o gyfeirio at weithiau mawr a grëwyd yn America — er enghraifft, gwaith Robert Smithson 'Y Sarn Droellog' (Spiral Jetty), 1970, lle crëwyd troellen 457 metr o hyd a 4.6 metr o led allan o gerrig a chrisialau halen ar lan y Llyn Heli Mawr (Great Salkt Lake) yn Utah.

Mae celf y Tir yn dueddol o ddisgrifio celf o Brydain, ac yn benodol gwaith Richard Long ac Andy Goldsworthy — gweler, er enghraifft, 'Y Cylch Llechi' (Slate Circle) gan Richard Long, 1979, Tate Britain, Llundain, lle mae stribedi o lechen lwyd o ganolbarth Cymru wedi'u trefnu mewn cylch perffaith ar lawr yr oriel. Mae nifer o gerfluniau Long wedi'u gwneud allan o wrthrychau naturiol a gasglwyd gan yr artist yn ystod ei deithiau ar droed, teithiau sy'n rhan o gyfanwaith ei waith celf. Er bod y teithiau hyn yn aml iawn wedi'u cofnodi mewn ffotograffau a nodiadau ysgrifenedig byr, y daith yw'r gwaith celf yn hytrach na'r dogfennu a welwch yn yr oriel.

■ *Pryd:* o ddiwedd y 1960au ymlaen.

■ *Pwy:* yn America, Walter de Maria, James Turrell, Robert Smithson; ym Mhrydain, Richard Long, Andy Goldsworthy.

■ *Cyswllt: celf Gysyniadol Conceptual art, tirlun landscape.*

■ *Elfennau ffurfiol:* patrwm, ffurf.

landscape tirlun: term peintio a fathwyd yn yr Iseldiroedd yn ystod yr 16eg ganrif. Gallwn olrhain tirlun fel testun celf yn ôl i'r hen Aifft. Mewn celf o'r *Dadeni Renaissance*, dim ond cefndir oedd y tirlun mewn paentiadau — anaml iawn y byddai'n brif destun i'r gwaith. Mae'n bosibl mai un o'r paentiadau tirlun cyntaf, lle mae'r ffigurau wedi'u gosod mewn tirlun realistig, yw gwaith Giorgione, 'Y Dymestl' (La Tempesta / The Tempest), 1505–10, Galleria dell'Accademia, Fenis (Venezia). O ddiwedd yr 16eg ganrif daeth y tirlun yn *genre* darluniadol cydnabyddedig. Roedd rhaid aros nes dyfodiad *peintio* PLEIN AIR *painting* yn y 19eg ganrif cyn i artistiaid ddechrau gweithio yn yr awyr agored yn hytrach nag ail-greu'r ddelwedd mewn stiwdio o'u brasluniau. Erbyn heddiw, nid oes rhaid i dirluniau fod yn ddisgrifiadau barddol o wahanol olygfeydd, ond gallant gynrychioli trefi, y môr, mapiau neu ddelweddau haniaethol sydd wedi'u hysbrydoli gan y tirlun. Galwyd y Cymro Richard Wilson (1712–82) yn 'dad peintio tirluniau ym Mhrydain'.

■ *Cyswllt: Genre*, *celf y Tir* Land art, *darlunaidd* picturesque. Cymharwch ddull John Constable o weithio, e.e. 'Cadeirlan Caersallog' (Salisbury Cathedral), 1810, Yr Oriel Genedlaethol, Llundain (mae ei luniadau yn Amgueddfa Victoria ac Albert, Llundain, o'r tirlun ger Hampstead, yn anarferol ar gyfer ei gyfnod, ac yn dangos diddordeb mawr yn y tirlun ei hun) â gwaith Howard Hodgkin 'Glaw' (Rain), 1985–89, Tate Britain, Llundain. Mae'r gweithiau'n dangos ymateb y ddau i leoliad ond, fel y dywed yr artist John Hoyland, 'Maen nhw'n cyfateb i natur, yn hytrach na rhoi darlun ohono'. Datblygodd Graham Sutherland dirlun ôl-swrealaidd yn ystod ei gyfnod yng Nghymru, e.e. Tirlun Du (Black Landscape), 1939–40, Tate Britain, Llundain, sy'n dangos Clegyr Boia ger Porthclais ym Mhenfro.

line llinell: nod cul, parhaol a wneir gan ddefnyddio pensil, pen neu frwsh paent fel un o'r *elfennau ffurfiol* formal elements. Mae lleihau *tôn* tone a *lliw* colour i gyfres o linellau (lluniad llinol) drwy arsylwi yn gofyn am fyfyrio ac am wneud dewisiadau. Dyma pam yr ystyrir bod lluniadu â llinell yn rhagori ar bob math arall o luniadu. Disgrifiodd Paul Klee luniadu fel 'mynd â llinell am dro', a dywedodd yr artist a'r bardd William Blake mai rhinwedd lluniad llinol oedd 'llinell galed gwirionedd'.

Mae llawer mwy i luniadu llinell na dargopïo amlinell. Er enghraifft, mae cyfres o linellau sy'n agos iawn at ei gilydd yn disgrifio tôn; mae ongl y llinell ar y dudalen yn adlewyrchu ffurf. Sylwch ar luniad Van Gogh o Joseph Roulin, 1888, Amgueddfa John Paul Getty, Los Angeles, Califffornia, a wnaed gan ddefnyddio ysgrifbin corsen (gweler *lluniadu* drawing). Mae strwythur esgyrn y boch a'r trwyn wedi'u creu gan grwpiau o linellau rhwyllog. Cymharwch sut mae'r croen wedi cael ei drin gan y farf flewog yn ogystal â hyd ac amrywiaeth y llinellau.

Mae marc y llinell yn adlewyrchu pa mor gyflym mae'n cael ei thynnu; mae'n dangos gwead, trwch a dwysedd. Dylai nodweddion y testun benderfynu ar gyflymdra'r llinell sy'n ei ddadansoddi. Gall gwrthrych mawr llyfn neu dirlun neu ffigur gael ei luniadu gan strociau cyflym, ysgafn, neu efallai trwy dynnu un llinell barhaol heb stopio na chodi'r pensil o'r dudalen (dyma'r llinell 'arabesque' yr oedd Ceri Richards yn gymaint o feistr arni). Ar gyfer gwrthrych bach, pigog, bydd angen marciau byr, pigog gan ddefnyddio pensil caled, miniog iawn.

■ *Cyswllt:* pob un o'r elfennau ffurfiol eraill, **lluniadu** *drawing.*

linear perspective persbectif llinol: gweler ***persbectif*** *perspective.*

linocut torlun leino: cerfwedd y dyluniad sydd wedi'i naddu ar leino. Dyma'r math o argraffu cerfweddol sy'n gyfarwydd i'r rhan fwyaf o bobl. Gall leinolewm fod yn ddrud i'w ddefnyddio ar unrhyw raddfa fawr, ond mae'n ddeunydd sydd yn rhwydd i'w drin (o'i gynhesu dros reiddiadur neu â haearn smwddio er mwyn gwneud y torri yn haws fyth). Gweler ***torluniau pren*** *woodcuts.*

local colour lliw lleol: lliw go iawn, neu 'wir' liw y gwrthrych o edrych arno mewn golau ddydd naturiol (cyn i'r lliw hwnnw gael ei effeithio gan olau sy'n cael ei adlewyrchu gan gysgod, gan bellter o'r llygad, ac ati).

■ *Cyswllt:* **lliw tôn** *tonal colour.*

Mannerism Darddulliaeth: mae dau ystyr i hwn: (1) enw ar ddatblygiad ffurfiol yr Uwch *Ddadeni Renaissance* yn yr 16eg ganrif, a (2) gor-bwysleisio mynegiant, ac unrhyw effaith sy'n gor-ddweud neu wedi ystumio, yn swreal neu'n artiffisial.

Gyda 'D' fawr, ystyr Darddulliaeth yw ymgais arddulliedig iawn o greu argraff emosiynol trwy ddangos ffigurau anghytbwys mewn gofod darluniadol, a'u peintio mewn lliwiau llachar. Mae'r mudiad Darddulliadol yn eistedd rhwng yr Uwch Ddadeni a'r *Baróc Baroque* diweddarach. Symudodd y Darddullwyr i ffwrdd o harmoni a chydbwysedd cyfansoddiadau'r Uwch Ddadeni. Enghraifft o waith y Darddullwyr yw paentiad Bronzino, 'Gwener, Ciwpid, Ffolineb ac Amser' (Venere, Cupido, la Follia e il Tempo / Venus, Cupid, Folly and Time), 1544–45, Yr Oriel Genedlaethol, Llundain. Mae'r cymeriad canolog yn plygu nôl drosti hi ei hunan, a'r tu ôl iddi mae ffigur estynedig bachgen sy'n penglinio ar glustog, yn dal pen a mynwes Gwener. Mae Amser yn dal llen fel cefndir i'r hyn sy'n digwydd, ac mae i'r ffigurau eraill osgo ac ystum theatrig ac annaturiol, fersiynau eithafol o'r CONTRAPPOSTO clasurol. Mae cymhlethdod yr alegori hwn yn cyfateb i'r ymblethu sydd rhwng y ffigurau, nodwedd amlwg o gelf y Darddullwyr. Edrychwch hefyd ar baentiad El Greco, 'Dadwisgo Crist' (El Expolio / The Disrobing of Christ), 1577–79, Yr Amgueddfa Gelf Genedlaethol, Caerdydd. Cymharwch Bronzino, uchod, â gwaith Leonardo, 'Mair Forwyn y Creigiau' (Vergine delle Rocce / Virgin of the Rocks), 1506, Yr Oriel Genedlaethol, Llundain — cyfansoddiad tawel, cadarn, trionglog mewn lliwiau tôn gofalus.

Yn ei ystyr ehangach, gall y term darddulliaeth, neu ddarddull, gyfeirio at gelfyddyd o unrhyw gyfnod sy'n or-arddulliedig, ac sy'n ailgylchu hen ddulliau, neu sy'n mynd dros ben llestri wrth bwysleisio ystum a lliw, e.e. gwaith diweddar Picasso, neu baentiad Oskar Kokoschka, 'Mae'n Amser, Gyfeillion' (Time Gentlemen, Please), 1971–72, Tate Modern, Llundain.

■ *Pryd:* 1510–1600, Yr Eidal a Ffrainc.

■ *Pwy:* Agnolo Bronzino, El Greco, Giambologna, Jacopo Pontormo, Jacopo Tintoretto, Parmigianino.

■ *Cyswllt: **Dadeni** Renaissance* — y cyswllt amlwg yw Michelangelo — sylwch ar y newid sydd i'w weld yn ei waith yng Nghapel y Sistina, Rhufain, o'r nenfwd (1508–12) i'r 'Farn Fawr' (Il Giudizio Universale / The Last Judgement) (1536–41) ar y mur y tu cefn i'r allor; mae agweddau Darddulliol yn perthyn i'r gwaith diweddarach hwn. ***Mynegiadaeth** Expressionism*.

■ *Elfennau ffurfiol:* tôn, lliw, ffurf.

maquette: braslun bychan tri-dimensiwn, neu fodel y mae cerflunydd yn ei wneud allan o glai, cwyr, mod roc (rhwymyn sydd wedi'i drwytho â phlaster), neu unrhyw ddeunydd addas sydd wrth law. Os ydych yn gweithio mewn tri-dimensiwn, neu'n gwneud MAQUETTE er mwyn deall sut i gyfansoddi arwyneb dau-ddimensiwn, cadwch y gwrthrychau eu hunain, neu gofnod ohonynt o leiaf, er mwyn dangos sut y datblygodd eich syniadau (gweler ***llyfr gwaith** work journal*).

■ *Cyswllt: **Cerflunwaith** sculpture, **llyfr gwaith** work journal*.

media/medium cyfryngau/cyfrwng: mae dau ystyr i hwn: (1) y deunydd mae'r artist yn ei ddefnyddio wrth weithio, e.e. paent, siarcol (golosg), clai, a'r technegau a'r dulliau ar gyfer pob deunydd; mae peintio felly yn ***gyfrwng** medium*, mae ***lluniadu** drawing* yn gyfrwng arall, ***cerflunwaith** sculpture* eto, ac yn y blaen. Cyfrwng (*medium*) yw'r unigol, cyfryngau (*media*) yw'r lluosog. Gall cyfrwng hefyd gyfeirio at (2) y deunydd sy'n cael ei gymysgu â phigment er mwyn creu paent: dŵr ar gyfer ***acrylig** acrylic* a ***dyfrlliw** watercolour*, tyrpant ac olew had llin (*linseed oil*) ar gyfer ***paent olew** oil paint*.

■ *Cyswllt:* mae cyfryngau cymysg yn disgrifio gweithiau celf sydd wedi'u gwneud trwy gyfuno mwy nag un deunydd, e.e. ***cydosod** assemblage, **gosodwaith** installation*, fel yng ngwaith yr artist ifanc Carwyn Evans.

memento mori: gwrthrych neu swfenîr yw memento sy'n eich atgoffa o ddigwyddiadau o'r gorffennol, a gwrthrych felly yw MEMENTO MORI sy'n eich atgoffa o farwolaeth. Symbolau cyffredin ar gyfer hyn yw'r benglog mewn paentiad VANITAS, neu gannwyll wedi'i diffodd, ac mae gwaith diweddar Damien Hirst yn cyfeirio'n gyson at farwolaeth yn y modd hwn (gweler ***YBAs***).

■ *Cyswllt:* ANAMORPHOSIS, *genre, **bywyd llonydd** still life*.

Merz: yr enw sy'n cael ei roi ar weithiau collage yr artist *Dada*, Kurt Schwitters, sydd wedi'u gwneud o wrthrychau bob dydd fel tocynnau bws, derbynebau a phapur sbwriel o bob math. Datblygodd Schwitters hefyd y tŷ Merz, neu'r 'Gadeirlan Trallod Erotig' (Die Kathedrale des erotischen Elends / Cathedral of Erotic Misery), yn Hannover yn 1923 (fe'i dinistriwyd gan fomio'r Cynghreiriaid yn 1943, ond mae bellach wedi'i ail-adeiladu yn Amgueddfa Sprengel, Hannover), gan ymestyn collage i amgylchedd tri-dimensiwn wedi'i wneud allan o sbwriel. Yn wahanol i waith collage ***Ciwbaidd Synthetig** Synthetic Cubist* cynharach, nid oedd Merz yn cyfeirio at wrthrychau eraill mewn modd rhithiol; roedd y gweithiau Merz yn rhai cwbl **haniaethol** *abstract* a hunan-gynhaliol. Rhwng 1945 ac 1948 roedd Schwitters yn byw yn Ambleside yn Ardal y Llynnoedd (Lake District), lle bu'n gweithio ar y Merzbau mewn hen sgubor — gwaith sydd bellach yn Oriel Hatton, Newcastle upon Tyne.

■ **Pryd:** o 1919 tan farwolaeth Schwitters yn 1948.

■ **Cyswllt:** *collage, Dada, gwrthrych hapgael* found object, *gosodwaith* installation. Mae nifer o artistiaid **YBA** — ac yn enwedig Damien Hirst — yn canu clodydd Schwitters. A fedrwch chi weld unrhyw gysylltiadau amlwg yng ngwaith Schwitters a Hirst?

■ **Elfennau ffurfiol:** patrwm, gwead.

metamorphosis metamorffosis: trawsnewid llwyr a chyflawn o un ffurf i un arall (mewn celf a llenyddiaeth, yn enwedig os oes hud neu dduwiau ynghlwm wrtho).

■ **Cyswllt:** mae **thema** *theme* metamorffosis yn gyffredin yn hanes celf a hefyd fel testun arholiad neu fan cychwyn ar gyfer ymchwil. Yn wreiddiol, teitl ar gasgliad o chwedlau mytholegol gan y bardd Rhufeinig Ofydd oedd '*Metamorphoses*', a ddaeth yn ffynhonnell gyfoethog o straeon ar gyfer peintwyr diweddarach, e.e. gwaith Antonio a Piero Pollaiuolo 'Apolon a Daphne' (Apollo e Dafne / Apollo and Daphne), 1470au, Yr Oriel Genedlaethol, Llundain, lle mae'r duw Apolon yn ceisio difwyno Daphne, ond mae hi'n cael ei hachub gan ei thad sy'n ei thrawsnewid yn goeden lawryf. Mae'r paentiad yn ei dangos hanner ffordd drwy ei thrawsnewidiad, gyda'i breichiau wedi'u troi'n ganghennau tra bod gweddill ei chorff yn dal ar ffurf fenywaidd.

Mae proses newid o un cyflwr i'r llall yn faes ffrwythlon ar gyfer eich celf. Mae 'na newidiadau uniongyrchol o fod yn ifanc i fod yn hen (edrychwch ar gyfres o hunanbortreadau Rembrandt sy'n cofnodi ei heneiddio dros y blynyddoedd) neu'r newid o un cyflwr emosiynol i'r llall — ond cofiwch fod yn rhaid i unrhyw waith fod yn seiliedig ar arsylwi. Gallwch hefyd ganol-bwyntio ar symbol neu chwedl (fel Apolon a Daphne) ac mae hyd yn oed y broses uniongyrchol o wneud gwaith celf o gyfres o luniadau yn fetamorffosis pwysig ynddo'i hun. Mae trawsffurfiad deunyddiau, o edau i decstil, o bridd i gerameg, o baent i ddarlun, neu o wrinal i ddarn o gelf (Duchamp), yn fathau o fetamorffosis — er bod rhaid gwneud gwaith, sy'n seiliedig ar ddeunyddiau, gydag astudiaethau o'r cyd-destun ac amcanion a syniadau pobl eraill, er mwyn sicrhau eich bod wedi ymdrin â'r holl feini prawf ar gyfer asesu.

■ **Elfennau ffurfiol:** pob un.

midground canoldir: y lle rhwng y **blaendir** *foreground* a'r **cefndir** *background* mewn paentiad.

■ **Cyswllt:** blaendir, cefndir, **persbectif** *perspective*. Wynebai artistiaid y **Dadeni** *Renaissance* Cynnar anhawster wrth geisio pontio rhwng y blaendir a'r cefndir, ac yn aml iawn mae'r groesfan drwy'r canoldir ar gau i ni, e.e. yn 'Bedydd Crist' (Il Battesimo di Cristo / Baptism of Christ), 1445, Yr Oriel Genedlaethol, Llundain, lle mae Piero della Francesca wedi trefnu'r ffigurau fel na fedrwn ganolbwyntio ar y canoldir.

Minimalism Minimaliaeth: celfyddyd *haniaethol* abstract sydd wedi lleihau'r cynnwys a'r ffurf i eirfa syml a ffurfiol, sydd gan mwyaf yn dri-dimensiwn — lleiaf i gyd, gorau i gyd. Enghraifft nodweddiadol yw gwaith Donald Judd, 'Dideitl' (Untitled), 1980, Tate Modern, Llundain, sef pentwr o ddeg petryal dur wedi'u galfaneiddio, gyda phersbecs lliw glas wedi'i fewnosod, a'r cyfan yn sefyll yn fertigol i bwyso ar y wal. Un egwyddor bwysig yw bod y strwythurau, sydd ar y cyfan yn rhai geometrig, yn cael eu hailadrodd ar ffurf grid. Egwyddor arall yw'r ddelwedd ddiwydiannol â golwg raenus ond amhersonol. Mae celf Finimalaidd yn wfftio pob rhith, trosiad neu ddyfais *naratif* narrative: 'beth welwch chi yw beth welwch chi', fel y dywedodd Robert Morris.

■ *Pwy:* Donald Judd, Robert Morris, Sol LeWitt, Carl Andre, Dan Flavin, Elsworth Kelly.
■ *Pryd:* dechreuodd tua diwedd y 1950au yn America.
■ *Cyswllt: haniaethol* abstract, **celf Gysyniadol** Conceptual art. Mae gan Finimaliaeth berthynas â mathau eraill o gelfyddyd haniaethol gynharach, e.e. **De Stijl** ac **Adeileddiaeth** Constructivism. Mae lluniadau Sol LeWitt yn ffordd ddefnyddiol o edrych ar y testun, ac yn weithiau sy'n cael eu llunio ar furiau oriel — nid gan yr artist ei hun, ond yn hytrach yn unol â chyfarwyddiadau mae'r artist yn eu rhoi, e.e. 'Lluniad mewn pymtheg rhan yn defnyddio pedwar lliw a phob amrywiad' (Fifteen part drawing using four colours and all variations), 1970, Tate Modern, Llundain. Nes i'r Tate Modern fynd ati i lunio'r gwaith hwn ar y mur, bodolai yn unig ar ffurf tystysgrif a chyfarwyddiadau ysgrifenedig. Gallwch ymchwilio i hyn trwy lunio cyfres o gyfarwyddiadau y gall pobl eraill eu deall a'u hatgynhyrchu. Cofiwch fod cyflwyno'r cyfarwydd-iadau yn rhan o'r arlunwaith.

Cynhyrchodd Robert Ryman gyfres o baentiadau sy'n dangos dim ond y lliw gwyn, e.e. 'Cyfrifon' (Ledger), 1983, Tate Modern, Llundain. Defnyddiwyd llawer ar y lliw gwyn gan y Minimalwyr oherwydd cysylltiad y lliw â glendid a'r ffaith nad yw gwyn, mewn gwirionedd, yn lliw. Cynhyrchodd Ad Reinhardt baentiadau oedd yn ddu i gyd mewn ymdrech, meddai, i gyflwyno 'celf fel celf a dim byd arall' — gweler 'Paentiad Haniaethol Rhif 5' (Abstract painting No. 5), 1962, Tate Modern, Llundain. Mewn uned astudiaethol gyd-destunol gallwch ystyried a wnaeth Reinhardt lwyddo i gadw ei gelfyddyd yn amhersonol (ydy hyn yn bosibl, neu hyd yn oed yn ddymunol?), neu gallwch archwilio rhinweddau gwyn neu ddu mewn cyfres o amodau gwahanol.
■ *Elfennau ffurfiol:* lliw, ffurf, patrwm.

modelling modelu: mae dau ystyr i hwn: (1) mewn peintio, mae modelu yn ddull o ddangos ffurf tri-dimensiwn ar arwyneb dau-ddimensiwn trwy ddefnyddio golau a chysgod; (2) mewn cerflunwaith, dyma'r dull o greu ffurf tri-dimensiwn trwy lawdrin clai, plaster neu gyfrwng addas arall. Mae modelu yn broses o ychwanegu sy'n adeiladu'r ffurf, yn wahanol i *gerfio carving* sy'n tynnu deunydd i ffwrdd, neu yn wahanol i *gydosod assemblage* sy'n gweithio gyda deunyddiau sydd eisoes wedi'u ffurfio.

■ *Cyswllt: ffurf form.* Roedd Auguste Rodin yn cael ei adnabod fel un o'r modelwyr mawr, e.e. 'Y Gusan' (Le Baiser / The Kiss), 1901–04, Yr Amgueddfa Genedlaethol, Caerdydd. Edrychwch hefyd ar waith Giacometti, 'Dyn yn Cyfeirio' (Homme signalant / Man Pointing), 1947, Tate Modern, Llundain.

■ *Elfennau ffurfiol:* ffurf, gwead.

modern/modernity modern/modernedd: fel arfer mae'n disgrifio'r hyn sy'n newydd, yn gyfredol ac yn ffasiynol, yn enwedig technoleg newydd.

■ *Cyswllt: cyfoes contemporary, Argraffiadaeth Impressionism, Moderniaeth Modernism.*

modern art celfyddyd fodern: term a ddefnyddir weithiau i fychanu gweithiau celf, gan gyfeirio at gelfyddyd *haniaethol abstract*, neu gelf nad yw'r gwyliwr yn ei deall yn syth. Yn wrthrychol, mae'r term yn dueddol o gael ei ddefnyddio ar gyfer celf a wnaed ar ddechrau'r 20fed ganrif, er bod pob darn o gelf yn fodern yn ei amser ei hun — sef yn fodern i'r person sy'n ei greu.

■ *Cyswllt: haniaethol abstract, cyfoes contemporary, modern, Moderniaeth Modernism.*

Modernism/Modernist Painting Moderniaeth/Peintio Modernaidd: term cymhleth. Roedd Moderniaeth yn gyfnod mewn celfyddyd y gellid dadlau ei fod yn ymestyn o waith Courbet yn y 1850au, neu'n benodol o arddangosfa Manet a'i 'Olympia' a 'Cinio ar y Borfa' (Déjeuner sur l'herbe / Luncheon on the Grass) yn y Salon des Refusés ym Mharis yn 1863 (gweler *Salon*), hyd at ryw bwynt amhenodol yn y 1970au pan ddechreuodd meddylwyr a beirniaid ysgrifennu am *Ôl-foderniaeth Postmodernism*. Gallwn nodi'r canlynol ar gyfer celf Fodernaidd a wnaed yn ystod y cyfnod 1860–1970:

● Roedd pethau newydd (h.y. y byd *modern*) yn rhan o'r testun, er mai dim ond yn rhannol yr oedd Moderniaeth yn adwaith i fodernedd.

● Ystyrid fod y dull o greu yn destun teilwng ynddo'i hun. Ysgrifennodd y beirniad celf Modernaidd o America, Clement Greenberg, bod 'hanfod Moderniaeth i'w ganfod ... yn y modd y mae'n defnyddio dulliau nodwedd-iadol disgyblaeth er mwyn beirniadu'r ddisgyblaeth ei hun, nid er mwyn ei danseilio ond er mwyn ei wreiddio'n gadarnach yn ei arbenigedd ei hun'. Disgrifiodd Greenberg nodwedd unigryw peintio fel arwyneb gwastad y darlun

— gwastadrwydd plân y darlun. Paentiad Manet, 'Cinio ar y Borfa', oedd un o'r gweithiau cyntaf a wnaeth ddangos yn glir y ffordd y cafodd ei wneud, o ran natur braslunaidd y darlun a threfn y ffigurau yng nghyfansoddiad y llun, trefn a gyfeiriai yn ôl at amryw fathau eraill o weithiau celf blaenorol.

- Roedd celf Fodernaidd, fel Moderniaeth ei hun, yn flaengar — roedd yn ymgyrraedd at ryw gyflwr perffaith o beintio Modernaidd. Gan ddilyn diffiniad Greenberg, y paentiad Modernaidd mwyaf nodweddiadol fyddai staen gwastad o liw, fel bod ffrâm y *cynfas canvas* yn dal i'w weld, a bod **nod gwneuthuriad** *autographic mark* yr artist unigol hefyd yn amlwg, gweler Frank Stella, 'Harran II', 1967, Amgueddfa Solomon R. Guggenheim, Efrog Newydd.

- **■ *Cyswllt:*** unrhyw fudiad celf ar ôl 1860. Wedi 1970, dechreuodd gafael moderniaeth wanhau ond, er hynny, bydd unrhyw waith celf o flynyddoedd olaf yr 20fed ganrif a dechrau'r 21ain ganrif yn cynnwys dylanwadau Moderniaeth. *Collage* oedd un o ddyfeisiadau mawr Moderniaeth, yn defnyddio gwrthrychau o'r byd go iawn fel eu bod yn cynrychioli eu hunain ynghyd â bod yn rhan o waith arall.

monochrome monocrom: lliw sengl neu ystod o liw mewn tôn — er enghraifft, du, gwyn a llwyd.

- **■ *Cyswllt:*** yn 1954 peintiodd Yves Klein ei baentiad monocrom cyntaf ac, yn 1955, wrth weithio gydag Édouard Adam, dyfeisiodd a chafodd batent ar gyfer ei liw glas ei hun, 'Glas Klein Rhyngwladol' (International Klein Blue), sy'n fath o ddulas.

mono printing/monotype monoargraffu/monoteip: trosglwyddiad sengl inc, neu efallai baent olew trwchus, o arwyneb gwastad i ddalen o bapur. Mae hon yn ffordd syml a digymell o argraffu sy'n pwysleisio gwead ac ystum. Yn dibynnu ar drwch yr inc, mae'r bloc yn cael ei osod naill ai (1) gyda'i arwyneb i fyny, cyn gosod y papur ar ei ben gan rwbio'i gefn (gellir amrywio'r pwysau wrth rwbio er mwyn creu gwahanol effeithiau — techneg y mae Tracey Emin yn ei defnyddio'n aml); neu (2) caiff y bloc inc ei osod ar ben y papur, ac mae'r ddau yn cael eu tynnu drwy'r wasg.

Yn draddodiadol, deunydd y bloc yw gwydr neu fetel wedi'i sgleinio, ond gallwch ddefnyddio unrhyw arwyneb sydd â rhywfaint o wead ar gyfer derbyn inc, e.e. pren, plastig, neu hyd yn oed arwyneb gweithio gwrth-ddŵr. Gallwch hefyd adeiladu cyfres o siapiau sydd wedi'u torri allan o bapur a'u mowntio ar gardbord; yna rhowch baent, neu inc, dros yr arwyneb gan amrywio pob haenen yn ôl y canlyniadau a'r gwrthrychau a'r arwynebau eraill fyddwch chi'n eu defnyddio. Gall monoargraffiadau fod yn frasluniau cychwynnol ar gyfer gweithiau eraill, neu'n arwynebau y gallwch weithio arnynt ymhellach gyda phaent, collage, ac ati.

- **■ *Pryd:*** dywedir i'r broses gael ei dyfeisio yn y 1640au, a chafodd ei ddefnyddio byth oddi ar hynny.

■ *Pwy:* datblygodd yr artist William Blake amrywiad ar y broses monoargraffu er mwyn trosglwyddo llythrennu ar blât ysgythru, fel y byddai'r ysgrifen i'w weld y ffordd gywir o gwmpas ar ôl ei argraffu. Defnyddiodd Edgar Degas a Paul Gauguin fonoargraffiadau yn y 19eg ganrif. Arbrofodd Ceri Richards â'r dechneg gyda'i argraffiadau cyntaf yn y 1930au a'r 1940au, cyn datblygu'n un o argraffwyr mwyaf amryddawn yr 20fed ganrif.

■ *Cyswllt:* lliw, patrwm, gwead.

montage: math o collage lle mae delweddau parod yn cael eu cyfuno cyn eu mowntio. Y gwahaniaeth rhwng montage a collage yw bod collage yn defnyddio delweddau sydd ddim o reidrwydd yn bortreadol. Yr un dull yw *montage ffotograffig* *photomontage* sy'n defnyddio ffotograffau, e.e. John Heartfield, 'Wedi Deng Mlynedd: Tad a Meibion' (Nach zehn Jahren: Väter und Söhne / Ten Years Later: Father and Sons), 1924, Academi Celf Dwyrain Berlin, Yr Almaen, sydd, fel nifer mawr o weithiau montage ffotograffig, yn ymosodiad gwleidyddol — yn yr achos hwn, ymosodiad ar y cynnydd yng ngrym milwrol yr Almaen. Caiff montage ei ddefnyddio hefyd mewn ffilm, lle mae sawl darn o ffilm yn cael eu cyfuno neu eu golygu mewn un olygfa.

■ *Pryd:* er 1918.

■ *Pwy:* Hannah Höch, George Grosz, John Heartfield; mewn ffilm, Jean-Luc Godard.

■ *Cyswllt:* *collage, Dada, montage ffotograffig* *photomontage.*

mosaic mosaig (brithwaith)**:** dull o wneud delweddau parhaol allan o giwbiau bach o garreg neu wydr (TESSERAE) wedi'u gosod mewn plaster neu sment. Defnyddiwyd y dull yn helaeth gan yr hen Roegiaid a'r Rhufeiniaid, ac roedd yn nodwedd allweddol mewn *celf Fysantaidd* *Byzantine art.* Roedd mosaig (brithwaith) yn gyfrwng drud — roedd yn cymryd amser hir i'w orffen, ac nid yw'n rhwydd cymysgu tôn. O'r 13eg ganrif ymlaen, unwaith i naturol-iaeth amlygu ei hun fel cyfrwng i gynrychioli ffigurau, daeth y cyfrwng ffresgo i'r amlwg fel y prif gyfrwng ar gyfer paentiadau ar furiau a nenfydau. Y farn gyffredin yw mai Rhufeinig yw'r enghreifftiau clasurol o waith mosaig, e.e. mosaig 'Y Pedwar Tymor' o Gaerwent, sydd yn un o'r gweithiau mosaig gorau i'w canfod ym Mhrydain. Mae'r mosaig, sy'n dyddio o'r ail neu'r drydedd ganrif OC, ac sy'n dangos y pedwar tymor yn y pedwar cornel, gyda delwedd o'r duw Orffews ynghyd ag anifeiliaid yr helfa yn y canol, i'w weld yn Amgueddfa ac Oriel Casnewydd.

■ *Cyswllt:* *Art Nouveau, celf Fysantaidd* *Byzantine art.* Mae'n dal i fod yn bosibl gwneud mosaig heddiw; gallwch naill ai brynu'r TESSERAE neu eu gwneud eich hun gan ddefnyddio llafnau arbenigol. Mae dwy ffordd o osod TESSERAE. Un dull yw eu gosod ar wely o sment neu blaster gwlyb gyda'r ciwbiau â'u hwynebau lliw i fyny, fel y gallwch weld yr effaith a'r cyfansoddiad ar unwaith.

Y dull arall yw creu lluniad, neu gartŵn, ar ddalen o bapur arbenigol sydd ychydig yn ludiog. Caiff y TESSERAE eu gosod wyneb i lawr ar y papur. Pan fydd y ddelwedd wedi'i gorffen, caiff y TESSERAE a'r papur eu troi drosodd ar sment neu blaster gwlyb. Mae angen rhywfaint o sgiliau crefft ar y ddau ddull, ond gallant fod yn effeithiol iawn trwy arbrofi a digon o ymarfer.

multiples darnau lluosog**:** gweithiau celf tri-dimensiwn sy'n cael eu gwneud, mewn theori, ar gyfer eu masgynhyrchu mewn niferoedd mawr, heb ddefnydd-io'r prosesau traddodiadol ar gyfer gwneud copïau, e.e. argraffu, castio cerfluniau.

■ *Pryd:* er y 1950au, gan mwyaf yn y 1960au a'r 1970au.

■ *Pwy:* Marcel Duchamp oedd arloeswr y darnau lluosog gyda'i 'boîte en valise'; bwriadwyd cynhyrchu darnau lluosog o waith Claes Oldenburg 'Y Siop' (The Store), 1961–62; cynhyrchodd Richard Hamilton (1922–2011), yr artist *celfyddyd Bop* Pop art o Brydain, ei fersiwn ei hun, sef 'Chwerthin y Beirniad' (The Critic Laughs).

mythology mytholeg**:** straeon am y duwiau ac arwyr, yn enwedig o ffynonellau Groegaidd a Rhufeinig (e.e. Ofydd, gweler *metamorffosis metamorphosis*). Daeth mytholeg yn destun pwysig i artistiaid yn sgil ail-ddarganfod yr hen fyd yn ystod y *Dadeni Renaissance*.

n

n

Nabis: grŵp o beintwyr o Ffrainc a ddylanwadwyd gan ddefnydd Émile Bernard a Paul Gauguin o liw a llinell. Roeddent yn cyfuno themâu ac arddull addurniadol *Symboliaeth Symbolist* i wneud darluniau a'r defnydd o glytwaith fflat o liw ac amlinellau ac ymylon clir, e.e. gwaith Paul Sérusier 'Y Talismon, Afon Aven yn y Bois d'Amour' (Le Talisman, l'Aven au Bois d'Amour / The Talisman, the Aven River at the Bois d'Amour), 1888, Musée d'Orsay, Paris. Enw arall ar y grŵp yw Ysgol Pont Aven.

■ *Pryd:* y 1890au.

■ *Pwy:* Paul Sérusier, Pierre Bonnard, Maurice Denis, Édouard Vuillard.

■ *Cyswllt: Cloisonnisiaeth Cloisonnism, Ôl-argraffiadaeth Post-Impressionism, Symboliaeth Symbolism.*

■ *Elfennau ffurfiol:* lliw, llinell, patrwm.

naïve painting peintio naïf: gweithiau celf sy'n cael eu creu heb hyfforddiant ffurfiol mewn cymdeithasau Gorllewinol, gwaith nad yw wedi'i ddylanwadu gan gonfensiynau academaidd (graddfa neu bersbectif llinol, er enghraifft). Y naratif sy'n gyrru celf naïf, a hynny'n aml yn deillio o ffantasi personol yr artist.

■ *Pryd:* datblygodd yn y 19eg ganrif, a'i gydnabod yn gynnar yn yr 20fed ganrif.

■ *Pwy:* Roedd Henri Rousseau yn boblogaidd gyda'r *avant-garde* ym Mharis ar ddechrau'r 20fed ganrif, gweler 'Teigr mewn Storm Drofannol' (Tigre dans une tempête tropicale / Tropical Storm with a Tiger), 1891, Yr Oriel Genedlaethol, Llundain. Gweler hefyd waith Alfred Wallis o Gernyw, e.e. 'Tŷ'r Howld, Sgwâr Porth Mawr, Yr Ynys, Traeth Porth Mawr' (The Hold House Port Mear Square Island Port Mear Beach), 1932, Tate St Ives, Cernyw. Gwnaeth ei baentiadau bach ar ddarnau anghymesur o gerdyn, yn dangos delweddau wedi'u trefnu'n syml o dai a chychod, ddylanwadu'n drwm ar artistiaid Modernaidd Porthia (St Ives), yn enwedig Ben Nicholson.

Ceir enghraifft hanesyddol nodedig o beintio naïf yng Nghymru yng ngwaith Arlunydd Naïf Aberystwyth, sef arlunydd anhysbys a gynhyrchodd ddyfrlliwiau manwl o olygfeydd lleol rhwng 1840–50. Mae gwaith yr artist i'w weld yn Amgueddfa Ceredigion, Aberystwyth.

■ *Cyswllt:* **Art Brut, cyntefigedd** *primitivism.*
■ *Elfennau ffurfiol:* pob un.

narrative naratif**:** darn o gelf sy'n adrodd stori. Naratif oedd un o brif swyddog-
aethau celfyddyd nes i'r gwrthrych ei hun droi'n gynyddol yn destun y stori
o *Giwbiaeth Cubism* ymlaen.

■ *Cyswllt:* **delfryd** *ideal,* **mytholeg** *mythology,* **Dadeni** *Renaissance.*

naturalism naturoliaeth**:** gweler *realaeth realism.*

Nazi/National Socialist art celf Natsïaidd/Sosialaeth Genedlaethol**:** yr
unig gelfyddyd a ganiatawyd o dan y Drydedd Reich gan Adolf Hitler. Roedd
hwn yn bropaganda hiliol o dan fantell celfyddyd a gynlluniwyd i fawrygu'r
hil Ariaidd trwy ledaenu stereoteip: arwyr pendefigaidd, bywyd gwerinol a
threfn deuluol 'iachus'; cewri penfelyn, yn ddynion a merched, yn gweithio
er gogoniant y famwlad. Defnyddiai celf Sosialaeth Genedlaethol nifer o
draddodiadau *peintio hanesyddol history painting.* Roedd y gweithiau ar raddfa
fawr, wedi'u peintio'n llyfn, heb arwydd o strociau brwsh yr artist, er mwyn
cyfleu'r cyfanwaith fel darlun o drefn naturiol heb unrhyw fath o ymyrraeth
ddynol. Dilornwyd mudiadau Modernaidd eraill fel rhai 'entartete', llwgr neu
ddirywiedig; dinistriwyd gweithiau artistiaid yr *avant-garde* ac fe'u herlidiwyd.
Dibynnai celf Natsïaidd, fel celf ffasgaidd yn yr Eidal neu Realaeth Sosialaidd
yn Rwsia, ar fersiwn amrwd o'r arddull neoglasurol — mae hyn yn golygu
bod yr arddull neoglasurol wedi'i gysylltu'n aml ag erchyllterau ffasgiaeth a'r
Holocost, a phrin iawn y cafodd yr arddull ei ddefnyddio wedi'r Ail Ryfel Byd
(gweler *haniaethol abstract*).

■ *Pryd:* 1933–45.
■ *Pwy:* Adolf Ziegler, Josef Thorak.
■ *Cyswllt:* **peintio hanesyddol** *history painting,* **delfryd** *ideal.* Fel gwrthgyfer-
byniad i gelf Natsïaidd, gweler *Bauhaus,* sy'n enghreifftio'r math o 'gelf
ddirywiedig' a waharddwyd gan y Natsïaid. Er bod y paentiadau a'r cerfluniau
o ansawdd isel, mae'r ddelwedd holliach wedi lledu mewn cymdeithas gyfalafol
fasnachol trwy ffilmiau Leni Reifenstahl, e.e. 'Gorchest yr Ewyllys' (Triumph
des Willens / Triumph of the Will) — os gwelwch ddynion ifanc penfelyn ag
osgo pencampwyr, eu lluniau wedi'u tynnu mewn du a gwyn, er enghraifft,
yna mae'n debygol mai gwaith Reifenstahl fu'r ysbrydoliaeth ar eu cyfer. Fel
cefndir i hyn oll, daeth pensaernïaeth Albert Speer i amlygrwydd.

negative space gofod negyddol**:** y lle rhwng gwrthrychau — elfen bwysig ar
gyfer unrhyw ddadansoddiad gweledol, ond un sydd yn aml yn cael ei
esgeuluso. Wrth luniadu grŵp o wrthrychau, byddwn yn canolbwyntio ar y
gwrthrychau eu hunain, ond er mwyn dadansoddi eu *ffurf form,* mae angen i
ni ddod o hyd i leoliad y gwrthrychau o fewn gofod tri-dimensiwn.

n

■ **Cyswllt: *ffurf** form*. Mae Rachel Whiteread yn castio'r gofod y tu mewn i wrthrychau, er enghraifft 'Dideitl (Can Gofod)' (Untitled (One Hundred Spaces)), 1995, Cyngor y Celfyddydau, Prydain. Castiau yw'r rhain mewn resin tryloyw o'r gofod sydd o dan gadeiriau a stolion, y math o ofod negyddol y byddwn fel arfer yn ei anwybyddu. Mae gofod negyddol, neu'r gofod disylw rhwng gwrthrychau yn faes ffrwythlon iawn ar gyfer lluniadu, ac fe allai fod yn ***thema** theme* ddefnyddiol i'w harchwilio. Sut datblygodd artistiaid eraill y syniad hwn? Trwy ddefnyddio stribedi o bapur gwyn y gwnaeth Richard Hamilton (1922–2011) ddiffinio'r gofod negyddol rhwng ffotograffau y tu mewn i glawr *The White Album*, 1968, gan y Beatles. Rhowch gynnig ar yr ymarfer clasurol o dynnu lluniadau monocrom o'r gofod rhwng stolion, neu gadeiriau wedi'u gosod un ar ben y llall. Defnyddiwch sialc gwyn ar bapur du, a heb ddefnyddio ***tôn** tone* o gwbl, tynnwch lun y gofod negyddol; bydd y papur du y byddwch yn lluniadu arno yn datgelu'r gwrthrychau. Hefyd, edrychwch ar ddyfrlliwiau olaf Cézanne, e.e. 'Bywyd Llonydd â Melon Gwyrdd' (Nature Morte au Melon Vert / Still Life with Green Melon), 1902–06, casgliad preifat. Sylwch nad oes ***ymyl troi** turning edge* clir ar y melon, ond mae amlinell las sy'n cael ei hail-adrodd yn symud i mewn i wagle'r gwydr sydd nesaf ato; mae'r gofod rhwng y ddau wrthrych wedi'i lenwi â pherthynas ***lliw** colour*.

Neo- Neo-: rhagddodiad sy'n cael ei ychwanegu at air er mwyn dynodi ffurf newydd (ac felly math newydd) o ddadeni ynddo, fel ***Neoglasuriaeth** Neoclassicism* — fersiwn newydd o gelf ***Glasurol** Classical* — a ***Neoargraffiadaeth** Neo-Impressionism*.

Neo-classicism Neoglasuriaeth: arddull celfyddydol a phensaernïol yn Ewrop a ddatblygodd fel adwaith i ***Rococo*** a'r ***Baróc** Baroque*. Yn dilyn y darganfyddiadau archeolegol ym Mhompeii yn 1748, gwelodd artistiaid gelfyddyd Rufeinig â'u llygaid eu hun ac, yn wahanol i artistiaid y ***Dadeni** Renaissance*, gallai artistiaid neoglasurol efelychu am y tro cyntaf gelfyddyd, pensaernïaeth a cherflunwaith ***Clasurol** Classical*. Nodwedd neoglasuriaeth oedd lliwiau clir, llinellau pendant, a ffigurau wedi'u trefnu mewn ystumiau ***delfrydol** ideal*, e.e. gwaith Jacques-Louis David, 'Llw'r Horatii' (Le Serment des Horaces / Oath of the Horatii), 1784, Musée du Louvre, Paris, lle mae'r tri brawd yn tyngu llw arwrol wrth i'w tad godi eu harfau tuag at y duwiau. Mae'r cyfansoddiad yn copïo trefniant ar lun ffris oedd mor gyfarwydd o'r temlau clasurol. Mae'r paentiadau o bensaernïaeth, gwisgoedd ac arfwisg yn fanwl gywir, a hyd yn oed wynebau a siapiau trwynau'r dynion.

■ ***Pryd:*** y 18fed a'r 19eg ganrif.

■ ***Pwy:*** Jacques-Louis David, Angelica Kauffmann, Jean Auguste Dominique Ingres.

■ **Cyswllt: *peintio hanesyddol** history painting*, ***delfryd** ideal*, ***celf Natsïaidd** Nazi art*, ***Dadeni** Renaissance*. Yn ystod y 19eg ganrif, gwelwyd Neoglasuriaeth fel y

n

gwrthbwynt i'r *Gothig*, yr hyn a elwid yn 'Ymryson yr Arddull'. Rhowch gynnig ar gymharu eu nodweddion perthnasol a'u mesur yn erbyn y gwaith y byddwch chi am ei greu.

Neo-Impressionism Neoargraffiadaeth: gweler *rhaniadaeth divisionism*.

Neo-Plasticism Neoplastigiaeth: gweler *De Stijl*.

Non-Objective art celfyddyd Anwrthrychol: term a ddefnyddir ar gyfer ffurfiau puraf celfyddyd *haniaethol abstract*, nad ydynt yn cyfeirio at y broses o *haniaethu abstraction* o fyd natur, a'u bod yn drefniadau *ffurfiol formal* o liw yn unig.

O

O

objet trouvé: gweler **gwrthrych hapgael** *found object*.

oeuvre: cyfanwaith creadigol artist.

oil paint paent olew: pigmentau sydd wedi'u clymu at ei gilydd ag olew (olew had llin, fel arfer). Er bod y **cyfrwng** *medium* yn ei ragflaenu, mae'n debygol mai Jan van Eyck yn yr Iseldiroedd oedd y cyntaf i ddefnyddio paent olew yn ei ffurf bresennol. Lledodd defnydd y cyfrwng i Eidal y **Dadeni** *Renaissance* drwy artistiaid o'r gogledd oedd yn gweithio yn Napoli (Naples), ac yna dilynodd drywydd yn ôl tua'r gogledd. Nodwedd dechnegol bwysig paent olew yw ei fod yn sychu'n araf, yn wahanol iawn i'r cyfrwng blaenllaw a'i ragflaenodd, sef TEMPERA, oedd yn sychu'n gyflym iawn. Roedd hyn yn golygu y gallai paent olew gael ei ail-weithio dros amser tra'i fod yn dal yn wlyb, a bod modd ychwanegu haenau tenau o baent, neu **wydredd** *glazes* i'r tanbaentio er mwyn efelychu arwynebau, yn enwedig y croen. Gan fod paent olew yn cymysgu'n rhwydd, bod ganddo sglein sy'n dod o'r olew, a bod modd ei osod mewn haenau tryloyw, mae modd creu **lliwiau** *colours* dyfnach o ganlyniad. Mae'n bosibl creu lliw a gwead meddal, llewyrch goleuol goleubwyntio llachar, a phlygiadau meddal defnydd trwy gymysgu **tôn** *tone* tywyllach ar gyfer y cysgod yn erbyn y tôn goleuach ar gyfer y goleubwynt, a'r cyfan yn bosibl oherwydd ansawdd technegol paent olew. Roedd hi'n haws cadw a diogelu paentiadau olew na gweithiau ffresgo, ac nid oedd y cyfrwng yn mynnu arwyneb cwbl lyfn panel pren. O'r 16eg ganrif ymlaen dechreuodd peintwyr Fenis (Venezia) ddefnyddio olew ar **gynfas** *canvas*, arwyneb oedd yn fwy cyfleus na phren — byddai pren yn gallu pydru neu gamdroi (plygu) mewn awyr llaith. Roedd modd gwneud cynfasau maint murluniau, ac roedd modd rholio'r cynfasau ar gyfer eu cludo a'u hallforio.

■ *Pryd:* er iddo ymddangos gyntaf yn y 15fed ganrif, mae paent olew wedi bod yn gyfrwng hanfodol ar gyfer peintio.

Erbyn yr 17eg ganrif roedd y rhan fwyaf o artistiaid yn peintio ag olew a farnais. Roedd y dechneg wedi datblygu i fod yn un soffistigedig iawn, yn enwedig wrth osod haenau o baent tenau yn ofalus er mwyn cynrychioli golau'n dawnsio ar draws ystod eang o arwynebau (gweler **gwydredd** *glaze*). Gyda dyfeisio'r tiwb paent metel yn 1842 yn Llundain, gan gwmni Windsor & Newton, cafodd artistiaid ryddid i ddianc o'r stiwdio ac i ddefnyddio paent olew yn yr awyr agored (gweler **Argraffiadaeth** *Impressionism*). Wrth i bigmentau artiffisial gyrraedd y farchnad, doedd dim angen mwyach i artistiaid falu eu lliwiau eu hunain, ac roedd modd iddynt ddefnyddio lliwiau llachar fel y mynnent. Yn sgil hyn daeth newidiadau radical i'r ffordd y defnyddiwyd paent olew, wrth i artistiaid beintio blociau lliw solet a phwerus yn syth ar gynfas (gweler **Ôl-argraffiadaeth** *Post-Impressionism*).

■ *Pwy:* dywed traddodiad mai Jan van Eyck o'r Iseldiroedd oedd dyfeisydd cyfrwng paent olew, ond mae hyn yn annhebygol gan fod olew had llin ac olew cnau wedi cael eu defnyddio er yr Oesoedd Canol fel cyfrwng ar gyfer pigment. Eto, gwnaeth Van Eyck a'i gyfoedion yn y 15fed ganrif arbrofion pwysig gyda gwydredd paent olew dros is-haenau o baent TEMPERA wy di-draidd, arbrofion a arweiniodd at ddatblygu'r dull ymhellach yn yr Eidal. Defnyddiodd artistiaid diweddarach, e.e. Titziano Vecellio (Titian) ac yna El Greco, Rubens a Velasquez, grwnd brown â phigment ar eu cynfasau, gan roi rhyddid iddynt adael rhai ardaloedd heb eu peintio. Gallai'r ardaloedd brown roi gwead cyferbyniol ac hanner-tôn cynnil wedi iddynt gael eu gwydro. Defnyddiai Rembrandt grwnd llawer tywyllach, fel bod ei baentiadau yn llawn tonau cynnes. Ar y llaw arall, roedd y **Cyn-Raffaeliaid** *Pre-Raphaelites* yn y 19eg ganrif yn gweithio'u paent olew ar grwnd gwyn, gwlyb a roddai liwiau llachar a chanolbwynt pendant. Yn ystod hanner cyntaf yr 20fed ganrif gwelwyd goruchafiaeth paent olew yn ildio rywfaint i baent **acrylig** *acrylic* pan y'i dyfeisiwyd yn y 1960au. Yn yr un modd daeth paent tebyg i enamel ar gyfer y tŷ, na fwriadwyd ei ddefnyddio ar gyfer celf, yn gyfrwng naturiol iawn i Jackson Pollock. Ond mae'n werth nodi fod cyfrwng paent olew yn parhau hyd heddiw i fod yn ffefryn ymhlith artistiaid sy'n cynhyrchu paentiadau — artistiaid fel Frank Auerbach, Gillian Ayres, Lucian Freud (1922–2011), Howard Hodgkin a'u tebyg.

■ *Cyswllt:* **gwydredd** *glaze*, **rhith** *illusion*, **impasto**, **Dadeni** *Renaissance*. Cymharwch ddwy enghraifft o baentiadau olew, un o'r Dadeni, e.e. (1) gwaith Titziano 'Bacchus ac Ariadne' (Bacco e Arianna / Bacchus and Ariadne) 1522–32, Yr Oriel Genedlaethol, Llundain, lle gwelwn y defnydd clasurol o baent olew a gwydredd cyfoethog er mwyn adeiladu lliwiau cryf, ynghyd â rhith o ffurfiau tri-dimensiwn, a (2) gwaith y **Mynegiadwr Haniaethol** *Abstract Expressionist* o America, Clyfford Still, '1953', 1953, Tate Modern, Llundain. Mae hwn, ar y cyfan, yn baentiad glas llachar, gyda fflachiadau coch (y lliw **cyflenwol** *complementary* i las) yn y gornel chwith isaf, ac ardal gribog o felyn a phorffor yn y gornel dde uchaf. Sut mae'r ddau artist yn defnyddio'r lliw glas? Sylwch nad yw Still yn defnyddio gwydredd tryloyw, er bod y glas wedi *sgwmblo scumbled* ar haenen dywyllach islaw. Ydy'r diffyg gwydredd yn ymgais ymwybodol i ffoi rhag sgiliau rhithiol paentiadau olew cynharach, fel yng ngwaith Titziano? Os fedrwch chi gael gafael ar baent olew, gallwch wneud cyfres o ddarnau ymchwil gweledol yn seiliedig ar ddadansoddiad o'r ddau baentiad hyn, eu hamcanion a'u swyddogaeth. Byddai'n syniad da ehangu'r gwaith i gynnwys TEMPERA a ffresgo, i ddangos nodweddion paent olew a sut mae'r nodweddion hynny yn effeithio ar y gwaith wedi hynny, e.e. cymharwch *triptych* Duccio di Buoninsegna 'Y Forwyn a'r Baban Iesu gyda Sant Dominic a'r Santes Aurea' (La Madonna col Bambino tra san Domenico e sant'Aurea / Virgin and Child with St Dominic and St Aurea), 1310–20, Yr Oriel Genedlaethol, Llundain, TEMPERA ar bren, â gweithiau ffresgo Giotto yng Nghapel yr Arena, Padua, 1305.

Oni bai fod modd i chi weithio mewn stiwdio bwrpasol â lle i chi storio arlunwaith gwlyb, a bod modd i chi newid eich dillad yn hwylus, nid yw paent olew yn gyfrwng addas i'w ddefnyddio mewn ysgolion a cholegau. Nid yw paent olew yn hydawdd mewn dŵr, sy'n ei wneud yn anodd (os nad yn amhosibl) i'w glanhau oddi ar ddillad. Mae gan wirod gwyn, sef y cyfrwng ar gyfer glanhau brwshys, arogl cryf ac nid yw'n cymysgu'n dda gyda phaent a brwshys eraill yn yr adran gelf gyffredin. Ar ôl dweud hynny, mae paent olew yn gyfrwng bendigedig, er yn ddrud, sy'n cynnig oriau dedwydd o arbrofi.

■ *Elfennau ffurfiol:* pob un, ac eithrio llinell efallai.

Op art Opgelfyddyd: celfyddyd haniaethol sy'n aml iawn yn seiliedig ar batrymau geometrig, monocrom, gydag ymylon pendant sy'n peri i'r llygaid greu ôl-ddelweddau yn awgrymu symudiad neu ddirgryniant gweledol, e.e. gwaith Bridget Riley, 'Petruso' (Hesitate), 1964, Tate Britain, Llundain.

■ *Pryd:* y 1960au.

■ *Pwy:* Josef Albers, sef arloeswr cynnar effeithiau optegol trwy batrymau geometrig (gweler *Bauhaus*), Bridget Riley, Victor Vasarely. Roedd Opgelfyddyd hefyd yn bwysig iawn ar gyfer ffasiwn y 1960au, cynlluniau Mary Quant er enghraifft — ceisiodd Bridget Riley erlyn cwmni o America wnaeth ddefnyddio un o'i pheintiadau ar ddefnydd dillad.

■ *Cyswllt: rhith* illusion, *celfyddyd Ginetig* Kinetic art, *celfyddyd Bop* Pop art.

■ *Elfennau ffurfiol:* patrwm.

optical mixing cymysgu optegol: gweler *rhaniadaeth* divisionism.

organic organig: mewn termau artistig, mae organig yn golygu gwaith celf sy'n dangos ffurfiau sy'n ymddangos fel pe baent yn deillio o astudio natur: er enghraifft, siapiau troellog, crwm sy'n dynodi tyfiant, gweler gwaith Hans Arp, 'Ffrwyth Pagoda' (Pagoda Fruit), 1949, Tate Modern, Llundain, sef cerflun efydd o ddau siâp crwn, haniaethol, gyda'u ffurf yn awgrymu codau had,

O

cregyn, a ffrwythau rhyfedd — rhywbeth naturiol, neu organig, yn sicr. Mae beirniaid celf yn defnyddio'r term 'organig' i ddisgrifio cyfansoddiad cytbwys mewn darn o waith celf — 'y cyfanwaith organig'. Mae'n debygol mai *Art Nouveau*, yr arddull addurniadol mewn celfyddyd a phensaernïaeth, wnaeth sgubo dros Ewrop rhwng diwedd y 19eg ganrif a dechrau'r Rhyfel Byd Cyntaf, oedd yr enghraifft fwyaf gydlynol lle defnyddiwyd ffurf organig yn fan cychwyn ar gyfer mudiad cyfan. Defnyddiai Art Nouveau siapiau, llinellau a ffurfiau anghymesur a oedd yn y pen draw yn seiliedig ar blanhigion, e.e. y tro ym mhennau'r colofnau yng Ngwesty Tassel, Brwsel (Bruxelles), gan Victor Horta, 1892–93, sydd â thendrilau yn troi tuag i fyny i'r strwythurau metel uwchlaw, ac sy'n ein hatgoffa o iorwg, neu eiddew, yn hytrach na rhan allweddol o adeilad.

Orphism/Orphic Cubism Orffiaeth/Ciwbiaeth Orffig: math o beintio a ddeilliodd o *Giwbiaeth* Cubism ac a arferwyd yn fwyaf amlwg gan Robert Delaunay. Defnyddiodd liwiau cryf a delweddau'n nodweddu Paris (Tŵr Eiffel yn benodol, ac mewn cyfresi tebyg i'w baentiadau o 'Dîm Rygbi Caerdydd' (L'équipe de Cardiff / The Cardiff Team), 1922–23, Orielau Cenedlaethol yr Alban. Datblygodd yr Orffyddwyr hefyd rai o'r delweddau haniaethol cyntaf i ddefnyddio themâu cerddorol, gweler gwaith Delaunay, 'Ffurfiau Crwn, yr Haul a'r Lleuad' (Formes circulaires, Soleil, Lune / Circular Forms, Sun and Moon), 1912–13, Kunsthaus, Zürich, y Swistir. Bathwyd y term 'Orffiaeth' gan y bardd Guillaume Apollinaire, gan gyfeirio at Orffews, y cantor mewn chwedloniaeth Roegaidd, gan fod yr artistiaid dan sylw yn dymuno cyflwyno awen delynegol i arddull llym Ciwbiaeth. Wrth arbrofi, trodd cynnwys eu gweithiau'n fwy haniaethol.
- *Pryd:* 1911–14, Paris yn unig.
- *Pwy:* Robert a Sonia Delaunay, Fernand Léger.
- *Cyswllt: Ciwbiaeth* Cubism. Aeth Paul Klee i ymweld â Delaunay yn 1912, a dylanwadwyd ar ei waith wedi hynny gan ddefnydd lliw Orffig (gweler *Bauhaus*).

orthogonals orthogonolau: creu'r ymdeimlad o ddyfnder ar arwyneb fflat (*plân darlun* picture plane). Mae defnyddio **persbectif** perspective yn dibynnu ar y syniad bod llinellau paralel yn dod at ei gilydd ar bwynt anfeidredd. Y llinellau paralel hynny sy'n symud yn ôl, ac sy'n berpendicwlar gyda phlân y darlun, yw'r orthogonolau — yn tynnu llygad y gwyliwr tuag at y *diflanbwynt vanishing point* ac yn creu rhith y palmant (gweler **persbectif** perspective) sydd mor nodweddiadol o ofod darluniol y rhan fwyaf o baentiadau'r *Dadeni Renaissance*.
- *Cyswllt: Ciwbiaeth* Cubism, **rhagfyrhau** foreshortening, **persbectif** perspective, **Dadeni** Renaissance.

Outsider art celfyddyd y Cyrion: gweler *Art Brut*.

palette **palet:** hambwrdd neu arwyneb gwastad, sydd fel arfer yn siâp hirgrwn neu siâp aren, y bydd artist yn cymysgu paent arno. Gall hefyd gyfeirio at y lliwiau y mae artist yn eu defnyddio, h.y. yr ystod o liwiau sy'n berthnasol i artist neu i ddarn o waith celf.

■ *Cyswllt: lliw colour,* **monocrom** *monochrome.* Gweler **Ciwbiaeth** *Cubism* ar gyfer enghreifftiau o balet cyfyng ac **Ôl-argraffiadaeth** *Post-Impressionism* ar gyfer enghreifftiau o balet ehangach.

panel painting **peintio panel:** y term ar gyfer peintio ar ffrâm anhyblyg y mae modd ei symud o gwmpas, yn wahanol i *ffresgo fresco.* Tan y 15fed ganrif, gwnaed y ffrâm fel arfer o bren, er i gopr gael ei ddefnyddio yn yr Iseldiroedd. Yn yr Oesoedd Canol, yn aml iawn byddai lledr yn cael ei ymestyn dros baneli. Yn raddol, cafodd paneli eu newid am *gynfas canvas* a oedd yn cael ei ymestyn dros ffrâm.

pastel: cyfrwng lluniadu sy'n cynnwys pigment wedi malu, ac wedi'i gymysgu â gwm neu resin er mwyn gwneud ffon ddefnyddiol. Yn wahanol i ddefnydd y term wrth addurno ein cartrefi, lle mae 'pastel' yn cyfeirio at liwiau ysgafn, mae'r cyfrwng pastel yn llaw'r artist yn cynhyrchu lliwiau cryf a llachar, gyda rhywfaint o wead *impasto.* Mae'r cyfrwng yn un uniongyrchol iawn — nid oes angen ei gymysgu â dŵr neu gyfrwng arall, ac mae modd adeiladu arwyneb lliw a ffurfiau cyflawn yn gyflym dros ben. Gall marc unigol â phastel gael ei gyferbynnu ag ardal eang o liw, sydd naill ai'n fflat neu wedi'i gymysgu, er ei bod yn anodd defnyddio pastel mewn mwy nag un neu ddwy haen, gan fod yr arwyneb yn tagu. Mae pasteli yn dueddol o berthyn i un o dair gradd: meddal, canolig a chaled — yr un meddal yw'r mwyaf hawdd i'w ddefnyddio. Bydd angen i'r papur neu gynfas fod â gafael gweddol (gweler *grwnd ground*) er mwyn dal pastel — po fwyaf garw yw'r grwnd, y mwyaf o'r pastel fydd yn dangos. Gall pastel gael ei gymysgu gyda blaen y bys neu gyda chlwtyn, a gall gwirod gwyn ei hydoddi ryw ychydig er mwyn creu effaith sy'n debyg i olchiad (gallwch wneud yr un fath gyda chreon cwyr rhad). Mae'r gwaith terfynol yn fregus, ac mae chwistrellu sefydlogydd arno yn tueddu i afliwio'r pigmentau.

■ *Pryd:* defnyddiwyd yn gyntaf yn yr Eidal yn yr 16eg ganrif; cyrhaeddodd ei anterth, o bosibl, gyda Degas yn y 19eg ganrif.

■ *Cyswllt:* **nod awduraeth** *autographic mark,* **lliw** *colour,* **lluniadu** *drawing.* Edrychwch hefyd ar waith Degas, 'Wedi'r Baddon, Dynes yn Sychu' (Après le bain, femme s'essuyant / After the Bath, Woman Drying Herself), 1895, Oriel Sefydliad Courtauld, Llundain — lluniad wedi'i gyfansoddi mewn cyfres o strociau lliw unigol wrth i Degas geisio sefydlu ffurf y gwrthrych, tra'n ddarn celf gorffenedig ar yr un pryd. Mae 'na rywbeth uniongyrchol yn deillio o'r ffaith bod artist yn gweithio wyneb yn wyneb â model, ond hefyd mae'r cyfansoddiad yn un trefnus, gyda llinell letraws yn croesi o'r chwith i'r dde, a gyda'r bath llorweddol yn cydbwyso'r cyfan. Defnyddiwyd o leiaf dri dull gwahanol o osod y pastel: (1) â brwsh, (2) yn debyg i hylif, a (3) fel ffon luniadu. Sylwch ar y strociau cryf o liwiau cyflenwol. Rhowch gynnig eich hun ar arbrofi.

■ *Elfennau ffurfiol:* pob un.

patina: y lliwio ar arwyneb gwrthrych o fetel wrth iddo heneiddio, yn enwedig *efydd* *bronze,* sy'n newid i liw gwyrdd deniadol.

■ *Cyswllt:* cerflunwaith.

■ *Elfennau ffurfiol:* lliw, patrwm, gwead.

patron/patronage noddwr/nawdd: rhywun sydd yn prynu gwaith artist yn gyson, neu sy'n talu'r costau wrth i'r gwaith celf gael ei greu. Yn ystod y *Dadeni Renaissance* gwelwyd dechrau'r symud i ffwrdd o nawdd y wladwriaeth neu'r eglwys ac i gyfeiriad nawdd gan unigolion. Lorenzo di Medici, er enghraifft, oedd prif noddwr celfyddydol Fflorens (Firenze). Mae nawdd yn bwysig oherwydd bydd pwy bynnag sy'n prynu'r gwaith yn dewis celfyddyd sy'n apelio iddynt neu sy'n hybu eu safbwyntiau. Mae'r ddadl dros nawdd yn parhau hyd heddiw — un o noddwyr celf amlycaf Prydain yw Charles Saatchi (gweler *YBAs*) a'i chwaeth ef a gynrychiolir yn Oriel Saatchi, Llundain.

Performance art celf Berfformiadol: math o gelf weithredol, yn defnyddio theatr, cerddoriaeth, ffilm, fideo, ac ati. Mae'r perfformiad yn seiliedig ar goreograffi sefydlog nad yw'n fyrfyfyr nac yn seiliedig ar ryngweithio gyda'r gynulleidfa — yn wahanol i *Ddigwyddiad Happening.*

■ *Pryd:* o ganol y 1970au ymlaen, er, yn yr un modd â'r Digwyddiadau, mae gwreiddiau celf Berfformiadol mewn *Dyfodoliaeth Futurism* a *Dada* ar ddechrau'r 20fed ganrif.

■ *Cyswllt:* *celfyddyd Bop Pop art, sioc shock.* Amlygwyd agweddau ar gelf Berfformiadol yng Nghymru ar ôl 1968, gyda gweithiau nodedig gan unigolion fel Paul Davies a'i 'Welsh Not' yn 1977, a datblygodd yn gyfrwng yr oedd modd ei finiogi wrth brocio diffiniadau ar hunaniaeth wleidyddol; gweler *Beca.*

perspective persbectif: y system ar gyfer dangos gwrthrychau tri-dimensiwn ar arwyneb dau-ddimensiwn, gan greu *rhith illusion* dyfnder gofodol. Mae persbectif llinol yn seiliedig yn fathemategol ar safbwynt sefydlog gydag un llygad ar gau. Mae hyn felly yn wahanol i'n golwg deulygad tri-dimensiwn arferol wrth i ni symud o gwmpas. Esboniwyd persbectif yn wyddonol yn ystod y *Dadeni Renaissance* ac fe'i roddwyd ar waith mewn peintio. Mewn persbectif canolog, dychmygir bod arwyneb fflat, fertigol y darlun (*plân y darlun picture plane*) ar ongl sgwâr i'r llinellau paralel (*orthogonolau orthogonals*) sy'n rhedeg i mewn i ddyfnder y paentiad ac sy'n dod at ei gilydd yn y pwynt anfeidredd, sef y pwynt diflannu. Gall lluniadu palmant neu fwrdd gwyddbwyll mewn persbectif godi'r rhith o ofod darluniadol trefnus. Trwy *ragfyrhau foreshortening* mae gwrthrychau'n mynd yn llai y pellaf i ffwrdd y maen nhw. Mae *persbectif awyrol aerial perspective*, a ddyfeisiwyd gan Leonardo da Vinci, yn creu rhith dyfnder mewn paentiadau, gan wneud i wrthrychau ac ardaloedd golli dwyster eu lliw, troi'n niwlog (SFUMATO), ac edrych yn fwy glas yn y pellter.

■ *Pryd:* er bod systemau persbectif sylfaenol yn bodoli yn yr hen fyd, Brunelleschi, sef pensaer cromen y gadeirlan yn Fflorens (Firenze), oedd y cyntaf i ddefnyddio persbectif llinol tua 1415. Defnyddiodd fesuriadau manwl er mwyn sefydlu'r system sylfaenol ar gyfer trosi perthnasau gofodol diriaethol i'w cyfrannedd cyflenwol mewn paent. Yn ei lyfr *Ynghylch Peintio (De pictura / On Painting*, 1425, casglodd Leon Battista Alberti y rheolau ynghyd ar gyfer defnyddio persbectif safbwynt sengl sylfaenol.

■ *Pwy:* pob artist er Brunelleschi (ond cyferbynner â rhai enghreifftiau o *beintio naïf naïve painting*, e.e. Alfred Wallis). Edrychwch yn arbennig ar waith Piero della Francesca.

■ *Cyswllt:* artist y *Dadeni Renaissance* Cynnar o Fflorens, Tommaso Masaccio, oedd un o'r cyntaf i beintio ffresgo sy'n defnyddio persbectif llinol credadwy — 'Y Drindod' (Trinità / The Holy Trinity), 1427, Santa Maria Novella, Fflorens. Mae persbectif yn y gwaith hwn yn rhannu'r gofod darluniol yn ddwy ran: yr ysbrydol a'r lleyg. Cymharwch ffresgo Masaccio â gweithiau eraill, e.e. y paentiad ôl-*Giwbaidd* post-*Cubist Orffig Orphic* gan Robert Delaunay, 'Y Tŵr Coch' (La Tour Rouge / The Red Tower), 1911–12, Amgueddfa Solomon R. Guggenheim, Efrog Newydd, a gymerodd y syniad *Ciwbaidd Cubist* y gallai paentiad gynnwys pob syniad posibl am y testun, nid yn unig fersiwn cyfyngedig 'Y Dadeni' o sut y mae pethau'n edrych o un safle statig 'unllygeidiog'. Cymharwch hyn â gwaith yr artist Gary Hume (gweler *YBAs*) a'i baentiadau o angylion, e.e. 'Angylion Melyn' (Yellow Angels), 1999, Oriel Mathew Marks, Efrog Newydd, sy'n rhoi cyfres o luniadau un ar ben y llall, yn hytrach na chreu dyfnder rhithiol (sef swyddogaeth persbectif hyd 1907).

photomontage montage ffotograffig: gweler *montage*.

photorealism ffotorealaeth: gwaith celf ffigurol sy'n cael ei gopïo'n fanwl gywir o ffotograffau, a hynny fel rheol yn adwaith i ffurf artistig unbeniaethol peintio haniaethol. Datblygodd ffotorealaeth o **gelfyddyd Bop** *Pop art*, yn benodol trwy apelio at chwaeth boblogaidd yn hytrach nag at chwaeth **celfyddyd gain** *fine art*. Cododd ffotorealaeth statws y ffotograff i fod yn destun cyflawn, ond fel syniad yn hytrach na rhoi ffotograffiaeth ei hun ar waith. Nodwedd delweddau ffotorealaeth yw eu bod wedi'u ffocysu'n glir ac yn fanwl gywir. Mae hyn yn wahanol i ffotograffau, sydd â dyfnder ffocws, h.y. bydd rhai rhannau yn aneglur (mae enghreifftiau o weithiau gan Chuck Close yn cadw'r rhannau aneglur, gan wneud i'r paentiadau edrych fel ffotograffau anferth). Mewn geiriau eraill, mae'r delweddau hyn ynghlwm wrth gysyniad y ffotograff (gweler **celf Gysyniadol** *Conceptual art*) yn hytrach na'r gwrthrych ei hun.

■ *Pryd:* er 1970.

■ *Pwy:* Chuck Close, Richard Estes.

■ *Cyswllt:* **celfyddyd Bop** *Pop art*. Fel y ffotograffau maen nhw'n eu copïo, mae delweddau ffotorealaeth yn gwneud ystod y tonau a'r gwead yn fwy fflat, gan adweithio yn erbyn **Mynegiadaeth Haniaethol** *Abstract Expressionism*. Mae hyn yn golygu fod modd gweld gweithiau ffotorealaeth yn syml fel delweddau **ffurfiol** *formal images*, h.y. gweithiau haniaethol nad ydynt yn ddim byd mwy nag ystod o liwiau ar arwyneb. Roedd nifer o artistiaid yn troi eu gweithiau ben i waered wrth iddynt eu creu, fel na fyddent yn cael eu temtio i ddehongli'r testun wrth iddynt weithio ar y darn; efallai fod hon yn dechneg y gallwch chi ei harchwilio.

picture plane plân darlun: yr arwyneb fflat y mae celf dau-ddimensiwn yn cael ei greu arno, e.e. **cynfas** *canvas*, **panel** neu bapur. Mewn **persbectif** *perspective* byddwn yn cyfeirio at blân y darlun fel y bedwaredd wal. Yn 1435 disgrifiodd Alberti — artist, pensaer ac awdur o'r **Dadeni** *Renaissance* — sut yr oedd persbectif yn gweithio, gan ddisgrifio'r plân darlun fertigol fel 'ffenest rhwng y gwyliwr a'r olygfa a ddangosir yn y paentiad'.

■ *Cyswllt:* **Dadeni** *Renaissance*.

picturesque darlunaidd: yn llythrennol, yn edrych fel darlun, term a ddefnyddir i ddisgrifio tirluniau yn Lloegr yn y 18fed ganrif. Dyma oedd y safon ar gyfer beirniadaeth 'chwaethus'. Dyma oedd cyfnod cynllunio gerddi, pan gyflogai tirfeddiannwyr gynllunwyr fel Capability Brown i ail-lunio'u hystadau a gwneud iddynt edrych fel y tirluniau yn y gweithiau celf roeddent yn eu hedmygu, e.e. 'Priodas Isaac a Rebeca' (Mariage d'Isaac et Rebecca / Marriage of Isaac and Rebekah) gan Claude (Claude Gellée dit Le Lorrain), 1648, Yr Oriel Genedlaethol, Llundain. Ail-ymddangosodd ffurf mewn cyfnod diweddar yng ngwaith John Piper, e.e. 'Ger Castellnewydd Emlyn' (Near Newcastle Emlyn), 1968, Tate Britain, Llundain.

■ *Pryd:* y 18fed a'r 19eg ganrif.

■ *Cyswllt:* **celf y Tir** *Land art*, **tirluniau** *landscape*, **Rhamantiaeth** *Romanticism*.

Pietà/Deposition/Lamentation *Pietà/Y Disgyniad/Galarlun:* delwedd y Forwyn Fair yn galaru, gyda chorff Crist, ei mab, yn gorffwys ar draws ei chluniau — yr adeg yn y **naratif** narrative Cristnogol sy'n dilyn y croeshoeliad pan yr oedd hi ar ei phen ei hun gyda'i mab marw. Os yw hi'n galaru yng nghwmni eraill, caiff y darlun ei alw'n Alarlun. Mae darluniau PIETÀ, Galarluniau, a darluniau o'r Disgyniad i gyd yn dangos rhan dywyllaf y stori cyn Atgyfodiad Crist.

Mae'r Disgyniad, sy'n digwydd cyn y PIETÀ yn y naratif, yn dangos corff Crist yn cael ei ostwng oddi ar y groes, fel arfer gan nifer o gymeriadau sy'n cynnwys y Forwyn Fair, Mair Magdalen, Ioan Efengylydd, Nicodemus (a wnaeth ddarparu'r olew er mwyn iro'r corff) a Joseff o Arimathea. Yn aml iawn, bydd y disgyniad yn dangos penglog, sy'n cynrychioli Golgotha, bryn y penglogau, lle croeshoeliwyd Crist.

■ *Cyswllt:* Gwnaeth cerflun marmor Michelangelo o'r 'Pietà', 1498–99, Eglwys San Pedr, Rhufain, ddatrys y broblem dechnegol o sut i roi dyn mewn oed (er yn farw) i orwedd dros garffed dynes. Dechreuodd Michelangelo o ddelwedd gogledd Ewrop o'r PIETÀ, a thrwy blygu coesau a breichiau Crist i adleisio ffurf y Forwyn Fair, ac â'i athrylith wrth gerflunio'r plygiadau yn y brethyn, gwnaeth i gorff Crist edrych yn hirach ac yn fwy o faint nag y byddai mewn gwirionedd. Cerfluniodd Michelangelo y darn hwn pan oedd yn 23 oed ac yn prysur wneud enw iddo'i hun fel artist. Dyma'r unig ddarn o waith lle torrodd ei enw, a hynny'n ddigon amlwg dros y gwregys sydd ar fynwes Mair. (Mae dynion ifanc ymffrostgar, sydd am gyhoeddi eu hunain rywsut yn eu gweithiau, yn thema gyson drwy gydol hanes celf: meddyliwch am y **Ciwbyddion** Cubists neu hyd yn oed yr **YBAs**.)

Mae gwaith Rogier van der Weyden, 'Y Disgyniad' (De Kruisafneming / El Descendimiento / The Descent from the Cross), 1435, Museo del Prado, Madrid, yn enghraifft o ogledd Ewrop ar thema'r Disgyniad, sydd wedi'i osod mewn gofod darluniol bas iawn; mae siâp corff y Forwyn Fair wrth ddisgyn yn dilyn yn union siâp corff ei mab. Mae Sant Ioan ar y naill ochr a Mair Magdalen ar yr ochr arall yn creu siapiau crwm sy'n tynnu'r llygad i ganol y darlun — mae trefniant ffigurau mawr mewn gofod cyfyng yn pwysleisio'r effaith emosiynol.

■ *Elfennau ffurfiol:* pob un.

plastic plastig: rhywbeth sy'n gallu cael ei fowldio neu ei siapio — term disgrifiadol a ddefnyddiwyd cyn dyfeisio'r deunydd hyblyg rydym yn fwy cyffredinol yn ei alw'n blastig. Mae'r 'celfyddydau plastig' yn cyfeirio at fodelu neu gynrychioli gwrthrychau solet, a chafodd ei ddefnyddio'n neilltuol gan y grŵp **De Stijl**, a oedd hefyd yn disgrifio'u celf fel Neoblastigiaeth.

plein air painting peintio *plein air*: gweler *Argraffiadaeth Impressionism*.

pointillism pwyntiliaeth: gweler *rhaniadaeth divisionism* am fwy o fanylion.

Mudiad arddulliadol *Argraffiadwyr* Impressionists (*Ôl-argraffiadwyr* Neo-Impressionists) sy'n gosod lliwiau ochr yn ochr trwy ddefnyddio strociau brwsh bychain, neu bwyntiau, fel bod y *cymysgu optegol* optical mix yn digwydd yn llygad y gwyliwr, ac nid ar *balet* palette y peintiwr.

■ *Cyswllt:* **Proses Ben Day** *Ben Day process,* **rhaniadaeth** *divisionism.*

polyptych: darlun neu gerfwedd, ar ffurf allorlun fel arfer, sydd mewn mwy na thri phanel unigol sydd wedi'u plygu at ei gilydd, neu â cholfachau i'w dal ynghyd.

■ *Cyswllt:* **diptych** a **triptych**.

Pop art celfyddyd Bop: mudiad sy'n seiliedig ar ddelweddau diwylliant poblogaidd a'r hyn sy'n boblogaidd mewn cymdeithas fasnachol sy'n gynyddol gyfalafol. Dechreuodd celfyddyd Bop ym Mhrydain ac America tua'r un amser. Diffiniwyd Pop gan yr artist Richard Hamilton (1922–2011) fel: 'Poblogaidd/Dros Dro/Dibwys/Rhad/Masgynnyrch/Ifanc/Doniol/Rhywiol/Gimig/Cyfareddol/Busnes Mawr'. Cyfeirir yn aml at waith Hamilton, 'Beth yn Union sy'n Gwneud ein Cartrefi Heddiw mor Wahanol, mor Ddeniadol?' (Just What is it that Makes Today's Homes so Different, so Appealing?), 1956, Casgliad Edward Janss, Jr, Thousand Oaks, Califfornia, fel y darn cyntaf o gelfyddyd Bop. *Collage* oedd hwn, yn llawn delweddau cyfoes — llun o wyneb y lleuad yw'r nenfwd; mae Al Jolson yn hysbysebu'r ffilm gyntaf i gyfuno sain a lluniau, *The Jazz Singer*; ffotograff o Coney Island yw'r carped, wedi'i dynnu gan y ffotograffydd Weegee o Efrog Newydd. Ai cyd-ddigwyddiad yw'r ffaith bod y gwaith hefyd yn edrych fel paentiad *Mynegiadol Haniaethol* Abstract Expressionist? Roedd celfyddyd Bop yn adwaith bwriadol i ffordd *celfyddyd gain* fine art o greu celfyddyd, yn enwedig i'r Mynegiadwyr Haniaethol, ac yn ddathliad o bopeth *modern* — yn enwedig os mai o America yr oedd yr holl bethau modern yn dod.

Defnyddiodd celfyddyd Bop ddelweddau cymdeithas fasnachol, hysbysebion gan mwyaf — er enghraifft, gwaith enwog Andy Warhol '200 Tun Cawl Campbell's' (200 Campbell's Soup Cans), 1962, casgliad preifat, Efrog Newydd — yn hytrach na *genres* traddodiadol celf, bywyd llonydd, tirluniau, ac ati. Gwnaeth celfyddyd Bop fachu ar nodweddion gweledol y byd modern, e.e. paentiad stori stribed Roy Lichtenstein 'Whaam', 1963, Tate Modern, Llundain, lle defnyddiodd **ddotiau Ben Day** *Ben Day dots* fel proses ar gynfasau anferth.

■ *Pryd:* o ddiwedd y 1950au hyd ddiwedd y 1960au.

■ *Pwy:* yn America: Jasper Johns, Roy Lichtenstein, Claes Oldenburg, Robert Rauschenberg, Andy Warhol; ym Mhrydain: Richard Hamilton, David Hockney, Peter Blake, Eduardo Paolozzi.

■ *Cyswllt:* **proses Ben Day** *Ben Day process,* **collage**. Roedd **Dada** yn defnyddio gwrthrychau pob dydd mewn celfyddyd — edrychwch hefyd ar **weithiau parod** *ready-made* Duchamp i weld sut y gallwch gymryd gwrthrychau go iawn a'u troi'n gelfyddyd. Weithiau, galwyd Pop yn Neo-Dada, yn enwedig wrth gyfeirio at weithiau cynnar Jasper Johns a Robert Rauschenberg. Gweler hefyd *montage* a *sgrin-brintio* screen printing.

Cymerwyd delweddau straeon stribed Lichtenstein allan o gomics rhyfel neu ramant. Er yr Ail Ryfel Byd, roedd America eisoes wedi ymladd rhyfel Korea ac ar fin ymgymryd â'r ymladd trychinebus yn Fietnam (Viet Nam); defnyddiodd Jasper Johns faner UDA mewn gweithiau llosgliw, e.e. 'Tair Baner' (Three Flags), 1958, Amgueddfa Whitney, Efrog Newydd. Er nad yw'r delweddau hyn yn rhoi sylwebaeth ar eu testun mewn unrhyw ffordd amlwg, mae iddynt sylwebaeth ar bob math o bynciau cyfoes y cyfnod. Os ydych yn dwyn ysbrydoliaeth ar gyfer eich gwaith o gelfyddyd Bop, meddyliwch yn ofalus am ba ddelweddau y dewiswch chi, a'u perthnasedd i'ch cyfnod chi; gweler ZEITGEIST. Beth yw nodweddion gweledol y cyfryngau torfol sydd o'ch cwmpas? Beth, er enghraifft, yw nodweddion cyfrifiaduron a'u sgriniau ôl-oleuo y gallwch chi eu defnyddio yn eich gwaith? Beth am bicseleiddio delweddau, a delweddau digidol? Cofiwch nad copïo'r byd o'ch cwmpas yw'r her; y dasg yw ei ddadansoddi'n weledol, gan sicrhau eich bod yn cofnodi pob cam o'ch dadansoddi yn eich llyfr gwaith neu lyfr braslunio mewn arddull gweledol priodol.

■ *Elfennau ffurfiol:* pob un, ac eithrio gwead efallai.

portrait portread: delwedd a thebygrwydd person mewn lluniad, paentiad, ffotograff neu gerflun. Yn un o'r *genres* celfyddydol, mae nifer o wahanol fathau ar bortread, pob un â'i swyddogaeth unigryw: hunanbortreadau, portreadau dwbl a grŵp. Hefyd, 'portread' yw'r term a ddefnyddir ar gyfer siâp darn petryal o bapur gyda'r ochr hiraf yn fertigol — 'tirlun' yw'r term pan mae'r ochr hiraf yn llorweddol.

post- ôl-: rhagddodiad sy'n dynodi dilyniant — e.e. dilyn *Argraffiadaeth* Impressionism wnaeth *Ôl-argraffiadaeth* Post-Impressionism. Yn aml iawn yng nghyd-destun celf, gall gyfeirio at adwaith i rywbeth.

Post-Impressionism Ôl-argraffiadaeth: term a ddefnyddiwyd i ddisgrifio gwaith artistiaid o Ffrainc a fudodd o *Argraffiadaeth* Impressionism, yn benodol Cézanne, Gauguin a Van Gogh. Nod Argraffiadaeth oedd ymateb i'r testun mewn modd cwbl bur, h.y. peintio'r hyn oedd i'w weld yn unig. Doedd dim lle yn hyn i'r wedd symbolaidd mewn celf, na'r posibilrwydd y gallai peintio fod yn ymateb personol neu emosiynol. Ceisiai technegau'r Argraffiadwyr fachu rhith goleuni yn yr awyrgylch o gwmpas gwrthrych, ac roedd hynny'n ei gwneud yn anodd creu ffurf ddarluniadol solet. Gydag Ôl-argraffiadaeth, gwelwyd dechrau'r mudo i ffwrdd o'r *naturiolaeth* naturalism hyn. Er nad oedd grŵp ffurfiol o Ôl-argraffiadwyr, adweithiodd pob un o'r tri artist allweddol yn erbyn Argraffiadaeth, gan geisio creu celf oedd yn canolbwyntio ar gynrychiolaeth (*representation*) gref **ffurf** *form*. Dywedodd Cézanne ei fod 'am wneud Argraffiadaeth yn rhywbeth solet a gwydn, fel celf yr amgueddfeydd'. Bu Van Gogh a Gauguin yn arbennig yn ceisio ymgyrraedd at gelf a allai gael cynnwys symbolaidd yn ogystal â chynnwys optegol — nhw oedd y ddolen gyswllt rhwng Argraffiadaeth a **Mynegiadaeth** *Expressionism*.

■ *Pryd:* 1880–1905.

■ *Pwy:* Paul Cézanne, Paul Gauguin, Vincent van Gogh.

■ *Cyswllt:* gwnaeth Cézanne, Gauguin a Van Gogh ysbrydoli mudiadau celf blynyddoedd cynnar yr 20fed ganrif. Rhyngddynt, hwy oedd yn bennaf gyfrifol am yr hyn rydym yn ei alw'n **gelf fodern** *modern art*. Roedd gwaith Cézanne ar ffurf ddarluniadol yn hollbwysig ar gyfer Picasso a Braque, ac yn ddiwedd- arach **Ciwbiaeth** *Cubism* — yn wir, gellid galw fersiynau cynnar Ciwbiaeth yn Cézanniaeth. Deilliodd defnydd Gauguin o weddau **Symboliaeth** *Symbolism* a **chyntefigedd** *primitivism* o'r cyfnodau a dreuliodd yn Llydaw ac yn Tahiti ac, ynghyd â defnydd Van Gogh o briodweddau mynegiannol lliw, arweiniodd hyn oll at **Ffofyddiaeth** *Fauvism* a **Mynegiadaeth** *Expressionism*, gyda'r gydnab- yddiaeth y gall emosiwn personol fod yn destun addas ar gyfer celf.

■ *Elfennau ffurfiol:* lliw, ffurf, gwead.

Postmodernism Ôl-foderniaeth: term a fenthycwyd yn wreiddiol o bensaernïaeth, ond a ddefnyddiwyd wedi hynny wrth drafod gweddill y celfyddydau a diwylliant poblogaidd. Roedd **Moderniaeth** *Modernism* yn gam ymlaen tuag at gelf a fyddai'n gwbl haniaethol — un arddull a fyddai'n gwrthod pob arddull artistig blaenorol. Mynnai Ôl-foderniaeth y gallai, ac y dylai, celf adeiladu ar yr holl gelfyddyd a aeth o'i blaen, ac y dylai pawb allu ei deall a'i mwynhau. Yr hyn oedd yn dueddol o gael ei gynhyrchu oedd cyfres o ddyfyniadau difyr a chyfrwys yn hytrach nag unrhyw beth newydd — er enghraifft, Adeilad AT&T (Adeilad Sony bellach), 1979, Efrog Newydd, gan Philip Johnson, adeilad sy'n nendwr hen-ffasiwn, plaen a phetryal i bob pwrpas, ond ar y top mae pediment a fenthycwyd o gelficyn **Neo-glasurol** *Neo- classical*. Yn ddamcaniaethol, felly, mae'n adeilad sy'n cymysgu dau arddull gwahanol. Prin fod Ôl-foderniaeth yn bwysig ar ei ben ei hun, oherwydd gellid ystyried yr hyn a gynhyrchir yn fath gwahanol o montage sy'n tynnu ar yr amgylchedd gweledol. Ond os oedd Ôl-foderniaeth yn dynodi diwedd Moderniaeth, y cwestiwn sy'n rhaid ei ofyn yw 'beth nesaf'? Ôl-ôl-foderniaeth?

■ *Pryd:* er y 1970au, ond dadleuir gan rai ein bod erbyn hyn eisoes mewn cyfnod Ôl-ôl-fodernaidd.

■ *Pwy:* penseiri: Charles Jencks, Robert Venturi; artistiaid: Peter Salle, Jeff Koons.

■ *Cyswllt:* *collage*, **Moderniaeth** *Modernism*.

Pre-Raphaelites/Pre-Raphaelite Brotherhood Cyn-Raffaeliaid/Brawd- oliaeth y Cyn-Raffaeliaid: grŵp o artistiaid yn Lloegr a oedd o'r farn mai paentiadau Eidalaidd o'r cyfnod cyn Raffael, 1483–1520, oedd y model celfyddydol gorau i gyfeirio'n ôl atynt. Roedd i baentiadau Cyn-Raffaelaidd destunau moesol cryf, gan dynnu oddi ar y byd naturiol mewn arddull pendant a manwl iawn; gweler gwaith William Holman Hunt 'Deffro'r Cydwybod' (The Awakening Conscience), 1853, Tate Britain, Llundain. Gan ddechrau yn y 1860au, dechreuodd rhai artistiaid beintio themâu canoloesol, a pharhaodd hynny ymhell i mewn i'r 20fed ganrif, e.e. gwaith Edward Burne-Jones, 'Y Brenin Cophetua a'r Gardotwraig' (King Cophetua and the Beggar Maid), 1884, Tate Britain, Llundain. Testunau llenyddol oedd i baentiadau Cyn-Raffaelaidd yn bennaf, eu golwg yn ddifrifol, a'u hysbrydoliaeth yn dod o weithiau Shakespeare, o farddoniaeth ac o'r Beibl. Y nod oedd dod o hyd i ddelweddau newydd i gymryd lle'r hen rai gor-gyfarwydd, a chanfod symbolau ac alegorïau newydd i gynrychioli gwirioneddau'r hen hanesion a chwedlau. Roeddent hefyd yn mynd i'r afael â thestunau cyfoes, e.e. yn y llun 'Deffro'r Cydwybod', gwelwn ddelwedd gwraig ifanc yng nghwmni ei chariad wrth iddi sylweddoli y dylai newid ei bywyd drwy fod yn ffyddlon i'w gŵr. O gwmpas y pâr mae'r hyn sy'n ymddangos fel gwrthrychau domestig cyffredin, ond yng nghyd-destun y darlun maen nhw'n cynrychioli safle'r ferch — mae hi wedi deall ei chamgymeriad o gynnal perthynas â dyn y tu allan i briodas ac yn tyngu llw i fyw bywyd mwy rhinweddol o hynny ymlaen.

■ *Pryd:* 1848–1860au.

■ *Pwy:* John Everett Millais, William Holman Hunt, Dante Gabriel Rossetti.

■ *Cyswllt:* **alegori** *allegory,* **y mudiad Celf a Chrefft** *Arts and Crafts movement,* **ffigurol** *figurative,* **realaeth** *realism,* **Dadeni** *Renaissance.*

■ *Elfennau ffurfiol:* pob un.

primary colours lliwiau sylfaenol (lliwiau cynradd): sef coch, melyn a glas, lliwiau nad oes modd eu creu trwy gymysgu lliwiau eraill. Mae pob lliw arall yn cael ei gynhyrchu trwy gymysgu'r lliwiau sylfaenol (neu gynradd).

■ *Cyswllt:* **lliw** *colour,* **lliwiau cyflenwol** *complementary colours,* **rhaniadaeth** *divisionism,* **lliwiau eilaidd** *secondary colours.*

primitivism cyntefigedd: mae sawl ystyr i hwn. Yn y 19eg ganrif, cyfeiriai 'cyntefigedd' at gelfyddyd o'r tu hwnt i'r Gorllewin a'r Dwyrain, o gymdeithasau a ystyriwyd yn rhai llai datblygedig a llai soffistigedig (o'u cymharu â'r Gorllewin yn benodol). Bellach, mae cyntefigedd yn dueddol o gyfeirio at gelf sydd heb ei difwyno neu ei llygru gan wareiddiad y Gorllewin, ac sydd rywsut felly yn fwy pur yn ei chyflwr amrwd — y rheswm, er enghraifft, dros daith Gauguin i Tahiti yn y 1890au (gweler *Ôl-argraffiadaeth* Post-Impressionism) neu gyflwr amrwd y ffigurau ym mhaentiadau'r *Mynegiadwyr* Expressionists.

Ystyr arall yw un yr 20fed ganrif i ddisgrifio celf sy'n syml o ran delweddaeth ac nad yw wedi'i modelu yn null traddodiadol y *Dadeni* Renaissance.

Er enghraifft, ymdriniaeth Picasso o'r ffigurau yn ei waith 'Lodesi d'Avignon (Les Demoiselles d'Avignon), 1907, Amgueddfa Celfyddyd Fodern, Efrog Newydd, a ysbrydolwyd yn rhannol gan astudiaeth Picasso o fasgiau Affricanaidd ac Iberaidd a oedd i'w gweld mewn amgueddfeydd ethnograffeg.

■ *Cyswllt:* **peintio naïf** *naïve painting,* **torluniau pren** *woodcuts.*

■ *Elfennau ffurfiol:* lliw, ffurf, patrwm, gwead.

prizes gwobrau: mae gwobrau celf cenedlaethol a rhyngwladol yn ffordd o roi sylw i artistiaid ac yn gyfle i drafod datblygiadau newydd mewn celf. Yng Nghymru, mae'r Eisteddfod Genedlaethol yn rhoi'r Fedal Aur am gelfyddyd gain bob blwyddyn, a hynny am y gwaith gorau gan artist â chysylltiadau â Chymru. Ar lefel ryngwladol, bydd gwaith celf o Gymru'n cael ei arddangos yng ngŵyl gelfyddyd hynaf y byd, sef Biennale Fenis. Mae'r ŵyl hon yn cael ei chynnal bob yn ail flwyddyn yn yr Eidal. Fe'i sefydlwyd yn 1895 gyda phafiliwn i bob un o'r gwledydd a oedd yn cymryd rhan, ac yn 1962 cynrych-iolwyd Prydain gan Ceri Richards. Mae Cymru wedi cael ei chynrychioli yn yr ŵyl er 2003, a'r flwyddyn honno cyflwynodd Cerith Wyn Evans ei waith ym Mhafiliwn Cymru, gan ddychwelyd yn 2010 i arddangos ei waith yn y Biennale Pensaernïol.

Yn 2003 sefydlwyd Artes Mundi, sef Gwobr ac Arddangosfa Gelf Weledol Ryngwladol Cymru. Pwrpas Artes Mundi yw cefnogi artistiaid sy'n ymwneud â realiti cymdeithasol a'u profiad o'r byd. Rhoddir y wobr bob yn ail flwyddyn. Cynhaliwyd Artes Mundi 1 yn 2004, a'r flwyddyn honno cafodd gwaith yr artist Tim Davies ei gynnwys yn y gystadleuaeth — ef oedd enillydd Medal Aur yr Eisteddfod yn 2003, ac ef oedd yn cynrychioli Cymru yn Biennale Fenis yn 2011.

Gwobr Turner yw cystadleuaeth gelf gyfoes fwyaf amlwg Prydain. Sefydlwyd Gwobr Turner yn 1984 ac fe'i rhoddir bob blwyddyn i artist ifanc o Brydain am waith a gynhyrchwyd yn ystod y flwyddyn flaenorol. Ymhlith enillwyr y Wobr Turner mae Chris Ofili (1998) a Grayson Perry (2003).

■ *Cyswllt:* **Moderniaeth** *Modernism,* **Ôl-foderniaeth** *Postmodernism,* **sioc** *shock,* **YBAs.**

quattrocento: term Eidaleg ar gyfer y 15fed ganrif, yn enwedig ar gyfer celf a llenyddiaeth.

■ *Pwy:* Andrea Mantegna, Donatello, Filippo Brunelleschi, Filippo Lippi, Fra Angelico, Gentile Bellini, Giovanni Bellini, Jacopo Bellini, Leonardo da Vinci, Masaccio, Paolo Uccello, Piero della Francesca, Sandro Botticelli.

■ *Cyswllt:* **Dadeni** *Renaissance,* **Clasurol** *Classical.*

ready-made gweithiau parod: gwrthrychau a gynhyrchwyd yn ddiwydiannol, ac a ddefnyddiwyd heb fawr o newid i'r pwrpas gwreiddiol a'u labelu'n 'weithiau celf' yn gyntaf gan yr artist Marcel Duchamp. Yr hyn sy'n gwneud gwaith celf allan o'r hyn oedd cyn hynny'n wrthrych cyffredin — sef gwaith parod — yw'r *metamorffosis metamorphosis* o ddewis y gwrthrych cyn ei ail-gyflwyno mewn cyd-destun celfyddydol.

■ *Pryd:* 1913–45, ond yn parhau mewn amryw ffyrdd hyd heddiw.

■ *Pwy:* term yw hwn a fathwyd gan Marcel Duchamp yn 1913, ac efallai mai'r gwaith parod cyntaf o bosibl oedd y darn 'gwaith parod â chymorth', yr olwyn feic ar ben stôl cegin (gweler *beic bicycle*). Mae'n bosibl mai'r gwaith parod enwocaf oedd 'Ffynnon' (Fontaine / Fountain), 1917 (collwyd y gwreiddiol, ond mae copïau gan yr artist yn Amgueddfa Celfyddyd Fodern, Efrog Newydd, a'r Tate Modern, Llundain). Yr hyn oedd 'Ffynnon' oedd wrinal tai bach dynion, wedi'i lofnodi 'R. Mutt' a'i gyflwyno i gystadleuaeth gelf agored yn Efrog Newydd. Trwy gymryd gwrthrych masgynhyrchiol a thrawsnewid holl gysyniad y gwrthrych wrth ei drin fel darn o gelf, roedd Duchamp yn cynhyrchu cerflun allan o waith parod. Roedd hon yn ffordd o amlygu sylfaen ddeallusol celf a thynnu sylw oddi ar y broses gorfforol o greu celf ('Roeddwn i am roi peintio at wasanaeth y meddwl'), ond roedd hefyd yn codi cwestiynau am natur sylfaenol celf a'r modd yr oedd yn cael ei harddangos. Roedd dylanwad gweithiau parod Duchamp yn sylweddol — gan gyflwyno'r *sioc shock* cellweirus i'r gwylwyr, beirniaid a'r awdurdodau celf, a phwysleisio nad oes rhaid i ochr ddeallusol ac athronyddol celf fynd law yn llaw â gwrthrych sydd wedi'i grefftio â gofal — a chafodd ddylanwad dwys ar hanes celf byth er hynny. Un arall o weithiau parod eiconig Duchamp yw'r 'Sychwr Poteli' (Égouttoir / Bottle Rack), 1914, a ail-weithiwyd mewn neon gan Bethan Huws yn ei 'Thaith' (Tour), 2007.

■ *Cyswllt: celf Gysyniadol Conceptual art, Dada, gwrthrych hapgael found object, YBAs.*

realism realaeth: arddull celf a mudiad celfyddydol. Fel arddull, mae realaeth (ag 'r' fach) yn debyg i naturoliaeth — celf sy'n seiliedig ar astudiaeth fanwl o natur a phortread o'r byd, sef nod nifer o artistiaid er yr hen Eifftiaid. O ddilyn realaeth ar hyd un trywydd, gall ddiweddu gyda cheisio dod o hyd i'r hyn sy'n ddelfrydol yn hytrach na ffurfiau go iawn, a chlodfori sgiliau crefft (e.e. TROMPE L'OEIL — gweler *rhith illusion*) yn hytrach na dadansoddiad gweledol o'r byd. Yn aml iawn, mae'r arddull yn efelychu manylder ffotograff, yn hytrach na synhwyredd y llygad, fel llinyn mesur llwyddiant.

Nid yw Realaeth ag 'R' fawr yn golygu portreadu pobl a llefydd (gweler uchod). Yn hytrach, dathliad o'r cyffredin a'r hyn sydd o'n cwmpas bob dydd ydyw — mewn geiriau eraill, y gwrthwyneb i *ddelfryd ideal*. Gwrthododd yr artist Gustave Courbet â pheintio angylion oni bai ei fod yn gweld un. Celf am fywyd 'modern' oedd Realaeth; er enghraifft, paentiad Courbet 'Claddedigaeth yn Ornans' (Un enterrement à Ornans / A Burial at Ornans), 1849–50, Musée d'Orsay, Paris. Mae'r paentiad hwn yn ddigon mawr i'w ystyried fel *paentiad hanes history painting*, ac mae'n amlwg bod gan yr artist neges bwysig i'w chyflwyno ar raddfa sy'n herio celfyddyd mawr y gorffennol. Er hynny, pobl gyffredin tref fechan yn Ffrainc yw testun y paentiad, a phob un wedi gwisgo mewn du. Mae gan rai bryd a gwedd rydlyd, ac nid oes yr un yn edrych allan yn uniongyrchol i gyfeiriad y gwyliwr (sef ni), ac nid oes awgrym o bwy sy'n cael ei gladdu. Mewn geiriau eraill, nid yw'r paentiad wedi cael ei gyfansoddi yn unol â chonfensiynau traddodiadol. Testun canolog y paentiad yw'r twll yn y ddaear. Does dim chwedloniaeth yn perthyn i'r gwaith, dim ffigurau mawr nac aristocrataidd o'r gorffennol, ac mae'r prif liwiau yn dywyll a brwnt — dim ond 'arwriaeth bywyd modern', fel y dywedodd y llenor Baudelaire amdano.

■ *Pryd:* 1845–80.

■ *Pwy:* Gustave Courbet, Édouard Manet.

■ *Cyswllt:* *ffotorealaeth photorealism*, *Cyn-Raffaeliaid Pre-Raphaelites*, *Rhamantiaeth Romanticism*. Mewn sawl ffordd, roedd *Argraffiadaeth Impressionism* yn barhâd o realaeth, gan ddefnyddio palet ysgafnach a dull oedd yn fwy arlunyddol linellog. Rhowch gynnig ar ymchwilio i amcanion y ddau fudiad — yn enwedig yr artist Degas sydd, yn aml iawn, yn cael ei alw'n Realydd — a chymharwch y canlyniadau.

■ *Elfennau ffurfiol:* pob un.

relief cerfwedd: arwyneb tri-dimensiwn clir mewn cerflunwaith. Yr enw a roddir ar gerflun a gerfiwyd o arwyneb fflat, fel mai dim ond rhan fechan ohono sydd uwchben yr arwyneb, yw 'cerfwedd isel'; os yw'n codi gryn dipyn uwchben yr arwyneb, y term yw 'cerfwedd uchel'.

relief printing argraffu cerfweddol: dull argraffu. Y mwyaf cyffredin yw torluniau leino, lle mae'r inc yn cael ei ddal ar arwyneb clir y bloc. Mewn geiriau eraill, nid yw'r hyn sydd wedi'i dorri i ffwrdd yn argraffu, yn wahanol i argraffu INTAGLIO lle mae'r inc yn aros yn y rhigolau.

■ *Cyswllt:* **engrafu** engraving, **ysgythru** etching, **torluniau pren** woodcuts.
■ *Elfennau ffurfiol:* lliw, patrwm, gwead.

Renaissance Y Dadeni/Dadeni Dysg: celf, diwylliant, gwyddoniaeth ac ysbryd cyfnod a ddechreuodd yn yr Eidal yn y 14eg ganrif. Gyda'r Dadeni, daeth machlud ar yr Oesoedd Canol a gwawriodd twf y byd modern. Yr Uwch Ddadeni sydd fel arfer ym meddyliau pobl wrth gyfeirio at y cyfnod, h.y. gweithiau fel 'Dafydd' (David) Michelangelo, ei nenfwd yng Nghapel y Sistina, 'Mona Lisa' Leonardo da Vinci, gweithiau ffresgo 'Ysgol Athen' (Scuola di Atene / School of Athens) Raffael, ac ati. Rhennir y Dadeni'n ddwy ran: y Dadeni Cynnar, y dywedir fel arfer iddo ddechrau gyda Giotto (gweler **ffresgo** fresco a **Gothig** Gothic) gyda'i ganolbwynt yn Fflorens (Firenze), a'r Uwch Ddadeni a oedd â'i ganolbwynt yn Rhufain ac yn cynnwys enwau mawr Leonardo da Vinci, Michelangelo, Raffael a Titziano Vecellio (Titian), a barhaodd nes ysbeilio Rhufain yn 1527.

Pwyntiau allweddol yr holl gyfnod hwn a fu mor sylfaenol ar gyfer llunio cymdeithas y Gorllewin oedd:

- atgyfodi'r diddordeb mewn ffurfiau a gwybodaeth **Glasurol** Classical;
- twf delfrydau dyneiddiol a dulliau gwyddonol;
- codi statws artistiaid o fod yn grefftwyr di-nod i lefel ysgolheigion.

Cerflunwaith clasurol o **ddelfryd** ideal y ffurf ddynol noeth wnaeth osod y safon o'r Dadeni ymlaen. Er nad oedd peintio clasurol yn hysbys i lawer, roedd gweithiau ysgrifenedig wedi cofnodi'r clasurol, a byddai artistiaid a darllenwyr cyffredin yn pori'r hen straeon a adroddwyd gan Plinius (Pliny) — straeon fel Zeuxis a'r grawnwin (gweler **rhithiolaeth** illusion) — gan ddysgu y dylai celf geisio bod mor naturiol yr olwg â phosibl (gweler **realaeth** realism), ac y dylai geisio ymgyrraedd at y ffurf ddelfrydol. Roedd pensaernïaeth glasurol yn fwy cyfarwydd i bobl a gallai penseiri ddefnyddio enghreifftiau'r gorffennol ar gyfer cywirdeb. Parhaodd hyn yn arfer nes diwedd y 19eg ganrif (gweler **Neoglasuriaeth** Neo-classicism). Dyfeisiwyd (neu atgyfodwyd) y dull **persbectif** perspective clasurol gan Brunelleschi, pensaer cromen y Gadeirlan yn Fflorens — symbol mawr o lwyddiant gwyddoniaeth y Dadeni a dysg glasurol.

Mae etifeddiaeth y Dadeni i'w weld ym mhobman mewn celf. Bu'r rhagdyb-iaeth y dylai peintio gynnwys ffigurau hanesyddol, a oedd yn seiliedig yn fras ar fodelau clasurol, ac yn eistedd mewn gofod tri-dimensiwn, yn sylfaen i beintio fyth oddi ar y Dadeni. Roedd hon yn rhagdybiaeth mor sylfaenol fel na chafodd ei herio tan ail hanner y 19eg ganrif, 400 mlynedd wedi'r Dadeni. I'r Dadeni y mae'r diolch am **baent olew** oil paint, y prif gyfrwng ar gyfer eu gwaith, cyfrwng digyffelyb nes dyfeisio **acrylig** acrylic.

Dechreuwyd datblygu paent olew yn yr Iseldiroedd. Roedd y Dadeni yng ngogledd Ewrop yr un mor gryf ag ydoedd yn yr Eidal, yn enwedig trwy ddylanwad Albrecht Dürer, a fu'n teithio yn yr Eidal, gweler 'Hunanbortread mewn Mantell â Ffwr' (Selbstbildnis im Pelzrock / Self-Portrait with Fur-Trimmed Robe), 1500, Alte Pinakotheck, München (Munich), sy'n dangos yr artist mewn delwedd yn adleisio'r darlun traddodiadol o Grist. Ar yr olwg gyntaf, mae'r gymhariaeth hon yn rhagdybiad hynod drahaus, ond mae'n tanlinellu beth yw etifeddiaeth ddiwylliannol bwysicaf y Dadeni, sef dyneiddiaeth. Astudio Duw trwy ei greadigaethau yw dyneiddiaeth, a thyfodd allan o ddiddordeb newydd yn y gorffennol clasurol. Arweiniodd hyn at chwilio am gasgliad newydd o werthoedd a safonau er mwyn ystyried nid yn unig weithiau celf ond hefyd ymddygiad a llwyddiant yr unigolyn mewn cymdeithas. Felly roedd dawn yr unigolyn yn bwysicach na thras, er enghraifft, a gellid gwerthfawrogi person am ei gyfraniad yn hytrach nag am ei statws. Y Dadeni oedd dechrau'r oes fodern a'r syniad o'r unigolyn — boed hwnnw'n artist, yn fardd, yn fasnachwr neu'n awdur.

■ *Pryd:* Y Dadeni Cynnar 1420–1500; Yr Uwch Ddadeni 1500–27.

■ *Pwy:* yr amlycaf mewn rhestr faith o unigolion yw Brunelleschi, Donatello, Dürer, Giotto, Leonardo da Vinci, Masaccio, Michelangelo, Raffael.

■ *Cyswllt:* **Clasuriaeth** *Classicism*. Y ddau fudiad a ddatblygodd ar ôl y Dadeni yw **Darddulliaeth** *Mannerism* ac yna **Baróc** *Baroque*. Fel arfer, cyfeirir at **Foderniaeth** *Modernism*, a **Chiwbiaeth** *Cubism* yn benodol, fel yr ymdrechion cyntaf i wrthod ffurfiau a dulliau'r Dadeni.

■ *Elfennau ffurfiol:* pob un.

repoussoir: ffigur neu wrthrych a gaiff ei osod ym mlaendir darlun er mwyn creu ffrâm o gwmpas y canoldir a'r cefndir a chreu'r dyfnder darluniadol. Mewn *tirluniau* landscapes, er enghraifft, mae artistiaid yn aml yn defnyddio coeden. Nid oes rhaid i REPOUSSOIR gyfeirio'n unig at elfennau mewn tirluniau; gall hefyd ddisgrifio gwaith *haniaethol* abstract — er enghraifft, gwaith Willem de Kooning, 'Drws i'r Afon' (Deur aan de Rivier / Door to the River), 1960, Amgueddfa Gelf Americanaidd Whitney, Efrog Newydd. Mae'r strociau melyn ar y chwith ac ar ben uchaf y paentiad yn gweithio fel dyfeisiadau fframio — maen nhw'n arwain y llygad i mewn (fel trwy ddrws neu ffenest) i'r *cyfansoddiad* composition. Mewn geiriau eraill, mae symud o *flaendir* foreground llachar i *gefndir* background tywyllach yn creu dyfnder, a dyma'r ffordd arferol o adeiladu tirlun mewn darlun.

■ *Cyswllt:* **cyfansoddiad** *composition*, **tirlun** *landscape*. Os ydych yn dymuno rhoi cyfansoddiad fel hyn ar waith yn eich creadigaethau eich hun, gallwch wneud fersiwn ag *anodiadau* annotated o baentiad tirlun hynach, e.e. 'Priodas Isaac a Rebeca' (Mariage d'Isaac et Rebecca / Marriage of Isaac and Rebekah) gan Claude (Claude Gellée dit Le Lorrain), 1648, Yr Oriel Genedlaethol, Llundain. Cymharwch y cyfansoddiad hwn â fersiwn ag anodiadau o waith mwy diweddar, e.e. y gwaith uchod gan De Kooning, a fersiwn ag anodiadau o'ch gwaith eich hun. Nodwch yr hyn sy'n gyffredin i'r tri darn gwaith, a'r hyn sy'n wahanol, a defnyddiwch y wybodaeth er mwyn cynllunio cyfansoddiad eich darlun terfynol.

Rococo: arddull addurniadol o Ffrainc a sefydlwyd tua 1700, yn ystod teyrnasiad Louis XV — gweler gwaith Jean-Honoré Fragonard, er enghraifft, 'Y Siglen' (L'escarpolette / The Swing), 1767, Casgliad Wallace, Llundain, paentiad sy'n llawn siapiau'n chwyrlio mewn gwisg merch, a'r siapiau hynny'n cael eu hadlewyrchu yn y coed o'i hamgylch. Islaw, wrth ei thraed, mae dyn ifanc, wedi'i leoli'n chwareus i weld o dan ei phais sy'n codi yn yr awel. Roedd celf Rococo yn llawn o'r math hwn o ysgafnder, yn wahanol i'r *Baróc Baroque* cynharach a oedd ar adegau mor drwm. Rhoddai Rococo bwyslais ar addurno'r arwyneb gan ddefnyddio lliwiau pastel ysgafn — e.e. pinc, gwyrdd golau, glas golau — ond ildiodd yn y pen draw i foesoldeb llym *Neoglasuriaeth Neo-classicism*.

■ *Pwy:* Boucher, Fragonard, Watteau.
■ *Pryd:* 1730–70/80.
■ *Cyswllt:* er mwyn gwerthfawrogi addurnoldeb ac ysgafnder Rococo, cymharwch yr arddull â *realaeth realism,* yn enwedig syniad Rococo o'r Fête Galante, garddwestau aristocratig y 18fed ganrif, ac â gwaith Manet, 'Cinio ar y Borfa' (Déjeuner sur l'herbe / Luncheon on the Grass), 1863, Musée d'Orsay, Paris.
■ *Elfennau ffurfiol:* pob un, yn enwedig patrwm.

Romanticism Rhamantiaeth: nid arddull fel y cyfryw, ond ffordd o edrych ar destun. Yr elfennau allweddol yw profiad unigol a phwysigrwydd y dychymyg. O ganlyniad, felly, ystyrir rhamantiaeth yn aml fel gwrthbwynt i *glasuriaeth classicism*. Dechreuodd rhamantiaeth yn yr Almaen, yn cyfleu 'llais mewnol' yr artist, ac fe'i seiliwyd i ddechrau ar dirluniau atmosfferig a phaentio adfeilion. Mae'r rhain yn cynrychioli treigl amser ac anallu dyn i'w ddeall — gweler, er enghraifft, waith Caspar David Friedrich, 'Y Crwydryn uwchben y Nudden' (Der Wanderer über dem Nebelmeer / The Wanderer above the Mists), 1817–18, Kunsthalle, Hamburg, lle gwelwn ffigur unig yn sefyll ar gopa mynydd ac yn syllu i gyfeiriad y dyffryn niwlog islaw.

Pan gyrhaeddodd rhamantiaeth Ffrainc, datblygodd yn gynyddol i wneud datganiadau cyhoeddus. Un o'r delweddau mwyaf grymus yw un Eugène Delacroix, 'Rhyddid yn Arwain y Werin' (La Liberté Guidant le Peuple / Liberty leading the People), 1830, Musée du Louvre, Paris, sy'n cyfeirio at ddigwydd-iadau penodol — y terfysgoedd chwyldroadol ym Mharis. Yn wahanol i baentiadau *Neoglasurol Neo-classical* ar yr un thema, e.e. gwaith Jacques-Louis David, 'Llw'r Horatii' (Le Serment des Horaces / Oath of the Horatii), Musée du Louvre, 1784, Paris, sy'n gweithio trwy gyfeirio'n ôl at y clasurol, mae paentiad Delacroix yn cyflwyno Rhyddid fel ffigur *alegorïol allegorical* o gig a gwaed. O gwmpas ffigur Rhyddid mae'r werin mewn dillad cyfoes a digon budr; trwy gynrychioli arwriaeth fe gynrychiolir dioddefaint hefyd.

Cyfunodd celf ramantaidd realiti â *delfryd* idealism symbolaidd. Dibynnai hyn ar astudiaeth fanwl o natur, a defnydd *lliw* colour llachar a chryf. Roedd palet llachar Delacroix, a'i ymwrthod â'r defnydd o ddu er mwyn creu *tôn* tone, yn hynod o bwysig ar gyfer yr **Argraffiadwyr** Impressionists a'r **Ôl-argraff-iadwyr** Post-Impressionists yn ddiweddarach: dechreuodd Cézanne, er enghraifft, fel un a oedd yn dynwared arddull Delacroix.

■ ***Pryd:*** diwedd y 18fed ganrif a'r 19eg ganrif.

■ ***Pwy:*** Eugène Delacroix, Caspar David Friedrich, Théodore Géricault; yn Lloegr: J. M. W. Turner, John Constable, William Blake.

■ ***Cyswllt:*** *alegori* allegory, *cyfansoddiad* composition, *lliw* colour, *tirlun* landscape, *Neoglasuriaeth* Neo-classicism, *darlunaidd* picturesque, *cyntefigedd* primitivism, *Symboliaeth* Symbolism. Cymharwch gyfansoddiad gwaith Géricault, 'Rafft y Fedwsa' (Le Radeau de la Méduse / Raft of the Medusa), 1819, Musée du Louvre, Paris, lle mae rafft anferth ar ei ogwydd yn ymwthio i'r gofod darluniol mewn trefniant ffurfiol newydd, â gwaith Eugène Delacroix, 'Marwolaeth Sardanapulus' (La Mort de Sardanapale / The Death of Sardanapulus), 1828, Musée du Louvre, sydd hefyd yn portreadu ffurf petryal anferth y gwely (fel y rafft) a mwy fyth o ddioddefaint. Sylwch fod cyfansoddiad Neoglasurol yn debyg i ffris, e.e. paentiad David, 'Llw'r Horatii', neu glawstroffobia gorffwyll y *Mynegiadwyr* Expressionists, e.e. gwaith Max Beckmann, 'Y Nos' (Die Nacht / The Night), 1918, Kunstsammlung Nordrhein-Westfalen, Düsseldorf, sy'n ddarlun rhyfeddol a dryslyd o lofruddiaeth ac artaith. Sut mae'r artistiaid yn cyfansoddi'r gofod darluniol? Pam, ac i ba bwrpas, y crëwyd y gweithiau? Sut mae hynny'n dylanwadu ar y cyfansoddiad? O ystyried hyn oll, beth sy'n cymell cyfansoddiadau eich gweithiau chi?

Bu'r mudiad Rhamantaidd celfyddydol a llenyddol yn gyfrifol am ddiddordeb mawr mewn tirlun, yn enwedig mewn adfeilion ac ardaloedd anghysbell ymhell o stŵr gwareiddiad. Nid oedd Rhamantiaeth wedi'i gyfyngu i'r celfyddydau gweledol; roedd yn amlwg mewn llenyddiaeth hefyd — er enghraifft, beirdd Ardal y Llynnoedd (Lake District), Samuel Taylor Coleridge a William Wordsworth, e.e. cerdd Wordsworth *Lines composed a few miles above Tintern Abbey*, 1798. O ganlyniad i'r math yma o gerddi, bu llawer o artistiaid yn ymweld â mannau diarffordd fel Ardal y Llynnoedd neu gefn gwlad Cymru er mwyn ceisio atgynhyrchu mewn llun yr hyn buont yn darllen amdano. Mae'r emosiwn sy'n cael ei greu gan naws lle yn ganolog i Ramantiaeth — a oes yna ddarn o waith ysgrifenedig a fyddai'n rhoi ysbrydoliaeth debyg i chi? Darn o waith sy'n sôn am fath gwahanol o dirlun — concrit y ddinas, undonedd y trefi, diffeithrwydd ôl-ddiwydiannol — efallai.

S

Sacra Conversazione: paentiadau sy'n deillio'n aml iawn o draddodiad Fenis (Venezia), yn dangos y Forwyn Fair a'r baban Iesu â seintiau o'u hamgylch mewn cyfansoddiad sgyrsiol. Mewn gwaith SACRA CONVERSAZIONE mae'r ffigurau i gyd yn bodoli yn yr un gofod darluniadol, e.e. Allorlun San Giobbe, Giovanni Bellini, Fenis, cyn 1478. Roedd triniaethau cynharach o'r un testun yn symud y seintiau i'r esgyll mewn *triptych* neu i lawer o baneli *polyptych*.

■ *Pryd:* o flynyddoedd cynnar y 15fed ganrif yn yr Eidal.

■ *Cyswllt: Dadeni* Renaissance, **YBAs** (e.e. gwaith Damien Hirst, 'Ymwahaniad y Fam a'i Phlentyn' (Mother and Child Divided)).

Salon/Salon painting Salon/peintio Salon: yn draddodiadol cynhaliwyd arddangosfeydd o waith aelodau Academi Beintio a Cherflunio Frenhinol Ffrainc yn y Salon d'Apollon yn y Louvre. Erbyn y 19eg ganrif, y Salon oedd unig arddangosfa gyhoeddus flynyddol Paris — os nad oedd eich gwaith wedi cael ei ddangos yn y Salon, byddai'n amhosibl ei werthu. Roedd yr Academi Frenhinol yn Llundain yn gweithredu mewn modd digon tebyg. Er mwyn arddangos gwaith yn y Salon roedd yn rhaid iddo gael ei dderbyn gan reithgor o artistiaid. Yn amlach na pheidio roedd aelodau'r rheithgor yn oedrannus, ac yn gwrthwynebu newid neu unrhyw ymgais artistig i dorri tir newydd. 'Peintio Salon' yw'r term dirmygus ar gyfer yr arddull academaidd a chyfyngedig (gweler *delfryd* ideal) y byddai rheithgor y Salon yn ei fawrygu uwchlaw unrhyw arddull arall. Yn 1863, gwrthodwyd gwaith cynifer o artistiaid fel y gorchmynodd yr Ymerawdwr Napoléon III gynnal y Salon des Refusés (Salon y Gwrthodedig) er mwyn arddangos gwaith y sawl a wrthodwyd. Yn eu plith yr oedd nifer o'r artistiaid sydd bellach yn cael eu hystyried yn ganolog i hanes celf y Gorllewin, e.e. Édouard Manet, Camille Pissarro, Paul Cézanne. Yn sgil hyn, dechreuodd artistiaid drefnu eu harddangosfeydd eu hunain, gyda mwy o ryddid i wneud yr hyn a fynnent. I bob pwrpas, felly, 1863 oedd dyddiad dechrau *Moderniaeth* Modernism.

■ *Pryd:* sefydlwyd y Salon yn 1667, ond ei gyfnod pwysicaf oedd y 19eg ganrif.

■ *Cyswllt: Argraffiadaeth* Impressionism, *Moderniaeth* Modernism, *realaeth* realism.

S

saturation dirlawnder: sef purdeb a dwyster *arlliw hue* (neu *liw colour*). Yn fras, bydd dirlawnder lliw yn eistedd rhywle rhwng gwyn pur, ar un pen llinell graddfa'r lliw, a dwysedd llawn yr arlliw pur ar y pen arall. Yn y system *ychwanegion additive*, mae gwyn pur yn cael ei greu trwy gymysgu'r *lliwiau sylfaenol (lliwiau cynradd) primary colours* yn gyfartal.

■ *Cyswllt:* **liw** *colour,* **rhaniadaeth** *divisionism,* **lliwiau sylfaenol (lliwiau cynradd)** *primary colours.*

■ *Elfennau ffurfiol:* lliw.

screen printing/silk-screen printing sgrin-brintio/printio â sgrin sidan: math o brintio â stensil lle mae'r inc yn cael ei wthio drwy sgrin — sgrin sidan o bosibl — ond fel arfer sgrin rhwyll neilon fân a ddefnyddir, wedi'i ymestyn dros ffrâm. Nid yw'r rhannau hynny o'r sgrin sydd wedi cael eu cau (naill ai gan stensil papur neu gan baent â chyfrwng addas, neu gan stensil sydd wedi'i ddyblygu'n ffotograffig) yn printio, gyda'r canlyniad mai'r hyn fydd i'w weld yw ôl gwyn y papur (neu ba bynnag liw sydd wedi'i brintio'n gyntaf). Mae sgrin-brintio yn gymharol rad — heddiw, inc neu baent *acrylig acrylic* a chyfryngau printio ychwanegol sy'n cael eu defnyddio, a'u gwthio drwy'r sgrin gan ddefnyddio llafn rwber hir o'r enw gwesgi. Mae'r lliw yn cael ei osod mewn blociau mawr fflat, neu gellid defnyddio inc cromatig ar gyfer cymysgu a graddio.

■ *Pryd:* defnyddiwyd yn gyntaf fel cyfrwng gan artistiaid yng Ngogledd America yn y 1930au, a daeth yn amlwg iawn yn ystod cyfnod celfyddyd Bop yn y 1960au.

■ *Pwy:* Robert Rauschenberg ac Andy Warhol. Heddiw yng Nghymru, mae Sue Hunt a Sarah Hopkins yn cynhyrchu gwaith trawiadol.

■ *Cyswllt:* er bod printiadau sgrin sidan ffotograffig Warhol yn gyfarwydd iawn, e.e. 'Diptych Marilyn' (Marilyn Diptych), 1962, Tate Modern, Llundain, efallai y bydd paentiadau sgrin sidan Robert Rauschenberg yn fwy defnyddiol i chi, e.e. 'Nenffordd' (Skyway), 1964, Amgueddfa Gelf Dallas, UDA. Gwaith yw hwn sy'n defnyddio paent olew a phrint mewn *collage* o ddelweddau sy'n edrych fel eu bod wedi'u dewis ar hap ond sydd, mewn gwirionedd, wedi'u dethol yn ofalus gan gyfuno *peintio ystumiol gestural painting*. Y canlyniad yw delweddau wedi'u hargraffu, a lliw sydd wedi'i osod yn arw. Yn yr adran gelf gyffredin gall fod yn anodd dod o hyd i le, amser, a chyfarpar addas er mwyn gweithio'n lân, ond gall dulliau sgrin-brintio ddatrys y broblem arbennig hon.

■ *Elfennau ffurfiol:* lliw, patrwm.

sculpture cerflunio: creu ffurf mewn tri-dimensiwn. Nes 1912 cyfeiriai'r term 'cerflunio' at ddwy ddisgyblaeth sylfaenol, sef *cerfio carving* a *modelu modelling*, ac roedd i'r ddwy ddisgyblaeth eu nodweddion unigryw.

Proses leihaol yw cerfio: mae deunydd yn cael ei dynnu i ffwrdd. Mae'r broses yn dangos tuedd tuag at fàs, soletrwydd a phwysau, prinder manylder cywrain ar adegau, ac yn aml bydd ansawdd arwyneb y deunydd sydd wedi'i gerfio yn adlewyrchu'r broses o greu ynghyd â nodweddion cynhenid y deunydd ei hun. Mae pwysau cerflunwaith sydd wedi'i gerfio hefyd yn ei gwneud yn anoddach datblygu ffurfiau agored.

Mae modelu yn broses o ychwanegu, gan ei bod yn adeiladu'r ffurf gan ddechrau gyda dim byd, e.e. mae clai yn cael ei ychwanegu ar ben clai er mwyn creu sylfaen gwaith castio mewn efydd neu blaster — cerflun wedi'i gastio. Mae'r broses hon yn arwain at nodweddion gwahanol i'r broses leihaol; gan fod y gwreiddiol yn gallu cael ei fodelu, mae modd arbrofi'n fwy a chael mwy o ryddid. Wedi'r cwbl, wrth gerfio, gallwch gerfio darn i ffwrdd, ond mae'n amhosibl ei gerfio nôl i'w le. Gall modelu greu ffurfiau estynedig ac agored, gyda chyfansoddiadau cymhleth, os yw cryfder tynnol y deunydd, e.e. efydd, yn caniatâu. Mae modelu, ac yna castio, yn gallu cynnig arwynebau o wead amrywiol, manylder, a nodweddion y deunydd sydd wedi'i gastio, e.e. *patina*.

Yn 1912, cafwyd dull newydd o gerflunio — *cydosod* assemblage — pan greodd Picasso y darn tri-dimensiwn 'Gitâr' (Guitare / Guitar), Amgueddfa Celfyddyd Fodern, Efrog Newydd. I ddechrau, fe'i creodd allan o gardbord, ac yna defnyddio llenfetel. Am y tro cyntaf yn hanes cerflunio, roedd artist wedi cydosod gwaith gan ddefnyddio deunydd agored yn hytrach na'r màs solet o bwysau traddodiadol. Yn ychwanegol, rhoddwyd 'Gitâr' at ei gilydd allan o ddeunyddiau nad oeddent yn draddodiadol yn cael eu defnyddio ar gyfer creu celf, gan ddilyn yr un broses â *collage* Ciwbaidd.

Nid yw cerflunwaith cyfoes yn cydymffurfio â'r gwahaniaethau hyn rhwng y disgyblaethau. Mae'n bosibl mai gwaith Rachel Whiteread, 'Tŷ' (House), 1993 (ond a ddinistriwyd gan y cyngor lleol yn 1994), oedd y gwaith mwyaf erioed i'w gastio — cast oedd hwn o'r tu mewn i dŷ teras yn Llundain (gweler **YBAs**). Yn wir, mae dyled y rhan fwyaf o gerflunwaith cyfoes i osodiadau yn hytrach na cherfio neu fodelu, e.e. mae gan waith Tracey Emin, 'Fy Ngwely' (My Bed), 1998, sef cyflwyniad o wely'r artist yn ei holl ogoniant di-raen, fwy yn gyffredin â bywyd llonydd a hunanbortreadu na chreu ffurf tri-dimensiwn trwy ddull ymwybodol.

■ **Cyswllt:** *Clasurol/clasuriaeth* Classical/classicism, **Dadeni** Renaissance. Mae 'Gitâr' Picasso yn ein cyfeirio at gerflunwaith Adeileddol, e.e. gwaith Vladimir Tatlin, 'Project Cofadail ar gyfer Trydedd Gynhadledd Gydwladol y Gweithwyr' (Pamyatnik III Internatsionaly / Project for a Monument for the Third International), 1919, Moderna Museet, Stockholm, ac ymlaen hyd gerflun haniaethol Anthony Caro, e.e. 'Yn Gynnar Un Bore' (Early One Morning), 1962, Tate Britain, Llundain — sef un o'r cerfluniau cyntaf i fod yn wironeddol haniaethol.

S

Mae'r rhan fwyaf o gerflunwyr hefyd yn gweithio mewn dau-ddimensiwn, a gall fod yn ddefnyddiol iawn i chi edrych ar luniadau sydd wedi'u tynnu er mwyn dadansoddi ffurf, e.e. gwaith Henry Moore 'Menywod yn Troi Gwlân' (Women Winding Wool') 1949, Amgueddfa Celfyddyd Fodern, Efrog Newydd. Mae rhai artistiaid hefyd yn defnyddio darnau tri-dimensiwn sydd wedi'u hadeiladu er mwyn eu helpu â gofod peintio dau-ddimensiwn, e.e. yng ngwaith yr artist o Gernyw, Peter Lanyon, 'Esgyn y Glannau' (Coast Soaring), 1958, casgliad preifat, mae llinell grom piben yn gorwedd nesaf at fwrdd crwm. Mae'r un siâp yn ymddangos yn ei beintiad diweddarach, 'Y Pwll Coll' (Lost Mine), 1959, Tate St Ives. Rhoddodd Lanyon gwareli o wydr wedi'u peintio at ei gilydd er mwyn astudio syniadau o bob ongl, e.e. 'Lluniad ar gyfer Lannyust' (Construction for St Just), 1952, casgliad preifat, a arweiniodd at baentiad 'Lannyust' (St Just), 1953, casgliad preifat. Mae'r rhain yn brosesau a allai fod o gymorth wrth ddatblygu syniadau, felly cofiwch gadw, neu o leiaf gofnodi, yr holl waith ymchwil mewn *llyfr gwaith* work journal neu *lyfr braslunio* sketchbook.

scumble sgwmblo: techneg mewn peintio lle mae un *lliw* colour ysgafnach di-draidd yn cael ei rwbio neu ei dynnu dros liw arall sy'n dywyllach, er mwyn i'r ddwy haenen fod yn weladwy — techneg y gellir ei defnyddio gyda *phaent olew* oil paint ac *acrylig* acrylic.

■ *Cyswllt:* mae gwaith Rembrandt, 'Dynes yn Ymdrochi' (Badende vrouw / A Woman Bathing in a Stream), 1655, Yr Oriel Genedlaethol, Llundain, yn dangos sut y gall sgwmblo gael ei ddefnyddio er mwyn disgrifio gwahanol ansawdd a gwead defnydd. Roedd Turner yn edmygu technegau Rembrandt yn fawr iawn, a defnyddiodd sgwmblo ar gyfer yr effeithiau *tirlun* landscape mawreddog yn ei waith 'Glaw, Stêm a Chyflymder' (Rain, Steam and Speed), 1844, Yr Oriel Genedlaethol, Llundain, sy'n dangos trên ar reilffordd newydd y Great Western yn taranu ar draws pont uwchben afon Tafwys, gyda goleuni o'i gwmpas mewn dull tebyg iawn i'r *Argraffiadwyr* Impressionists diweddarach, e.e. Claude Monet, 'Gorsaf St Lazare' (La Gare Saint–Lazare), 1877, Musée d'Orsay, Paris.

Techneg ddigon syml yw sgwmblo ac, fel y gwelwch o'r enghreifftiau uchod, mae'n arbennig o addas wrth ymchwilio'n weledol ar gyfer testunau *organig* organic. Mae paent acrylig yn gweithio'n rhagorol gyda'r dechneg hon, gan fod yn rhaid i'r haenen isaf fod yn gwbl sych cyn i'r haenen uchaf gael ei gosod. Caiff y sgwmblo ei wneud gan ddefnyddio cyllell balet, brwsh sych, neu glwtyn wedi'i sgrwnsho, a gallwch adeiladu cynifer o haenau ag y mynnwch.

■ *Elfennau ffurfiol:* lliw, gwead.

secondary colours lliwiau eilaidd: y tri lliw sy'n cael eu creu drwy gymysgu'r *lliwiau sylfaenol (lliwiau cynradd)* primary colours: melyn a glas ar gyfer gwyrdd, coch a melyn ar gyfer oren, a choch a glas ar gyfer porffor.

■ *Cyswllt:* *lliw* colour, *rhaniadaeth* divisionism.

■ *Elfennau ffurfiol:* lliw.

S

sfumato: arddull a ddatblygwyd gan Leonardo da Vinci — trawsnewidiadau graddol iawn, niwlog hyd yn oed, lle mae amlinellau lliwiau yn aneglur. Y gair Eidaleg yw hwn ar gyfer 'myglyd' (gweler **persbectif awyrol** *aerial perspective* am fwy o fanylion).

shock sioc: elfen bwysig yng ngwaith artistiaid **Modernaidd** *Modernist* a thu hwnt, sydd fel arfer yn cael ei olrhain yn ôl at **Dada** a Marcel Duchamp (gweler **gweithiau parod** *ready-made*), ond un sy'n gynyddol anodd ei defnyddio'n effeithiol mewn cymdeithas fodlon — er y llwyddodd gwaith y brodyr Chapman yn hyn o beth, mewn cyfres o ffigurau sydd â chymalau ffalig. Mae'n werth nodi i'r brodyr olrhain eu gwaith yn ôl at Goya a'i waith tua diwedd ei fywyd, yn enwedig 'Trychinebau Rhyfel' (Los Desastres de la Guerra / Disasters of War), 1810–20, a fu'n ysbrydoliaeth i'r brodyr ar gyfer eu gwaith 'Gweithredoedd Mawr yn erbyn y Meirw' (Great Deeds against the Dead), 1994, sef ail-gread tri-dimensiwn o ysgythriad gwreiddiol Goya.

■ *Cyswllt:* **Dada**, printiadau sgrin Andy Warhol, 'Cyfres Trychinebau' (Disaster Series) o'r 1960au. Mae sioc yn anodd os nad yn amhosibl ei ddefnyddio mewn sefyllfa arholiad — er i'r cerddor John Cale syfrdanu'r panel arholi yn Tanglewood yn 1963 pan chwalodd ei biano â bwyell.

simultaneous contrast cyferbyniad cydamserol: math o gyferbyniad cyflenwol lle mae'r llygad yn gwneud y cyferbyniad cydamserol i liw arall; gall arwyneb coch ymddangos fel gwyrdd, ac ati, sy'n gyferbyniad ar sail lliw yn cyfateb i'r negydd ar retina'r llygad a brofwn wrth edrych ar weithiau *Opgelfyddyd Op art* (e.e. gwaith Bridget Riley).

■ *Cyswllt:* defnyddiwyd mewn **Argraffiadaeth** *Impressionism*. Fel yr ysgrifennodd y gwyddonydd o'r cyfnod, Alfred de Lostalot: 'mae eglurdeb pelydrau melyn [yr haul] yn ysgogi synhwyrau'r peintiwr, yn ei ddallu ac ar yr un pryd yn cymell ynddo'r ffenomen ffisiolegol gyfarwydd sy'n cael ei hadnabod fel deffro lliwiau cyflenwol: yng ngoleuni'r haul, mae'n gweld fioled. Bydd hyn wrth fodd y sawl sy'n caru'r lliw. Perfformia M. Monet symffoni gain mewn fioled ar ein cyfer'. Gweler *Opgelfyddyd Op art*.

site-specific safle-benodol: celf a wnaed ar gyfer lle ac amser penodol, yn aml ar ffurf rhyw fath o *osodiad installation*.

size seis: gelatin neu lud wedi puro sy'n cael ei beintio ar *gynfas canvas* neu banel pren i lenwi unrhyw dyllau bach er mwyn iddo wrthsefyll dŵr. Gall cynfas gael ei baratoi trwy ei beintio â seis glud dŵr oer (neu, fel yr arferid ei wneud, seis a wnaed o grwyn cwningod), sy'n sychu'n dryloyw heb effeithio ar liw'r cynfas. Yna caiff yr arwyneb ei breimio â *grwnd ground* gwyn neu liw canolig addas, neu ei adael yn ei liw naturiol gan weithio arno heb breimio o gwbl. Mae seis dŵr oer (sy'n cael ei ddefnyddio ar furiau cyn gosod papur wal) yn ddigonol ac yn hawdd cael gafael arno mewn siopau nwyddau harddu'r

S

cartref neu gan fasnachwyr nwyddau adeiladu. Ychwanegwch ddŵr ato yn ôl y cyfarwyddiadau ar y pecyn. Bydd un haen yn ddigon i arwyneb lled-dyllog gymryd cot o breim; bydd dwy haen yn gwneud arwyneb yn well ar gyfer gwrthsefyll dŵr a bydd modd peintio arno'n syth unwaith iddo sychu — cofiwch y bydd gwlychu cynfas yn ei dynhau. Gall yr haenau hyn gael eu hamrywio yn ôl y cyfrwng y byddwch yn ei ddefnyddio: er enghraifft, bydd *paent olew* *oil paint* wedi'i deneuo yn ymdreiddio llawer mwy i mewn i gynfas â seis nag y gwnaiff **acrylig** *acrylic* wedi'i deneuo. Mae glud croen cwningen, neu lud anifail, yn dal ar gael oddi wrth gyflenwyr artistiaid, ond mae'n ddrud iawn. Bydd angen ei wresogi mewn boeler glud arbennig, gall fod yn ddrewllyd, a gall bechu yn erbyn llysieuwyr. Erbyn hyn, hefyd, mae ei baratoi yn tramgwyddo pob rheol iechyd a diogelwch.

Mae seis *lliw* *colour* yn ddull peintio lle mae pigment ar ffurf powdr yn cael ei gymysgu â seis glud poeth er mwyn creu cyfrwng peintio. Gall hwn gael ei ddefnyddio'n gyflym, ond mae'r cyfrwng hefyd yn fregus. Gyda phaent emwlsiwn mor rhad y dyddiau hyn, fel arfer dim ond ar gyfer peintio tirluniau y bydd seis lliw yn cael ei ddefnyddio.

■ *Cyswllt:* **cynfas** *canvas,* **grwnd** *ground.*

sketchbook **llyfr braslunio:** gweler *llyfr gwaith* *workbook.*

Socialist Realism Realaeth Sosialaidd**:** celf swyddogol yr Undeb Sofietaidd a gwledydd Comiwnyddol eraill, a oedd yn defnyddio arddull *delfrydig* *idealised*, poblogaidd a *naturiolaidd* *naturalistic* er mwyn creu delweddau anferth a oedd yn cyfeirio nôl at beintio hanes a *Neoglasuriaeth* *Neo-classicism* i gyfleu delwedd ddaionus o'r byd Sosialaidd.

■ *Pryd:* 1932 (ffurfiolwyd yn 1934) hyd y 1950au.

■ *Cyswllt:* **peintio hanesyddol** *history painting,* **celf Natsïaidd** *Nazi art.* Peidiwch â drysu Realaeth Sosialaidd â Realaeth Gymdeithasol (Social Realism), sy'n disgrifio celf wleidyddol a gynhyrchwyd gan artistiaid adain chwith yn ystod y 1920au a'r 1930au, e.e. gweithiau **ffresgo** *fresco* Diego Rivera a José Orozco ym Mecsico (México).

still life **bywyd llonydd:** un o'r *genres* mewn celfyddyd. Anodd yw rhoi diffiniad manwl, ond mae'r term Ffrangeg ar gyfer bywyd llonydd, sef 'nature morte' yn ei ddisgrifio'n dda; i bob pwrpas astudiaeth o wrthrychau llonydd. Mae bywyd llonydd yn dangos gwrthrychau di-symudiad fel ffrwythau, blodau, anifeiliaid marw neu wrthrychau domestig bob dydd. Gan fod y gwrthrychau sy'n destun i'r gweithiau hyn yn aml yn ddi-nod, gosodwyd bywyd llonydd, marw yn isel o fewn yr hierarchaeth genre. Gall bywyd llonydd fod yn rhan o baentiad mwy neu, a bod yn fanwl gywir, yn destun ynddo'i hun. Mae 'na sawl amrywiad ar y math sylfaenol: peintio blodau, ffrwythau a llysiau, VANITAS, peintiadau symbolaidd neu *alegorïol* *allegorical*, anifeiliaid neu adar marw, neu gasgliadau cyffredinol o'r annibendod dyddiol yn stiwdio'r artist — yn aml iawn, eitemau sy'n edrych fel cinio'r artist.

■ *Pryd:* cawn weld bywyd llonydd fel testun mewn murluniau o'r cyfnod Rhufeinig, e.e. Pompeii, sy'n parhau hyd heddiw ar ryw ffurf neu'i gilydd; er enghraifft, cymerodd yr artist Americanaidd, Jeff Koons, gyfres amrywiol o wrthrychau domestig, fel y sugnydd llwch, a'u cyflwyno mewn blychau arddangos — gweler y 'New Hoover Quadraflex', 'New Hoover Convertible', 'New Hoover Dimension 900', a'r 'New Hoover Dimension 1000 Doubledecker', 1981–86, Deitch Projects, Efrog Newydd. I raddau helaeth, mae'r rhain yn ail-weithio **gwrthrychau parod** *ready-made* Duchamp ac yn rhagflaenu rhai o nodweddion gweithiau Damien Hirst a'r **YBAs**. Ond mae'r ffaith i Koons eu disgrifio fel gwrthrychau prydferth ynddynt eu hunain, a'r ffaith bod y sugnwyr yn newydd sbon, yn eu gwneud yn fwy perthnasol i fywyd pob dydd. Maen nhw'n enghreifftiau o wrthrychau pob dydd y mae pobl yn awyddus iawn i'w cael, a dyna'n aml iawn oedd y gwrthrychau a gafwyd mewn astudiaethau bywyd llonydd o'r gorffennol. Gwelwyd rhagori ar genre bywyd llonydd yn yr Iseldiroedd yn yr 17eg ganrif, ac yng ngwaith artistiaid **Modernaidd** *Modernist* cynnar, yn enwedig **Ciwbiaeth** *Cubism* ac unigolion disglair fe Giorgio Morandi.

■ *Pwy:* mae'r rhan fwyaf o artistiaid yn peintio bywyd llonydd, naill ai ar gyfer ymarfer eu technegau neu wrth gynhyrchu darn o waith ar gyfer ei werthu, ond gwnaeth rhai unigolion ganolbwyntio ar y Genre hwn, e.e. Chardin, 'Cath y Môr' (La Raie / Still Life with Ray Fish), 1728, Musée du Louvre, Paris, neu Paul Cézanne, e.e. 'Ciwpid mewn Plaster' (Nature morte avec l'Amour en plâtre / Still life with Plaster Cupid), 1895, Oriel Sefydliad Courtauld, Llundain.

■ *Cyswllt:* **alegori** *allegory*, **Genre**, TROMPE L'OEIL, VANITAS. Nid yw peintio blodau mor rhwydd ag y mae'n ymddangos; yn aml iawn mae ganddynt ystyr symbolaidd — defnyddiwyd y lili wen ar gyfer Gŵyl Fair, pan gyhoedda'r angel Gabriel wrth Fair y bydd yn esgor ar Grist; gwyddfid oedd symbol yr Ysbryd Glân; cynrychiolai blodau syfi flodau paradwys a bywydau plant a fu farw'n ifanc. Mae'r rhain oll yn gysylltiadau sydd yn werth eu hymchwilio (darllenwch nofel Vanessa Diffenbaugh, *The Language of Flowers*) — mae nifer mawr o baentiadau o'r Iseldiroedd, er enghraifft, yn cyfleu amryw o gredoau Cristnogol gwahanol. Mae rhywbeth deniadol iawn mewn creu bywyd llonydd sydd ar yr wyneb yn dawel, tra bod dadleuon dwys yn rhuo dan yr wyneb. Beth ddylai bywyd llonydd cyfoes ei gynnwys?

stipple dotwaith: techneg beintio sy'n defnyddio dotiau bach neu ddabio, gan greu gwead ar yr arwyneb trwy ddefnyddio blew unigol y brwsh.

■ *Cyswllt:* **brwsh** *brush*, **Argraffiadaeth** *Impressionism*.

subtractive mixing cymysgu tynnol: pan fo un *lliw sylfaenol (lliw cynradd)*

S

primary colour (coch, melyn neu las) yn cael ei gymysgu ag un arall, yr enw sy'n cael ei roi ar y canlyniad yw **lliw eilaidd** *secondary colour* (gwyrdd, fioled neu oren). Wrth ychwanegu pigmentau mae'r gymysgedd yn tywyllu ac, yn ddamcaniaethol, du fydd y canlyniad ar ôl nifer o gymysgiadau. Yr enw a roddir ar y broses hon yw cymysgu tynnol, gan fod y lliw sy'n cael ei ychwanegu yn tynnu neu'n amsugno mwy o'r tonfeddi golau gwyn (golau dydd cyffredin) nag y gwnaeth y lliw gwreiddiol. Effaith cymysgu nifer o liwiau yw gwneud i'r lliw terfynol edrych yn ddi-liw, neu'n fwy mwdlyd. Mae 'na sawl dull posibl o sicrhau bod lliwiau'n cadw'n llachar ac yn ddwys. Er enghraifft, lliw gwyrdd emrallt llachar yw firidian (enw arall arno yw cromiwm hydrocsid hydradol), yn meddu ar dôn pur a chlir — pigment sengl. Rhowch gynnig ar ei gymharu â chymysgedd o felyn a glas; mae'n anochel bod gan ddau bigment sydd wedi'u cymysgu â'i gilydd ganlyniad tynnol. Defnyddiodd yr artistiaid **Neoargraffiadol** *Neo-Impressionist*, Seurat a Signac, ddulliau o gymysgu optegol (gweler **rhaniadaeth** *divisionism*), gan adael i'r llygad (yn hytrach na'r palet) gymysgu'r lliwiau; rhowch gynnig ar wneud hyn yn eich gwaith.

■ *Cyswllt:* **cymysgu ychwanegion** *additive mixing,* **Cloisonnisiaeth** *Cloisonnism,* **lliw** *colour,* **lliwiau cyflenwol** *complementary colours,* **rhaniadaeth** *divisionism,* **arlliw** *hue,* **dirlawnder** *saturation,* **lliwiau eilaidd** *secondary colours,* **cyferbyniad cydamserol** *simultaneous contrast.*

■ *Elfennau ffurfiol:* tôn, lliw.

Suprematism Swprematiaeth: celfyddyd *haniaethol abstract* Rwsieg a ddatblygwyd gan Kasimir Malevich. Ei baentiadau Swprematyddol ef, yn fwy na thebyg, oedd y paentiadau haniaethol pur cyntaf yn nhraddodiad y Gorllewin, e.e. 'Sgwâr Du' (Tcherniy Kvadrat / Black Square), 1914–15, Tretyakov, Moscow (Moskva). Fel y mae'r teitl yn ei awgrymu, sgwâr du pur yw hwn, wedi'i beintio ar sgwâr o gynfas gwyn sydd ychydig yn fwy na'r sgwâr du. Nid paentiad o wrthrych mohono; nid yw siâp y sgwâr yn deillio o natur ac felly nid yw'n ffurf *organig organic* — mae'n deillio yn hytrach o siapiau geometrig safonol. Yn ddiweddarach, yn 1918, peintiodd Malevich sgwariau gwyn pur. Yn sicr, paentiadau Swpremataidd oedd y cyntaf er y **Dadeni** *Renaissance* i gael gwared â'r **rhith** *illusion* o'r ffurf wedi'i fodelu mewn dyfnder darluniadol, fel bod adwaith yr artist yn deillio o ffurfiau geometrig, haniaethol pur. Ceisiai Swprematiaeth, yn yr un modd â **De Stijl** yn yr Iseldiroedd a'i ddelfrydau iwtopaidd cyfatebol, gynrychioli trefn uwch y byd anwrthrychol neu'r pedwerydd dimensiwn, yr ynni ysbrydol haniaethol sy'n cysylltu ac yn symud y byd concrit — 'goruchafiaeth teimlad pur'. Gwnaed cais i ddadansoddi hyn yng ngwaith Malevich, 'Swprematiaeth: Realaeth Arlunyddol Chwaraewr Pêl-droed (Casgliadau Lliw'r Pedwerydd Dimensiwn)' (Suprematizm: Zhivopisniy Realizm Futbolista (Krasounye Massy v Tchetvertom Izmereniy) / Suprematism: Painterly Realism of a Football Player (Colour Masses of the

Fourth Dimension)), 1915, Amgueddfa Stedelijk, Amsterdam. Mae hwn yn baentiad sy'n ymgyrraedd at fod yn haniaethol heb amlygu'r cyfeiriadau at bêl-droed y byddai'r gwyliwr yn disgwyl eu gweld.

■ *Pryd:* 1915–18.

■ *Pwy:* Kasimir Malevich, El Lissitsky, László Moholy-Nagy.

■ *Cyswllt: haniaethol* abstract, *Bauhaus, Adeileddiaeth* Constructivism, *De Stijl, Dyfodolaeth* Futurism. Dywedodd Malevich: 'nid yw'r sgwâr yn ffurf o'r isymwybod. Creadigaeth ydyw o resymeg reddfol. Wyneb y gelfyddyd newydd. Y baban brenhinol byw yw'r sgwâr. Dyma'r cam cyntaf mewn creadigaeth bur mewn celfyddyd'. A oes modd i unrhyw siâp fod yn gyfrwng i'r fath gynnwys ymenyddol? Os felly, gyda pha siapiau ddylech chi fod yn gweithio?

Surrealism Swrealaeth**:** mudiad llenyddol i ddechrau, a ddatblygodd i gynnwys y celfyddydau gweledol, dan arweiniad yr awdur André Breton ym Mharis. Cyhoeddwyd y 'chwyldro' Swrealaidd yn 1924. Nod allweddol Swrealaeth oedd darganfod a rhyddhau holl awen greadigol y dychymyg a'r isymwybod, er mwyn dod â chynnwys ein breuddwydion i oleuni'r byd effro.

Defnyddiwyd y term yn gyntaf gan yr awdur Guillaume Apollinaire ym Mharis yn 1917; dywedodd fod 'y gwirionedd artistig yn deillio o gyfuniad elfennau yn wirionedd y tu hwnt i realaeth... math o uwch-realaeth (sur-réalisme)'. 'Nid arddull mo Swrealaeth. Cri ydyw o feddwl sy'n troi yn ôl ar ei hun' (Antonin Artaud). Nid oedd Swrealaeth yn enw ar un arddull yr oedd modd ei grynhoi, fel yr oedd *Ciwbiaeth Cubism*, er enghraifft — byddai'r Swrealwyr yn cynhyrfu'r meddwl ymwybodol yn fwriadol trwy ddefnyddio'r anymwybodol; disgrifiwyd y ffurfiau oedd i'w cael yn y meddwl anymwybodol fel ffurfiau 'rhyfeddol'. Ymgais celf Swrealaidd oedd cynrychioli a dadansoddi prosesau'r meddwl trwy ddefnyddio nifer o dechnegau gwahanol, er enghraifft *ysgrifennu awtomatig* automatic writing, DECALOMANIA, FROTTAGE a chyfres o gemau lle nad oedd modd rhagweld y canlyniad. Cofiwch ymhle y dechreuodd Swrealaeth, a'r dyddiad. Ystyriai'r Swrealwyr cynnar bod gorffwylltra rhyfel mecanyddol cyntaf y byd — sef y Rhyfel Byd Cyntaf — yn ganlyniad i resymegu gwleidyddol. Iddynt hwy, felly, roedd troi at yr afresymol, y 'rhyfeddol' a'r abswrd fel llwybr gwahanol i resymeg lwgr y Gorllewin yn gam positif.

Symudodd diddordeb y Swrealwyr wedi 1929 yn gynyddol i gyfeiriad breuddwydion a'r ymgais i'w dehongli. Mae eu paentiadau o olygfeydd breuddwydiol yn fanwl iawn ac yn dangos gwrthrychau annisgwyl mewn lleoliadau annaturiol. Dalí neu Magritte yw'r enghreifftiau amlycaf o'r math hwn o Swrealaeth. Defnyddiai'r Swrealwyr wrthrychau hefyd — yn aml iawn cymerai'r Swrealwyr wrthrychau cyffredin, e.e. cwpan a soser, a'u trin mewn rhyw ffordd annisgwyl (eu gorchuddio â ffwr), gyda'r bwriad o ryddhau'r meddwl anymwybodol — gweler Meret Oppenheim, 'Cinio mewn Ffwr' (Le déjeuner en fourrure / Luncheon in Fur), 1936, Amgueddfa Celfyddyd Fodern,

S

Efrog Newydd. Roedd perthynas agos rhwng Swrealaeth a **Dada** ac, yn yr un modd, roedd perthynas agos rhwng gwrthrych y Swrealydd a'r **gweithiau parod** *ready-made*. O'r ffilmiau Swrealaidd, mae'n debyg mai'r enwocaf yw *Un Chien Andalou*, 1929 gan Luis Buñuel a Salvador Dalí. Ynddi mae'r olygfa enwog lle mae llafn rasel yn hollti llygad agored, a hynny mewn cyferbyniad â chwmwl yn symud ar draws lleuad yn olau. Mae delweddau Swreal wedi bod yn bwyntiau cyfeirio cyson ar gyfer celf, ffilm a hysbysebu yn enwedig: 'wrth ddod â sawl gwahanol realiti ynghyd a thynnu sbarc o'u cysylltiad', yng ngeiriau André Breton. Dywedodd y Comte de Lautréamont, y bardd o'r 19eg ganrif a ystyriwyd fel rhagflaenydd i'r Swrealwyr, bod y fath gyfuno 'mor brydferth â chyfarfod ar hap rhwng ymbarél a pheiriant gwnïo ar fwrdd dyrannu' — hwn yw'r disgrifiad enwocaf o'r hyn a ddatblygodd yn gyfeiriadau annisgwyl i'r Swrealwyr.

Cafwyd ffurf 'Brydeinig' o Swrealaeth yn y 1930au. Datblygodd Ceri Richards ei dechnegau cynnar dan ddylanwad Swrealaeth (gweler Ceri Richards, 'Dwy Fenyw' (Two Females), 1937–38, Tate Britain, Llundain), a Dylan Thomas fu'n gweini cortyn allan o debot i ymwelwyr ag Arddangosfa Ryngwladol y Swrealwyr yn Llundain yn 1936.

■ *Pryd:* 1924–45.

■ *Pwy:* Hans Arp, Salvador Dalí, Max Ernst, René Magritte, Man Ray, André Masson, Joan Miró, Yves Tanguy a llawer mwy.

■ *Cyswllt:* **Mynegiadaeth Haniaethol** Abstract Expressionism, **Dada**, **gweithiau parod** ready-made, **Symboliaeth** Symbolism.

■ *Elfennau ffurfiol:* pob un.

Symbolism Symboliaeth: mudiad artistig llac mewn llenyddiaeth a'r celfyddydau gweledol, a aeth i'r afael â thestunau cyfriniol, *alegorïol allegorical* ac ysbrydol, gan wrthod cofnodi realaeth optegol yn uniongyrchol (sef nod penodol *Argraffiadaeth Impressionism*). Ac eithrio'r gwrth-realaeth cyffredinol hyn, nid oedd i Symboliaeth un arddull penodol. Pwysleisiai Symboliaeth yr emosiwn a ysgogwyd yn y gwyliwr, ond arweiniodd hyn at sylw manwl i nodweddion ffurfiol paentiadau, er enghraifft gan ymbellhau oddi wrth eu gallu disgrifiadol i ddarganfod pa drefniadau a chyfuniadau penodol fyddai'n creu effeithiau penodol. Sylweddolodd y Symbolyddion y gallai *lliw colour* a *llinell line* eu hunain gyfleu syniadau, ac i'r perwyl hynny tueddwyd tuag at ffurfiau darluniadol fflat gyda'r pwyslais ar nodweddion addurniadol: 'Dylid cofio mai'r hyn yw paentiad yn gyntaf — cyn bod yn farch rhyfel neu'n ddynes noeth neu'n rhyw stori — yw arwyneb fflat wedi'i orchuddio â lliwiau a gyfunwyd mewn trefn benodol', meddai Maurice Denis yn 1890.

■ *Pryd:* 1885–1910.

■ *Pwy:* Gauguin ac Odilon Redon. Aeth nifer o artistiaid trwy gyfnod Symbolaidd, e.e. gwnaeth paentiadau Piet Mondrian o goed ddechrau fel trosiadau Symbolaidd (gweler *De Stijl*) gan ddatblygu yn y pen draw i fod yn gwbl haniaethol. Gall paentiadau Edvard Munch sefyll ochr yn ochr â Symboliaeth neu *Mynegiadaeth Expressionism*.

■ *Cyswllt:* **alegori** *allegory,* **cyntefigedd** *primitivism,* **realaeth** *realism,* **Rhamantiaeth** *Romanticism,* **Swrealaeth** *Surrealism.*

■ *Elfennau ffurfiol:* pob un.

Synthetic Cubism Ciwbiaeth Synthetig: gweler *Ciwbiaeth Cubism.*

tempera: y cyfrwng arferol ar gyfer peintio paneli yn yr Oesoedd Canol a'r *Dadeni* *Renaissance*, nes dyfodiad paent olew. Mae'r hyn sy'n rhwymo paent TEMPERA (sef melynwy yn aml iawn) yn cael ei deneuo mewn dŵr, ond nid yw'n hydawdd unwaith iddo sychu. Byddai TEMPERA wy yn sychu'n gyflym iawn, ac felly roedd hi ond yn bosibl peintio darnau bach o ddarlun mawr ar y tro. Roedd *lliwiau* *colours* yn brin ac yn anodd iawn eu cymysgu, a byddai ystod o effeithiau yn dibynnu ar adeiladu'n raddol iawn haenau hanner-tryloyw ar ben tanbaentiadau solet. Er enghraifft, er mwyn creu lliw'r cnawd, byddai'n rhaid paratoi tanbaentiad gwyrdd (TERRE VERTE) cyn peintio'r tintiau ar ei ben. Yn aml, mae'r haenau uchaf wedi pylu erbyn heddiw, gan adael wynebau gwyrdd rhyfedd, e.e. gwaith Duccio di Buoninsegna 'Cyfarchiad i Fair' (Annunciazione / Annunciation), 1311, Yr Oriel Genedlaethol, Llundain, panel bychan a fu'n rhan o allorlun mwy o faint a wnaed yn ystod y Dadeni Cynnar. Mae'r tanbaentiad gwyrdd yn dechrau amlygu'i hun yn wynebau'r ffigurau.

■ *Pryd:* y 13eg ganrif tan y 15fed ganrif, ac yn hynod o bwysig yn ystod Dadeni Cynnar yr Eidal.

■ *Cyswllt: paent olew* oil paint, *Dadeni* Renaissance.

theme/thematic thema/thematig: mae'r rhan fwyaf o waith sy'n cael ei wneud ar gyfer arholiadau Safon UG/U yn thematig, hynny yw, mae'n cael ei wneud wrth ymateb i gysyniad, brîff, neu fel man cychwyn. Syniadau yw'r man cychwyn ar gyfer y rhan fwyaf o weithiau celf a dylunio, ac maen nhw'n hollbwysig ar gyfer y broses greadigol. Cofiwch nad cwestiwn yw thema fel y cyfryw — mae angen ateb penodol ar gwestiwn — ond dylai ffordd thematig o weithio ysgogi eich ymateb personol a'r trywydd y byddwch yn ei ddilyn wrth weithio tua'r nod sydd gennych mewn golwg.

tonal colour/tonal values/tone lliw tôn/gwerthoedd tôn/tôn: un o'r *elfennau ffurfiol* formal elements, conglfeini celf, sy'n golygu dangos goleuni. Mae'r rhan fwyaf o fyfyrwyr yn gyfarwydd â hyn trwy raddliwio (fel arfer â phensil meddal). Gwerthoedd tôn yw pan mae tôn yn raddol newid o olau i dywyll, sef yr hyn welwch chi ar unrhyw wrthrych solet o dan olau: y mannau goleuaf (yr uchafbwyntiau), y mannau tywyllaf, a'r gwerthoedd rhwng y ddau (y tonau canolig). Mae tôn yn wahanol i *liw lleol local colour* (*lliwiau colours* gwahanol yr un gwrthrych o dan olau), felly mae lliwiau tôn yn ymgais i gynrychioli graddau'r golau wrth ddisgyn ar y gwrthrych yn hytrach nag ein canfyddiad o'r ystod lliwiau. Yn draddodiadol, y ffordd o weld golau yn chwarae yw i hanner gau eich llygaid. Y ffordd resymegol fyddai i ddefnyddio'r ystod o ddu i wyn, ond yn ymarferol bydd angen i chi gynnwys ystod gynnil o liwiau eraill, er enghraifft melyn ger yr uchafbwyntiau a glas ar gyfer y tonau tywyllaf. Cofiwch nad oes raid i chi ddefnyddio du a gwyn — bydd unrhyw balet cyfyngedig yn gwneud y tro, cyhyd â bod yr ystod a'r gyfran o'r gwerthoedd tôn fyddwch chi'n eu peintio yr un fath â rhai'r testun.

■ *Cyswllt:* *lliw colour, rhaniadaeth divisionism, Argraffiadaeth Impressionism.*
■ *Elfennau ffurfiol:* tôn, lliw, ffurf.

trecento: y term Eidaleg ar gyfer y 14eg ganrif, sef y 1300au. Gweler *quattro-cento*.

Trinity Y Drindod: yr elfennau dwyfol mewn Cristnogaeth, sef y Tad, y Mab a'r Ysbryd Glân.

triptych: tri phaentiad sy'n cael eu dal ynghyd â cholfachau er mwyn creu darlun tri darn, yn amlwg ar allorau ag esgyll, gyda'r panel mawr canolog yn dangos Crist ac efallai'r Forwyn Fair. Ar baneli'r ochrau, sy'n llai ac yn gallu cael eu cau i warchod y canol, gwelwn yn aml baentiadau o'r noddwyr a dalodd am y gwaith, ynghyd â'r seintiau perthnasol a gomisiynodd y gwaith, e.e. Hans Memling, 'Triptych Dwnn' (The Donne Triptych), tua 1478, Yr Oriel Genedlaethol, Llundain, sy'n dangos teulu Syr John Dwnn o Lanismel, Sir Gaerfyrddin, wrth draed y Forwyn Fair a'r Baban Iesu ar y panel canol.

■ *Pryd:* er bod yr hen fyd yn gyfarwydd â'r triptych, mae'n cael ei gysylltu'n bennaf â gwaith celf Cristnogol o'r Eidal yn y 12fed ganrif.
■ *Cyswllt:* *diptych, Dadeni Renaissance.*

trompe l'oeil: gweler *rhith illusion*.

turning edge ymyl troi: term ar gyfer elfen a ddefnyddir wrth greu *rhith illusion* tri-dimensiwn ar arwyneb dau-ddimensiwn, yn enwedig pan fo artist wedi defnyddio *tôn tone* neu *liw colour* i ddisgrifio sut mae gwrthrych yn edrych fel petai'n cilio oddi wrth y llygad — ymyl jwg, efallai, neu'r tro yn y fraich. Mae ansawdd yr ymyl troi yn aml yn cael ei weld gan arholwyr fel awgrym da o beth yw sgiliau crefft cyffredinol yr ymgeisydd.

V

vanishing lines llinellau diflannol: gweler *orthogonolau orthogonals*.

vanishing point diflanbwynt: gyda theori *persbectif perspective*, dyma fan cyfarfod damcaniaethol dwy linell baralel. Er enghraifft, mae llinellau paralel y rheilffordd yn ymddangos fel petaent yn cyfarfod â'i gilydd ar ddiflanbwynt y gorwel.

*Vanitas***:** gweithiau *alegorïol allegorical* yn cynnwys symbolau o dreigl amser, fel penglog, awrwydr, swigen, neu gannwyll wedi llosgi. Roedd VANITAS yn gangen bwysig o beintio *bywyd llonydd still life*, yn enwedig yn yr Iseldiroedd yn ystod yr 17eg ganrif. Daw'r enw o'r adnod yn y Beibl 'gwagedd o wagedd; gwagedd yw y cwbl' (Vanitas vanitatum ... et omnia vanitas: Pregethwr 1.2), sy'n golygu nad oes diben fod yn berchen ar ormod o eiddo bydol os yw bywyd meidrol mor fyr a'r bywyd tragwyddol mor hir — gweler gwaith Harman Steenwyck, 'Alegori ar Wagedd Bywyd Dynol' (Een allegorie van de Ijdelheid van het Menselijke Leven / The Vanities of Human Life), 1645, Yr Oriel Genedlaethol, Llundain, paentiad â nifer o'r delweddau VANITAS: penglog MEMENTO MORI (atgof marwolaeth); yr offerynau cerdd (a nifer ohonynt yn symbolau chwant a'i ganlyniad, sef beichiogrwydd); mae'r chwa o fwg a'r llyfr agored yn cynrychioli oferedd dysg yn wyneb tragwyddoldeb. Er mwyn i baentiad VANITAS weithio, rhaid i'r gwrthrychau gael eu peintio'n grefftus a chywrain — mae'n rhaid i rith eu presenoldeb fod cyn gryfed â phosibl. Mae'r paentiadau hyn hefyd yn rhai cymharol fach, a'r maint domestig hwn yn dweud wrthym mai ar gyfer y cartref yr oeddent, yn hytrach nag ar gyfer eu harddangos mewn mannau mwy cyhoeddus. Roeddent yn bregethau gweledol i atgoffa'r gwyliwr i beidio â gwyro oddi ar y llwybr union.

■ *Pryd:* o'r 16eg ganrif ymlaen, ond gellid ystyried pob paentiad sy'n dangos gwrthrychau organig fel gwaith sy'n ymwneud â themâu VANITAS; wedi'r cyfan, mae amser i bopeth, ac yn ei dro bydd popeth sy'n cael ei gynrychioli mewn celf yn diflannu — felly hefyd yr artist ac, yn wir, y gwyliwr.

■ *Cyswllt:* *alegori allegory*, *Genre*, *rhith illusion*, *bywyd llonydd still life*.

V

Cynhyrchodd Cézanne ac Andy Warhol ddelweddau o benglogau tua diwedd eu gyrfaoedd, e.e. Cézanne 'Pyramid Penglogau' (Pyramide de crânes / Pyramid of Skulls), 1900, casgliad preifat) ac Andy Warhol, 'Penglogau' (Skulls), 1976, Sefydliad Andy Warhol, Efrog Newydd. Ai diweddaru themâu VANITAS yr oeddent, neu ragweld eu marwolaethau eu hunain?

Pa wrthrychau byddai paentiad VANITAS yn ei gynnwys? Peidiwch â meddwl am nwyddau drud yn unig — ystyriwch wrthrychau sy'n symbolau o dreigl sydyn amser. Rhowch gynnig hefyd ar fod yn fwy dyfeisgar gyda'ch dewis o'r MEMENTO MORI — chwiliwch am rywbeth heblaw penglog.

verisimilitude hygrededd: gweler *rhith illusion*.

visual language iaith weledol: ffurf gyfathrebu a mynegiant cyffredin sy'n defnyddio arwyddion, symbolau a phob dim sydd yn ein hamgylchedd gweledol — i'w ystyried yn yr un modd â'n defnydd o system eiriau sylfaenol, sef iaith, i gyferbynnu a chyfleu ystyr. Swyddogaeth yr artist, y crefftwr, neu'r dylunydd yw archwilio ac ymestyn yr iaith weledol trwy greu gwrthrychau, a thrwy edrych ar yr hyn mae eraill wedi'i greu o'r gorffennol hyd at heddiw.

vitrine cwpwrdd gwydr: blwch gwydr ar gyfer arddangos gweithiau celf neu hen drugareddau. 'Vitrine' yw'r enw a roddwyd ar y blychau gwydr sy'n dal anifeiliaid marw Damien Hirst, gweler 'Amhosibilrwydd Corfforol Marwolaeth ym Meddwl Rhywun Byw' (The Physical Impossibility of Death in the Mind of Someone Living), 1991, Casgliad Saatchi, Llundain, sy'n cyflwyno siarc teigr 4 metr o hyd yn nofio mewn tanc (vitrine) anferth yn llawn fformaldehyd.

wash golchiad: haenen denau iawn o inc wedi'i wanhau, neu baent *dyfrlliw* *watercolour*, mor denau nes ei fod bron yn dryloyw ac wedi'i daenu dros ardal eang heb ddangos ôl y brwsh. Gall haenau o olchiadau gael eu hadeiladu er mwyn creu corff solet o liw mewn rhai darnau o'r gwaith.

■ *Cyswllt: dyfrlliw watercolour* yw'r lle amlwg i ddefnyddio'r dechneg hon — profwch y gwahaniaeth rhwng rhoi golchiadau paent ar bapur sych a phapur gwlyb (nodwch y bydd angen i chi ymestyn y papur yn hollol fflat er mwyn rhoi golchiad lliw unffurf arno; fel arall bydd y lliw yn cronni mewn pyllau tywyllach o bigment).

Defnyddiai'r artist o America, Morris Louis, olchiadau paent **acrylig** *acrylic* ar *gynfas canvas* nad oedd wedi'i breimio, e.e. 'Gamma Delta', 1959–60, Amgueddfa Whitney, Efrog Newydd. Roedd ei baentiadau tua diwedd ei yrfa yn batrymau manwl a bwriadol tu hwnt, gyda phaent wedi'i arllwys ar y cynfas ac yn fwy trwchus felly na golchiadau pur; er hynny, mae'n bosibl gweld gwead y cynfas drwy'r golchiadau o hyd.

■ *Elfennau ffurfiol:* tôn, lliw, gwead.

watercolour dyfrlliw: pigmentau sy'n gallu cael eu hydoddi mewn dŵr, ac sy'n sychu'n dryloyw, gan ymddangos felly yn ysgafn a chain iawn.

■ *Pryd:* caiff ei ddefnyddio ar bapur gwyn, ac o ganlyniad nid oes pigment dyfrlliw gwyn — y *grwnd ground* papur sy'n rhoi gwyn, felly. Mae'r nodwedd hon yn golygu bod angen i chi weithio'r paent o liwiau golau i liwiau tywyll, yn hytrach na'r ffordd arall. Caiff y math hwn o beintio, sydd weithiau'n cael ei alw'n AQUARELLE, ei ddefnyddio'n bennaf ar gyfer gweithiau llai. Mae'n hynod o addas felly ar gyfer ei ddefnyddio yn yr awyr agored, e.e. *tirluniau landscapes.*

■ *Cyswllt:* mae 'na draddodiad hir o beintwyr dyfrlliw yn Lloegr. Mae'n siŵr mai'r enghreifftiau amlycaf yw J. M. W. Turner, Thomas Girtin, ac Ysgol Norwich (e.e. John Sell Cotman). Mae'n werth i chi hefyd edrych ar ddyfr-lliwiau cyfnod olaf Paul Cézanne, er enghraifft ei ddyfrlliwiau o'r Mont Sainte Victoire, 1900–06, Tate Modern, Llundain, lle mae'n defnyddio hyd y *brwsh brush* sabl er mwyn creu'r ffurfiau sy'n dynodi'r pellter rhwng y mynydd a llygad yr artist. Edrychwch hefyd ar ei waith dyfrlliw o fywyd llonydd, lle mae'n modelu'r ffurf drwy haenau o liw, ac yn benodol y ffordd y ceisia ddisgrifio'r ***ymyl troi*** *turning edge* — er enghraifft, 'Afalau, Potel a Chefn Cadair' (Pommes, Bouteille et Dossier de Chaise / Apples, Bottles, Chair Back) 1902–06, Oriel Courtauld, Llundain. Mae gweithiau dyfrlliw David Jones o'r 1920au hyd y 1960au ymhlith cynnyrch mwyaf trawiadol y cyfrwng yn yr 20fed ganrif.

Mae techneg dyfrlliw yn dibynnu ar gyfres o ***olchiadau*** *washes*. Arbrofwch gyda'r gwahaniaeth rhwng gweithio 'gwlyb ar wlyb' (pan nad yw'r lliw oddi tano wedi sychu eto) a 'gwlyb ar sych' (sef rhoi lliw arall ar ben lliw sydd eisoes wedi sychu). P'un sy'n gweithio orau ar gyfer y testun dan sylw? A pham? Cymharwch y dulliau hyn â dulliau'r artistiaid y byddwch wedi bod yn eu hastudio gyda chyfres o ddelweddau o'u gweithiau a'ch gwaith chi ynghyd ag ***anodiadau*** *annotations*.

woodcut torlun pren: fel torlun leino, techneg argraffu ***cerfwedd*** *relief* yw hon lle mae'r ardal o gwmpas y ddelwedd yn cael ei thorri i ffwrdd, yn yr achos hwn allan o ddarn fflat o bren (sef y bloc). Pan fydd y bloc wedi'i incio a'i osod ar ddarn o bapur, dim ond y darnau hynny sy'n cyffwrdd ag arwyneb y papur fydd yn printio. Ni fydd y darnau sydd wedi cael eu torri i ffwrdd yn dangos, yn wahanol i dechnegau INTAGLIO lle mae'r inc yn cael ei gadw yn y rhigolau er mwyn gwneud print.

■ *Cyswllt:* INTAGLIO, ***monoargraffu*** *mono printing*, ***cerfwedd*** *relief*. Roedd torluniau pren o Japan yn hynod o soffistigedig, gan ddefnyddio blociau fflat o liw a thechnegau cyfansoddi a wnaeth ddylanwadu'n drwm ar artistiaid ***Ôl-argraffiadol*** *Post-Impressionist* fel Van Gogh. Bu cyntefigedd torluniau pren yn bwysig ym mlynyddoedd cynnar yr 20fed ganrif i'r ***Mynegiadwyr*** *Expressionists*; creodd Edvard Munch nifer o fersiynau torlun pren o'i ddelwedd enwog 'Y Gri'. Gwnaeth artistiaid ***Die Brücke*** ddefnydd helaeth o dorluniau pren, e.e. torlun pren lliw Erich Heckel, 'Portread o Ddyn' (Männerbildnis / Portrait of a Man), 1919, Staatsgalerie, Stuttgart, lle mae amlinellau du y pen a'r dwylo cryf wedi'u printio dros ***olchiadau*** *washes* trwchus o liw.

Pwysigrwydd torlun pren ar y lefel hon yw nad oes angen gwasg arnoch ar gyfer cynhyrchu print addas. Y cyfan sydd ei angen yw inc eithaf stiff (bydd paent yn llifo i mewn i'r rhannau sydd wedi cael eu torri i ffwrdd ac yn mynd yn ddafnau, felly defnyddiwch inc printio cerfwedd arbenigol) a digon o fôn braich. Caiff yr inc ei roi ar y bloc gan ddefnyddio rholer, cyn gosod y bloc ag ochr yr inc i fyny a rhoi'r papur drosto. Rhwbiwch gefn y papur â chefn llwy, neu'r teclyn traddodiadol biwrin, neu â chefn eich llaw, gan rwbio mewn cylchoedd bach allan o'r canol. Gallwch ddefnyddio unrhyw ddeunydd er mwyn gwneud y bloc; bydd graen cryf pren pinwydden, er enghraifft, yn creu delwedd rymus iawn, er y bydd meddalwch y pren yn golygu y bydd yn anodd creu delwedd ag iddi fanylder. Rhowch gynnig wrth arbrofi â deunyddiau eraill — hen arwyneb gwaith fformica, er enghraifft, a all gael ei grafu a'i dorri er mwyn creu delwedd. Gallwch wneud hyn hefyd gydag arwynebau eraill sydd â gwead, e.e. bwrdd sglodion, bwrdd ffibr. Nid oes angen teclynau torri arbenigol arnoch, er y byddai geingiau (neu gynion) saer da, neu hyd yn oed dorwyr leino, o help mawr. Mae modd torri'r rhan fwyaf o arwynebau â chyllell Stanley: tynnwch y strôc gyntaf â llafn y gyllell yn sgwâr â'r bloc, yna tynnwch yr ail strôc ar ongl i'r gyntaf fel eich bod yn torri rhigol siâp 'V', gan amrywio'r ail doriad er mwyn newid yr effaith. Ond byddwch yn ofalus — mae'n bwysig bob tro bod cyfeiriad y torri yn mynd i ffwrdd oddi wrthoch, peidiwch byth â thorri tuag at eich llaw, a pheidiwch â rhoi gormod o bwysau ar y llafn nes ei dorri.

■ *Elfennau ffurfiol:* llinell, patrwm, gwead.

work journal llyfr gwaith: neu *lyfr braslunio sketchbook*. Mae'r llyfr gwaith neu lyfr braslunio yn fwy na dim ond llyfr sy'n cynnwys brasluniau; gall fod yn rhywbeth byw — 'je suis le cahier' ('fi yw'r llyfr braslunio') oedd y geiriau a ysgrifennwyd gan Picasso ar glawr ei lyfr braslunio ef. Mae'n broses, yn ffordd o weithio, yn ffordd o ddangos datblygiad eich syniadau, gan gynnwys astudiaethau celf, ymchwil gweledol, cloriannu, cynllunio a datblygu eich celf. Ystyriwch yn ofalus sut y byddwch yn cyflwyno'ch llyfrau: ydyn nhw'n adlewyrchu'r gelf a'r dylunio y byddwch chi'n ei wneud ac yn ei astudio? Er enghraifft, os yw eich gwaith yn lân a siarp, a'ch bod hwyrach wedi astudio artist tebyg i Hockney neu waith haniaethol *De Stijl*, a ydy hyn yn cael ei adlewyrchu yn eich llyfr gydag ardaloedd pendant o liwiau elfennol neu ofod gwyn eang â llawysgrifen lân yn debyg i Hockney? Dylech ddefnyddio ffontiau addas allan o'r miloedd o ffontiau sydd ar gael ar gyfrifiaduron heddiw; mae 'na ffont yn bodoli o'r enw 'De Stijl', er enghraifft, ac un arall o'r enw 'Bauhaus'. Enwyd ffont arall ar ôl y crefftwr a'r artist wnaeth ei lunio, Eric Gill. A fydd unrhyw un sy'n edrych ar eich llyfrau yn gallu gweld y datblygiad o'r ffordd o ddangos y llyfrau eu hunain? Adolygu yw'r gair allweddol. Ewch yn ôl dros eich gwaith a gwnewch sylwadau ar y camau a gymerwyd. Bydd gwneud hyn yn amlygu'r datblygiad yn eich gwaith dros gyfnod o amser.

YBAs: YBAs (Young British Artists) — neu Brit art — oedd yr enw a roddwyd ar gelf a wnaed gan genhedlaeth o artistiaid o Brydain ar ddiwedd yr 20fed ganrif. Roedd y rhan fwyaf ohonynt yn fyfyrwyr yng Ngholeg Celf Goldsmiths, Llundain, tua diwedd yr 1980au. Daeth eu gwaith i'r amlwg yn rhyngwladol pan wnaeth y miliwnydd Charles Saatchi brynu eu gwaith a'i arddangos yn arddangosfa 'Sensation' yn yr Academi Frenhinol, Llundain, yn 1997. Dyrchafwyd Llundain am gyfnod byr yn brifddinas ryngwladol ar gyfer celf *avant-garde* yn dilyn y cyffro a ddaeth gyda'r darnau mawr o waith tri-dimensiwn.

Nid oes arddull Brit art penodol, er y cyfeirir yn aml at Damien Hirst fel arweinydd answyddogol y grŵp. Mae ei waith 'Ymwahaniad y Fam a'i Phlentyn' (Mother and Child Divided), 1993, Amgueddfa Celfyddyd Fodern Astrup Fearnley, Oslo (copi gan yr artist, 2007, Tate Modern, Llundain), yn enghraifft nodedig. Mae'r gwaith hwn yn dangos buwch a'i llo yn nofio mewn fformaldehyd. Mae'r ddau greadur wedi'u torri yn eu hanner ac wedi'u ymwahanu oddi wrth eu hunain, ei gilydd, ac oddi wrth y byd gan y *cwpwrdd gwydr vitrine* sy'n eu dal. Mae ymdeimlad melancolaidd yn y fath waith, tra bo'r dadansoddiad o farwolaeth, dieithrio a chelfyddyd flaenorol yn nodweddiadol o waith nifer o'r YBAs (er bod y pwyslais ar farwolaeth yn benodol i Damien Hirst). Yr hyn a gysylltai'r artistiaid YBA gyda'i gilydd oedd eu hoed, eu noddwr cyffredin (Charles Saatchi), eu defnydd cyffredinol o amcanion sylfaenol *celf Gysyniadol Conceptual art*, a'u ffordd rhwydd o ymwneud â'r cyfryngau — hon oedd cenhedlaeth artistig gyntaf oes y teledu.

■ *Pwy:* yr enwau amlycaf yw Damien Hirst a Tracey Emin; ymhlith enwau eraill y mae Sarah Lucas, Jake a Dinos Chapman, Gary Hume, Chris Ofili, Cerith Wyn Evans. Caiff Rachel Whiteread ei chynnwys hefyd yn aml, er ei bod yn hŷn na'r rhan fwyaf o'r YBAs eraill a bod gan ei gwaith fwy yn gyffredin â *Minimaliaeth/celf Gysyniadol Minimalism/Conceptual art*, e.e. 'Tŷ' (House), 1993 (dinistriwyd yn 1994).

■ *Cyswllt: avant-garde, sioc shock*. Mae dull gweithio hunan-gyfeiriol Tracey

Emin yn werth meddwl amdano, er nad yw ei harddull amrwd wastad yn ymarferol i'w efelychu ar gyfer Safon UG/U. Mae gan y dull dyddiadurol o gyfuno archwilio gweledol â datblygiad personol hanes hir a chlodwiw. Gall datganiad sydd wedi'i gynllunio'n unswydd i greu *sioc* *shock* fod yn un hunan-foddhaol ond, ynghyd ag iaith weledol bersonol sy'n datblygu ac yn dadansoddi'r gorffennol, gall fod dyfodol iddo.

Z

Zeitgeist: gair Almaeneg sy'n golygu 'ysbryd yr oes'. Mewn rhyw ffordd neu'i gilydd, bydd pob darn o gelf yn adlewyrchu cyfnod ei greu, ond mae angen i'r rhan fwyaf o gelf *avant-garde* ddadansoddi neu hyd yn oed greu ymdeimlad yr oes ymhlith ei brif themâu.

Mae ZEITGEIST felly yn rhan bwysig o nifer o weithiau celf *Modernaidd Modernist*. Gall hyn fod yn uniongyrchol, fel yng ngwaith Édouard Manet, 'Cerddoriaeth yng Ngerddi'r Tuileries' (Musique dans les jardins des Tuileries / Music in the Tuileries Gardens), 1860–62, Yr Oriel Genedlaethol, Llundain, sy'n dangos aelodau o gymdeithas ffasiynol Paris yn hamddena ym mharciau newydd sbon y ddinas yn ail hanner y 19eg ganrif. Mae'r dorf yn llawn cyfeillion i Manet ynghyd â'r gwŷr llên ac athroniaeth yr oedd ef yn eu hystyried yn bwysig, e.e. y llenor Baudelaire (gweler *realaeth realism*). Fel arall, gall ZEITGEIST fod yn rhan o'r arddull peintio, e.e. delweddau ymosodol a chyntefig y peintiwr *Mynegiadol Expressionist* Ernst Ludwig Kirchner yn dangos puteiniaid a chyfalafwyr ar strydoedd Berlin (gweler ei *dorlun pren woodcut* 'Potsdamerplatz', 1914). Gall ZEITGEIST hefyd fod yn rhan o arddull cyflwyno gosodwaith, e.e. Damien Hirst, 'Fferyllfa' (Pharmacy), 1992, Tate Modern, Llundain, sy'n cyflwyno fferyllfa gyfan wedi'i gosod mewn oriel gelf, gan ysgogi syniadau'n ymwneud â marwolaeth a ffydd pobl mewn gwyddoniaeth i warchod bywyd, a hynny mewn lleoliad hanner-*Minimalaidd Minimalist*.

Geirfa

Cymraeg – Saesneg

A

Adeileddiaeth Constructivism
adnabod identify
adwaith reaction
addurnedig ornate
addurnoldeb decorativeness
afliwio discolour
aflunio distortion
anghymesuredd asymmetry
alegori allegory
alegorïaidd allegorical
allorlun altarpiece
amledd frequency
amlinell contour, outline
amsugnol absorbent
aneglur hazy
anhafal unequal
annaturiol non-naturalistic
anodiadau annotations
anodiadu annotate
anymwybod cyffredinol collective unconscious
appliqué appliqué
ardal area
arddull style
arddulliadol stylistic
arddulliedig stylised
Argraffiadaeth Impressionism
argraffu cerfweddol relief printing
arloeswr pioneer
arluniol painterly
arlunyddol painterliness
arlliw hue, shade
armatwr armature
arnodedig endorsed
arnodiadau endorsments
arosod superimpose
arsylwi observe
artist Tir Land artist
arwahanrwydd separateness, otherness
arwaith action
arwyneb surface
arwyneb clir raised surface

asid gwanedig dilute acid
atgynhyrchu reproduce
avant-garde avant-garde
awen / ysbrydoliaeth inspiration
awrwydr hourglas
awtomatedd automatism

B

baddon bath
Baróc Baroque
batic batik
biwrin / ysgythrydd burin
blaendir foreground
blaengar progressive, advanced
blew bristle
blodau syfi strawberry blossom
bod mewnol inner being
border border
braslun sketch
brasnaddu roughen
Brawdoliaeth y Cyn-Raffaeliaid Pre-Raphaelite Brotherhood
bregus breakable, brittle
Brit art Brit art
brithwaith (mosaig) mosaic
brwsh crwn round (brush)
brwsh gwastad flat (brush)
brwsh sgwâr bright (brush)
brwsh siâp cneuen filbert (brush)
brwshys brushes
bwa arch
bwrdd ffibr fibreboard
bwrdd sglodion chipboard
bwtres buttress
bwtres hedegog flying buttress
byrfyfyr improvised
bywyd llonydd still life

C

cadeirlan / eglwys gadeiriol cathedral
caeëdig enclosed
Caergystennin Constantinople
cain delicate
caledfwrdd hardboard
caledlin hard-edge painting
canfyddiad perception
canolbwynt focus
canoldir midground
cardbord cardboard
casgliad / cydosod assemblage

cast / castin / castio cast
cefndir background
Celf ac Iaith Art and Language
celf Berfformiadol Performance art
celf Fysantaidd Byzantine art
celf Gysyniadol Conceptual art
celf Natsïaidd Nazi art
celf Sothach Junk art
celf y Ddaear Earth art
celf y Tir Land art
celf yr Amgylchedd Environment art
celfyddyd addurnol decorative art
celfyddyd Affricanaidd African art
celfyddyd Anwrthrychol Non-Objective art
celfyddyd Bop Pop art
celfyddyd cyn-Gysyniadol pre-Conceptual art
celfyddyd gain fine art
celfyddyd Ginetig Kinetic art
celfyddyd gymhwysol applied art
celfyddyd o'r tu hwnt i Ewrop Non-European art
celfyddyd uchel high art
celfyddyd y Cyrion Outsider art
cerameg ceramics
cerfio carving
cerflunwaith sculpture
cerfwedd relief
cerfwedd isel bas relief, low relief
cerfwedd uchel high relief
ciplun snapshot
Ciwbiaeth Ddadansoddol Analytical Cubism
Ciwbiaeth Synthetig Synthetic Cubism
Ciwbydd Cubist
clasur classic
clasuriaeth classicism
clasurol classical
clir proud
cloisonnisiaeth cloisonnism
clytwaith patchwork, quiltwork
cnapau glo lumps of coal
codau pods
codau'r banadl broom pods
coeth elaborate
coethi to refine
colfach hinge
contrapposto contrapposto
craigbeintio rock painting
cribiog jagged
Croesgadau Crusades

croeshoelio crucify
cromennog vaulted
cromiwm hydrocsid hydradol hydrated chromium hydroxide
crwm curve
cryf vigorous
cryfder brightness
cryfder tynnol tensile strength
cwarel pane of glass
cwilsyn quill
cwilt quilt
Cwlen Cologne
cwpwrdd gwydr vitrine
cwyr wax
cyan cyan
cyd-destunol contextual
cydblethu interweave
cydosod assemblage, assemble
cydweddol analogous
cyfaint volume
cyfansoddiad composition
cyferbyniad cydamserol simultaneous contrast
cyferbyniol contrasting
cyfoes contemporary
cyfrannedd proportion
cyfriniol mystical
cyfrwng medium
cyfuchlin contour line
cyfuno merge
cyfyngedig restrictive
cyffelybu parallel
cyffyrddadwy tactile
cyllell balet palette knife
cymesur symmetric
cymhareb ratio
cymhwysiad application
cymysgu blend
cymysgu optegol optical mixing
cymysgu tynnol subtractive mixing
cymysgu ychwanegion additive mixing
cŷn (cynion) chisel(s)
cyn-Giwbaidd pre-Cubist
cynnil subtle
cynnwys content, subject matter
cyntefigedd primitivism
Cysegrfa Newydd New Sacristy
cysgodi overshadow
cysyniadol conceptual
cywrain intricate

Ch
chwedloniaeth / mytholeg mythology

D
dabio dabbing
daeargryn earthquake
dafnau smudges
damcaniaethol notional, theoretical
Darddullwr Mannerist
dargopïo trace
darlunaidd picturesque
darluniadol pictorial
darnau lluosog multiples
defnydd material (fabric), use
delfryd ideal
delfrydig idealised
delwedd image
delweddu visualise
deunydd material (object)
di-breim unprimed
di-draidd opaque
di-liw dull, colourless
diarnodedig unendorsed
diflanbwynt vanishing point
Digwyddiad Happening
digymell spontaneous
dilyniant sequence
dilladaeth drapery
dinoethi expose
Dirfodaeth Existentialism
dirgrynu vibrating
diriaethol actual
dirlawnder saturation
dirmygus derogatory
dirywiedig degenerate
disgleirwych illustrious
Y Disgyniad Deposition (religious art)
Y Diwygiad Protestannaidd Reformation
dosbarthu classify, distribute
dotwaith stipple
dryll peiriant machine gun
dryll peiriant bach sub-machine gun
dulas ultramarine
dulliau siawns chance techniques
dur steel
dur gwrthstaen stainless steel
dwysáu intensify
dwysedd intensity
dyfnder darluniadol pictorial depth
dyfnder gofodol spatial depth

Dyfodolaeth Futurism
dyfrlliw watercolour
dylunio design
dyneiddiaeth humanism
dyneiddiol humanist
dyrannu dissect

Dd
Y Ddarddull Fawr Grand Manner

E
efelychiad imitation
efydd bronze
eglwys gadeiriol / cadeirlan cathedral
eglwys uniongred orthodox church
egni vibrancy, energy
eicon icon
eiconoclastiaeth iconoclasm
eiconograffeg iconography
eiconoleg iconology
eiconostatis iconostatis
elfennau ffurfiol formal elements
emrallt emerald
emwlsiwn emulsion
encilio to recede
endid entity
endorri incise
engrafiad engraving
engrafu engrave
estynnwr stretcher
esthetig aesthetic

F
farnais varnish
farnais atal stopping-out varnish
fertigol vertical
firidian viridian

Ff
ffanfowt fan vaulted
ffigurol figurative
ffilm glynu cling film
fflatio flattening
Ffofyddiaeth Fauvism
ffotorealaeth photoreality
ffresgo fresco
ffris frieze
ffrotais frottage
ffurfiolaeth formalism
ffurfiolaidd formalist

G

gaing (geingiau) chisel(s)
Galarlun Lamentation
galfanedig galvanised
garffed lap
gel gel
genre genre
goddrychol subjective
gofod celf art space
gofod darluniol pictorial space
gofod negyddol negative space
golchiad wash
golchiad dyfrlliw watercolour wash
goleubwyntio highlight
goleuol luminous
golosg (siarcol) charcoal
golwg vision, sight
golwg deulygad binocular vision
gordd mallet
gosodwaith installation
gouache gouache
graddfa scale
graddiant modulation
graddio modulate
graddliwio shading
graenog grainy
gwan dilute, weak
gwastadrwydd flatness
gwawdlun caricature
gwead texture
gwehyddu to weave
gweithiau parod ready-made
gwerth tôn tonal value
gwerthuso evaluate
gwesgi squeegee
gwirod gwyn white spirit
gwneuthuriad peirianyddol machine-made
gwrth-ddŵr waterproof, water resistant
gwrthdroi reverse
gwrthrych object
gwrthrych celf art object
gwrthrych hapgael found object
gwydr lliw stained glass
gwydredd glaze
gwydrog glazed
gwyddfid honeysuckle
Gŵyl Fair Day of the Annunciation
gwyliwr viewer
gwyn llachar brilliant white
gwyredd rake, raking

H

haearn gyr wrought iron
haenen layer
haniaeth abstraction
haniaethol abstract
yr hen Aifft Ancient Egypt
yr hen fyd the antique
herciog jerky
hirhoedlog long-lasting, enduring
hollbresennol pervasive
hunangynhaliol self-contained
hyblyg collapsible, flexible
hydawdd soluble
hydoddi dissolve
hygrededd verisimilitude, integrity

I

iaith weledol visual language
impasto impasto
îsl easle
iwtopaidd utopian

Ll

llafn blade
llathru polish
llawdrin manipulate
llawrydd freehand
llawysgrif addurnedig illuminated manuscript
lled-dyllog semi-porous
lleihaol reductive
lleithder dampness
llen sheet
llenfetel sheet metal
lletraws diagonal
llewyrch glare, sheen, shimmering
llinell chwip whiplash line
llinell ddiflannol vanishing line
llinellu hatching
llinyn mesur criterion
lliw canolig mid-coloured
lliw cnawd flesh tone
lliw cyflenwol complementary colour
lliw cynradd (sylfaenol) primary colour
lliw di-draidd body colour
lliw eilaidd secondary colour
lliw lleol local colour
lliw sylfaenol (cynradd) primary colour
lliw tôn tonal colour
llorweddol horizontal

llosgliw encaustic
lluniad construction
lluniad llinol linear drawing
lluniadu drawing
llyfr braslunio sketchbook
llyfr gwaith work journal

M

malu grind
maquette maquette
màs mass
masgynhyrchu mass produce
meini prawf criteria
meta-mateg meta-matics
metamorffosis metamorphosis
Minimaliaeth Minimalism
mobeil mobile
modelu modelling
Modernaidd Modernist
modernedd modernity
Moderniaeth Modernism
monoargraffu mono printing
monocrom monochrome
monoteip monotype
montage montage
montage ffotograffig photomontage
mosaig (brithwaith) mosaic
motiff motif
mowntio mount
Y Mudiad Celf a Chrefft Arts and Craft Movement
mudiant motion
murlun mural
murlunydd muralist
mwslin muslin
mynachaidd monastic
Mynegiadaeth Expressionism
Mynegiadaeth Haniaethol Abstract Expressionism
mytholeg / chwedloniaeth mythology

N

naratif narrative
natur niwlog haziness
naturiolaidd naturalistic
naturoliaeth naturalism
nawdd patronage
nenfwd ceiling
nendwr skyscraper
Neoargraffiadaeth Neo-impressionism

Neoglasuriaeth Neo-classicism
Neoplastigiaeth Neo-Plasticism
nod / marc / llinell mark
nod awduraeth autographic mark
nodwedd feature
noddwr patron
noeth / noethlymun in the nude
noethlun nude
nwyddau commodity

O

Ofydd Ovid
offer tools
Ôl-argraffiadwyr Post-Impressionists
ôl-ddelweddau after-images
Ôl-enedigol Post Partum
Ôl-foderniaeth Postmodernism
ôl-oleuo back-lighting
olew had llin linseed oil
Opgelfyddyd Op art
Orffiaeth Orphism
Orffig Orphic
organig organic
orthogonol orthogonal

P

paentiad painting
palet palette
panlychu pouncing
pantio indent
papur cetris cartridge paper
para'n dda hard-wearing
paralel parallell line
past paste
pastel pastel
patina patina
peintio cyfunol combine painting
peintio diferiol drip painting
peintio gweithredol action painting
peintio hanesol historicism
peintio hanesyddol history painting
peintio maes lliw colour field painting
peintio olew / paentiad olew oil painting
peintio ystumiol gestural painting
pen corsen reed pen
pendant sharp, definite
persbecs perspex
persbectif perspective
persbectif awyrol aerial perspective
persbectif llinol linear perspective

picseleiddio pixelation
pigfain pointed, tapering to a point
pigment pigment
plân plane
plân darlun picture plane
plât plate
plât daearu grounding plate
plygiadau folds of skin
polyptych polyptych
pont bridge, transition
portread portrait
portreadol representational
portreadu portraiture
preimio to prime
pren haenog plywood
prif main, predominant
print / printiadau print / prints
printio â sgrin sidan silk-screen printing
pŵl blunt
pwynt anfeidredd point of infinity
pwyntiliaeth pointillism
pylu fade

R
real lifelike
realaeth realism
Realaeth Sosialaidd Socialist Realism

Rh
rhagdueddol susceptible
rhagdybiaeth assumption
rhagddodiad prefix
rhagfyrhau foreshortening
Rhamantiaeth Romanticism
rhaniad euraid golden section
rhaniadaeth divisionism
Rhaniadwr Divisionist
rheiddiadur radiator
rheithgor jury
rhiain nymph
rhigol groove
rhith illusion
rhithiolaeth illusionism
rhithiolaeth argraffiadol impressionist illusionism
rholer roller
rhwyll mesh
rhwyllog cross-hatch
rhwymyn binder
rhyngweithio interact

S
sabl sable
safbwynt viewpoint
safle-benodol site-specific
sbatwla spatula
sefydlog permanent
sefydlyn fixative
seis size
sfumato sfumato
sglein shine, sheen
sgrin sidan silk-screen
sgrin-brintio screen printing
sgwmblo scumble
sialc chalk
sialciog chalky
siarcol (golosg) charcoal
sinc zinc
sioc shock
sment cement
solet solid
soletrwydd solidity
stensil stencil
stori stribed comic book
strôc stroke
strôc brwsh brushstroke
Swprematiaeth Suprematism
Swrealaeth Surrealism
sylwedd mass, substance
sylweddol tangible, considerable
symboleiddio symbolise
Symboliaeth Symbolism
Symbolydd Symbolist

T
tablo tableau
tanbaentio underpainting
tâp masgio masking tape
tasiaeth tachism
teclyn tool
tecstil textile
telynegiaeth lyricism
tirlun landscape
tôn tone
tôn agos close tone
tôn canolig mid-tone
torlun leino linocut
torlun pren woodcut
torri tir newydd innovation
triptych triptych
tro curve

trochi immerse
troellen spiral
troshaen overlay
trosiad metaphor
tryloyw transparent
tyllu to bite
tynnol subtractive
tyrpant turpentine
tywyll gloomy

Th

thema theme
thematig thematic

U

UDA (Unol Daleithiau America) USA
(United States of America)

W

wrinal urinal

Y

YBAs YBAs (Young British Artists)
ychwanegyn additive
ymateb response
ymdreiddio soak
ymyl troi turning edge
ymyrraeth intervention
ymyrru to intervene
ysbrydoliaeth / awen inspiration
ysgogi stimulate
ysgrifennu awtomatig automatic writing
ysgytiol shocking
ysgythru etching
ysgythrydd / biwrin burin

Llyfryddiaeth

Astudiaethau beirniadol a chyd-destunol (astudiaethau celf)

Adams, H. (2003) *Imaging Wales: Contemporary Art in Context*, Seren.

Adams, H. (2006) *Re:Imaging Wales: A Yearbook of the Visual Arts in Wales*, Seren.

Berger, J. (2008) *Ways of Seeing*, Penguin.

Butler, A., Cleave, C.V. a Stirling, S. (gol.) (2005) *The Art Book*, Phaidon. Llyfr mawr, allweddol; casgliad da o ddelweddau.

Chilvers, I. (gol.) (2009) *The Oxford Dictionary of Art and Artists*, Oxford University Press. Nid oes bywgraffiadau yn *Y Geiriadur Celf* ac efallai y bydd angen mwy o fanylder arnoch. O'r amryw eiriaduron celf sydd ar gael, mae un Rhydychen gyda'r gorau, yn sicr wrth drafod y mudiad modern.

Cumming, R. (2000) *Annotated Guide to Art*, Dorling Kindersley. Mae sawl fersiwn ar gael o'r dull hwn o fynd i'r afael â chelf, ac mae **anodiadu** *annotation* yn sgìl allweddol y mae arholwyr heddiw yn rhoi pwyslais arno.

Cyfres *Movements in Modern Art*, Tate Publishing. Cyfres yw hon sy'n olrhain nifer o themâu o realaeth hyd at Ôl-foderniaeth a thu hwnt. Er eu bod yn gyhoeddiadau academaidd ac yn gallu bod yn anodd eu darllen, mae'n werth dyfalbarhau, ac mae ffotograffau'r gweithiau allweddol yn rhagorol.

Cyfres *World of Art Art*, Thames and Hudson. Cyflwyniadau awdurdodol i ddatblygiadau celfyddydol pwysig, yn llawn darluniau da.

Fineberg, J. (2000) *Art Since 1940: Strategies of Being*, Pearson. Defnyddiol dros ben ar gyfer mudiadau celf ar ôl yr Ail Ryfel Byd, yn enwedig y mudiadau yn America.

Gombrich, E. H. (2006) *The Story of Art: Pocket Edition*, Phaidon. Y llyfr safonol yn olrhain hanes celf dros y blynyddoedd a'r canrifoedd, h.y. sut yr arweiniodd un mudiad at y nesaf, a hwn at y llall. Bydd pob athro celf wedi darllen y llyfr yma, ac mae'n parhau i fod yn llyfr defnyddiol.

Govier, L. (2009) *The National Gallery Visitors Guide*, National Gallery Company. Gall y llawlyfr cyfredol i'r Oriel Genedlaethol fod yn ddefnyddiol iawn tra'n gweithio ar astudiaethau cyd-destunol. Mae llawlyfrau fel hyn yn ddefnyddiol hefyd wrth i chi drefnu i ymweld ag oriel er mwyn penderfynu pa weithiau i'w gweld.

Hugh, H. a Fleming, J. (2009) *A World History of Art*, Laurence King. Y cyfeirlyfr safonol ar gyfer hanes celf. Cyflwynir y testun mewn adrannau byr gan roi sylw i bob mudiad celf er Oes y Cerrig.

Hughes, R. (1991) *The Shock of the New*, Thames and Hudson. Llyfr rhagorol yn olrhain hanes Moderniaeth. Fe'i seiliwyd ar gyfres deledu a gynhyrchwyd yn 1980 ac mae'r llyfr wedi ei ddiweddaru'n gyson er ei gyhoeddi yn 1991. Darllenadwy iawn.

Lloyd-Morgan, C. a Davies, I. (golygyddion) (1998) *Darganfod Celf Cymru*, Gwasg Prifysgol Cymru. Casgliad o ysgrifau'n trafod gwahanol agweddau ar gelf yng Nghymru, ac yn rhoi enghreifftiau.

Lord, P. (1993) *The Aesthetics of Relevance*, Gomer. Ymyrraeth allweddol yn y duedd ddiwylliannol-wleidyddol i asesu a barnu pob celf yn erbyn meini prawf moderniaeth ryngwladol (y duedd sy'n cael ei nodweddu yn llyfr Rowan, isod).

Lord, P. (2003) *Diwylliant Gweledol Cymru*, Gwasg Prifysgol Cymru. Cyfres tair cyfrol awdurdodol yn dilyn y ffrydiau diwylliannol o'r cyfnod canoloesol i'r modern.

Lord, P. (2009) *The Meaning of Pictures: Images of Personal, Social and National Identity*, Gwasg Prifysgol Cymru.

Morris, F. (2006) *Tate Modern, the Handbook*, Tate Publishing. Crynodeb defnyddiol iawn o'r rhan fwyaf o'r mudiadau celf er Argraffiadaeth, ynghyd â lluniau rhagorol. Dyma'r llyfr i'w ddarllen cyn i chi ymweld â'r Tate Modern.

Rainer Hagen, R. a R.-M. (2005) *What Great Paintings Say*, Taschen. Mae cwmni Taschen yn cyhoeddi nifer mawr o lyfrau, sy'n rhesymol o ran eu pris, yn trafod pob math o wahanol feysydd celfyddydol. Mae ganddynt lyfrau bach arbennig o dda am artistiaid unigol.

Rowan, E. (1985) *Art in Wales: An Illustrated History 1850–1980*, Gwasg Prifysgol Cymru. Asesiad o'r gelfyddyd â chysylltiad â Chymru yng nghyd-destun moderniaeth ryngwladol.

Sturgis, A. a Clayson, H. (2003) *Understanding Paintings*, Mitchell Beazley.

Dulliau a deunyddiau

Cole, A. (2000) *Perspective*, cyhoeddiad gan Dorling Kindersley yn gysylltiedig â'r Oriel Genedlaethol. Mae'r llyfr erbyn hyn yn anodd i ddod o hyd iddo, ond mae'n llawn darluniau i esbonio rhyfeddodau persbectif. Mae'n cynnwys paentiadau adnabyddus o'r Oriel Genedlaethol, ac ynddo mae adrannau ar baentiadau Modernaidd diweddar a'u defnydd o ofod, o Giwbiaeth i gelfyddyd Bop. Mae gan Dorling Kindersley lyfrau hefyd am dechnegau peintio a lluniadu, ynghyd â nodweddion lliw.

Mayer, R. (1991) *The Artist's Handbook of Materials and Techniques*, Faber & Faber. Y canllaw safonol i holl ddeunyddiau'r artist, sy'n cynnwys bron â bod popeth y bydd angen i chi wybod amdano, yn enwedig mewn perthynas â deunyddiau ar gyfer arwynebau dau-ddimensiwn. Os ydych am ddysgu sut i wneud TEMPERA melynwy traddodiadol (gwahanu'r melynwy o'r gwyn wy, malu pigment yn bast a'i gymysgu'n uniongyrchol â'r melynwy), beth yw'r lliw gamboge (melyn), neu o ble daw'r blew mewn brwshys blew camel (nid o gamelod, gyda llaw), yna dyma'r llyfr i chi.

Smith, R. (2009) *The Artist's Handbook*, Dorling Kindersley. Llyfr sy'n ymdrin yn gyfan gwbl â pheintio, lluniadu a gwneud printiadau, ond llyfr sy'n llawer haws i'w ddarllen na gwaith Mayer (1991). Mae'n arbennig o dda o ran technegau sylfaenol, ond yn llai awdurdodol na Mayer wrth ymdrin â deunyddiau, ac mae ganddo luniau lliw sy'n ddefnyddiol iawn ar gyfer yr adrannau sy'n trafod lliw.

Gwefannau

Mae gwefannau yn newid yn gyson. Oherwydd hawlfraint nid yw'r rhan fwyaf o wefannau, yn enwedig y rhai sy'n cynnwys celf a grëwyd ar ôl 1960, yn gadael i chi lwytho i lawr nac argraffu eu delweddau. Rhaid cofio dau beth pwysig wrth ddefnyddio'r rhyngrwyd ar gyfer celf:

- mae llawer mwy i astudiaeth gelf, uned Astudiaeth Gyd-destunol sylweddol, neu ddarn o waith dadansoddol, na chopïo a gludo delweddau o'r we (gweler *anodiadu annotation*)
- dylech fonitro faint o amser y byddwch yn ei dreulio wrth chwilio am ddelwedd allweddol, neu am damaid o wybodaeth. Gall oriau di-ben-draw gael eu gwastraffu'n chwilio am wybodaeth sydd eisoes yn y llyfr o dan eich trwyn. Rhowch gynnig ar edrych yn y llyfr gyntaf — gall fod yn gynt o lawer na chwilio'r we.

Amgueddfeydd ac orielau

Mae gan bob amgueddfa fawr ei gwefan. Mae rhai gwefannau yn rhagorol ac yn eich galluogi i symud drwy orielau'r amgueddfeydd ynghyd â rhoi gwybodaeth a delweddau o'r gweithiau celf. Mae orielau mawr hefyd yn dangos rhywfaint o wybodaeth am y lluniau. Detholiad yn unig yw'r gwefannau a nodir fan hyn:

Academi Frenhinol, Llundain
http://www.royalacademy.org.uk

Amgueddfa Celfyddyd Fodern, Efrog Newydd
http://www.moma.org

Amgueddfa Gelf Fetropolitan, Efrog Newydd
http://www.metmuseum.org

Amgueddfa Gelf Genedlaethol, Caerdydd
http://www.amgueddfacymru.ac.uk

Amgueddfa Getty, Los Angeles
http://www.getty.edu

Musée du Louvre, Paris
http://www.louvre.fr

Yr Oriel Bortreadau Genedlaethol, Llundain
http://www.npg.org.uk

Yr Oriel Gelf Genedlaethol, Washington DC
http://www.nga.gov/home.htm

Yr Oriel Genedlaethol, Llundain
>   http://www.nationalgallery.org.uk

Orielau Tate, Llundain
>   http://www.tate.org.uk

Rijksmuseum, Amsterdam
>   http://www.rijksmuseum.nl

Sefydliad Celf Chicago
>   http://www.artic.edu

24 Hour Museum
>   http://www.24hourmuseum.org.uk

Gwefannau defnyddiol

Mae nifer o wefannau sy'n fynegai ar gyfer artistiaid, ac ymhlith y mwyaf defnyddiol mae:
>   http://www.abcgallery.com/alfaind.html
>   http://www.artcyclopedia.com
>   http://www.performance-wales.org

Gweler hefyd:
>   http://www.artnet.com
>   http://www.artupdate.com
>   http://www.artchive.com
>   http://education.guardian.co.uk/netclass/schools/art
>   http://www.net-art.org
>   http://wwar.com

Mae miloedd o wefannau ar y rhyngrwyd sy'n trin hanes celf, a'r rhan fwyaf ohonynt yn gysylltiedig â phrifysgolion yn America. Mae nifer yn cynnwys gormod o destun a gallant fod yn anodd eu deall ar gyfer Safon UG/U, ond mae ambell un yn ddefnyddiol:
>   http://creativearts.anu.edu.au/
>   http://www.umich.edu/~umma/

Nodiadau

Nodiadau